国家科学思想库

科学文化系列

科学与人生 //////////
中国科学院院士传记

汤定元传

宓正明／著

科学出版社

北京

图书在版编目(CIP)数据

汤定元传/宓正明著.—北京：科学出版社，2011
（科学与人生：中国科学院院士传记）
ISBN 978-7-03-030153-6

Ⅰ.①汤… Ⅱ.①宓… Ⅲ.①汤定元—传记 Ⅳ.①K826.11

中国版本图书馆 CIP 数据核字（2011）第 015307 号

丛书策划：胡升华　侯俊琳／责任编辑：侯俊琳　樊　飞　王昌凤
责任校对：鲁　素／责任印制：赵　博／封面设计：陈　敬
编辑部电话：010-64035853
E-mail：houjunlin@mail.sciencep.com

科学出版社 出版
北京东黄城根北街 16 号
邮政编码：100717
http://www.sciencep.com
北京厚诚则铭印刷科技有限公司印刷
科学出版社发行　各地新华书店经销
*
2011 年 3 月第　一　版　开本：720×1000　1/16
2025 年 2 月第七次印刷　印张：12 3/4　插页：6
字数：256 000
定价：78.00 元
（如有印装质量问题，我社负责调换）

汤定元院士

  汤定元，1920年5月12日生于江苏省金坛县。1942年毕业于重庆中央大学物理系，1950年获美国芝加哥大学物理系硕士学位。1951年回国，历任中国科学院物理研究所、半导体研究所研究员，中国科学院上海技术物理研究所研究员、所长。先后兼任中国科学技术大学教授、半导体教研室主任，上海科技大学教授、技术物理系主任，中国光学学会副理事长，上海市物理学会副理事长，《红外与毫米波学报》主编，《应用科学学报》副主编。他还先后担任全国政协第五至八届委员（第六、七届为常务委员），九三学社第七、八届中央委员。现为中国科学院上海技术物理研究所研究员。1991年当选为中国科学院学部委员（今称"院士"）。

  汤定元曾荣获国家自然科学奖三等奖、国家科技进步奖二、三等奖各一次，中国科学院自然科学奖一、二、三等奖各一次，中国科学院科技进步奖一等奖一次、二等奖两次，中国科学院重大成果奖一次，上海市科学技术奖二等奖两次；荣获各种荣誉奖10余次，包括全国科学大会先进工作者奖、光华科技基金一等奖和何梁何利基金"科学与技术进步奖"等。

  汤定元是我国红外学科和技术的创始人，长期致力于固体物理、半导体光电子学及红外物理和器件研究，其中许多器件已成功地用于我国空间遥感和军事探测等先进装备中。他领导并建立的红外辐射探测材料生长、器件研制及物理研究体系，奠定了我国发展现代红外物理技术的基础。他既是一位严谨治学的科学家，又是一位德高望重的科技工作领导人，在我国科研及教育战线孜孜不倦、辛勤耕耘，为国家培育了一批优秀科学家，为我国物理学科建设做出了不可磨灭的贡献。

① 1934年，汤定元一生的第一张照片
② 1942年，大学毕业照
③ 芝加哥大学物理系的三位中国同学。自左至右：汤定元、肖济安、徐亦庄
④ 1953年4月28日，汤定元与徐世秋结为夫妻。当时结婚只有两件事：去登记结婚；去照相馆拍摄一张结婚照

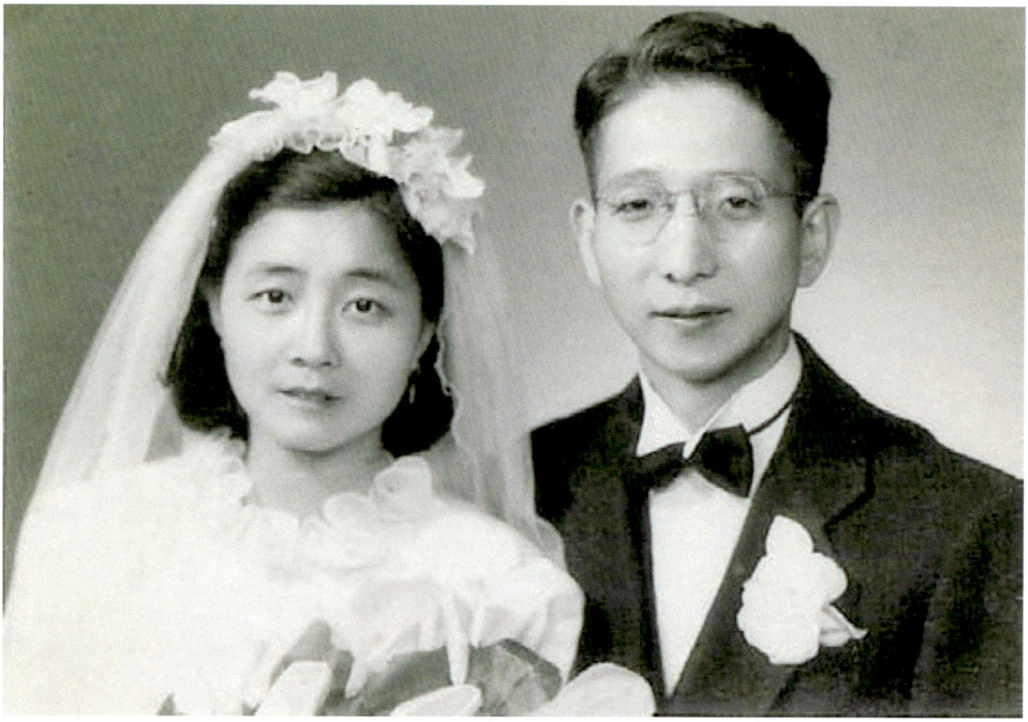

① 1946年，中央大学物理系五位助教离开重庆之前的留影。自左至右：汤定元、钱骥、吴椿、高联佩、范章云

② 1951年春，芝加哥大学物理系中国同学在郊外野餐，欢送汤定元（左一）和徐亦庄（前排左二）

③ 1964年5月，汤定元（左二）离开北京时，中国科学院物理研究所领导（党委正、副书记和所长）到火车站送行

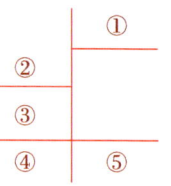

① 1959年，"55号"任务结束，探测器组部分同志在离别前游十三陵水库。自左至右：严隽达、黄浩川、张光煜、吴自强、张克敏、黄敏、杨耀宇、徐世秋、汤定元

② 1978年11月，汤定元（左二）访问法国。背景为巴黎凯旋门

③ 1982年10月24日，汤定元在英国剑桥大学牛顿像前与胡永畅（时任中国科学院秘书长）合影留念

④ 1983年3月20日，金坛县立初级中学同班同学在上海汤定元寓所的院子里合影。自左至右：汤定元、吴金桂、谢寅生、浦发、朱润生、陈寅生，除浦发来自南京，其余都在上海工作

⑤ 1992年，金坛华罗庚中学建校70周年纪念。自右至左：徐敏志、浦发、汤定元、吴宗元、袁石松

① 1998年11月，在中国科学院上海技术物理研究所接待诺贝尔物理学奖得主Von Klizen(左三)
② 1982年11月8日，汤定元（左一）在德国马普学会欢迎会上与德国科学家交谈。中为当时在德国工作的中国科学院安徽分院院长
③ 汤定元（右）作为上海技术物理研究所学位委员会主席执行学位授予仪式
④ 1996年4月26日，上海技术物理研究所学位授予仪式后留影。二排左五为汤定元

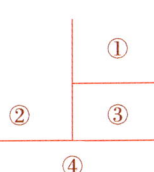

①	
②	③
④	

① 1988年8月1日在旅顺参加全国政协视察。自左至右：柯灵、黄户汉、汤定元、孙廷芳4位常委
② 1986年6月6日，汤定元（左）与上海技术物理研究所的同事俞福堂（右）一起登泰山
③ 1998年5月16日，汤定元与妻子一起参观河姆渡遗址博物馆
④ 汤定元母校朝阳小学墙壁上的大幅宣传画：华罗庚（左）、汤定元（中）、钱骥（右）

① 汤定元获得的"全国科学大会先进工作者奖状"
② 1978年3月，参加全国科学大会纪念照
③ 汤定元获得的优秀教师奖状
④ 汤定元获得的国家自然科学奖与国家科技进步奖的证书与勋章
⑤ 2000年11月26日，全家福。前排自左至右：外孙女、妻子、汤定元、孙子；后排自左至右：媳妇、儿子、女婿、大女儿、二女儿

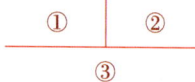

① 2000年5月28日，在母校朝阳小学建校215周年庆典会上讲话
② 2002年10月，汤定元全家回乡，在老屋前留影。前排自左至右：汤定元的堂侄儿、汤定元的堂弟、汤定元夫妇；后排自左至右：汤定元的儿子、孙子、媳妇、大女儿、二女儿
③ 2005年5月12日，汤定元院士九十华诞庆贺会暨学术报告会

总序

中国科学院学部科普和出版工作委员会决定组织出版《科学与人生：中国科学院院士传记》丛书，这是一件很有意义的文化工程。首批入传的22位院士都是由各学部常委会认真遴选推荐的。他们中有学科领域的奠基者和开拓者，有做出过重大科学成就的著名科学家，也有毕生在专门学科领域默默耕耘的一流学者。每一部传记，既是中国科学家探索科学真理、勇攀科学高峰的真实情景再现，又是他们追求科学强国、科教兴国的一部生动的爱国主义教材。丛书注重思想性、科学性与可读性相统一，以翔实、准确的史料为依据，多侧面、多角度、客观真实地再现院士的科学人生。相信广大读者一定能够从这套丛书中汲取宝贵的精神营养，获得有益的感悟、借鉴和启迪。

中国科学院学部成立于1955年，经过50多年的发展，共选举院士千余人，荟萃了几代科学精英。他们中有中国近代科学的奠基人，新中国的主要学科领域的开拓者，也有今天我国科技领域的领军人物，他们在中国的各个历史时期为科学技术的发展做出了历史性的贡献。"五四"新文化运动以来，一批中国知识精英走上了科学救国的道路，他们在政治动荡、战乱连绵的艰难岁月里，在中国播下了科学的火种，推动中国科技开始了建制化发展的历程。新中国成立后，大批优秀科学家毅然选择留在大陆，一批海外学子纷纷回到祖国，在中国共产党的领导下，开创了中国科学技术发展的新篇章。广大院士团结我国科技工作者，发扬爱国奉献、顽强拼搏、团结合作、开拓创新的精神，勇攀世界科技高峰，创造了举世瞩目的科技成就，为增强我国综合国力、提升自主创新能力做出了重要贡献，为国家赢得了荣誉。他们的奋斗历程，是中国科学技术发展的

历史缩影;他们的科学人生,是中华民族追求现代化的集中写照。

当今世界,科学技术已成为支撑、引领经济社会发展的主要动力和人类文明进步的主要基石。广大院士不仅是科学技术发展的开拓者,同时也是先进文化的传播者,在承担科技研究工作重任的同时,还承担着向全社会传播科学知识、科学方法、科学思想、科学精神的社会责任。希望这套丛书的出版能够使我国公众走近科学、了解科学、支持科学,为全民族科学素养的提高和良好社会风尚的形成做出应有的贡献。

科学技术本质是创新,科技事业需要后继有人。广大院士作为优秀的科技工作者,建设并领导了一个个优秀的科技创新团队;作为教育工作者,诲人不倦,桃李满天下。他们甘当人梯、提携后学的精神已成为我国科技界的光荣传统。希望这套丛书能够为广大青年提供有益的人生教材,帮助他们吸取院士们追求真理、严谨治学的科学精神与方法,领悟爱国奉献、造福人民的科技价值观和人生观,激励更多的有志青年献身科学。

记述院士投身我国科学技术事业的历程和做出的贡献,不仅可为研究我国近现代科学发展史提供生动翔实的新史料,而且对发掘几代献身科学的中国知识分子的精神文化财富具有重要意义。希望《科学与人生:中国科学院院士传记》丛书能够成为广大读者喜爱的高品位文化读物,并以此为我国先进文化的发展做出一份特有的贡献。

是为序。

2010 年 3 月

序言

《汤定元传》出版了。在此,我表示衷心的祝贺。

我与汤定元先生是在20世纪60年代相识的,那时,我比汤先生早两年到上海技术物理研究所工作。我是1962年从上海电子研究所调过来的,在技术物理研究所负责第二研究室的工作,从事红外技术应用研究;而汤先生于1964年从中国科学院半导体研究所调来技术物理研究所,负责第一研究室的工作,从事红外探测器的研究。当年上海技术物理研究所按中国科学院院部的意见转向红外技术与物理研究,在具体专业设置布局与改组上,汤先生起了指导作用。

近半个世纪以来,汤先生给我印象最深的是他对事业的执著。作为中国红外技术及其器件研究的开创者,他是最早促使国家重视红外技术的人。当年,他先后给中国人民解放军总参谋部和中国人民解放军国防科学技术委员会聂荣臻主任写过三封信,一再阐明红外技术及其器件对国防科技发展的重要性。汤先生身体力行,在自己的工作岗位上出色地完成了任务,做出了成绩。他也是中国最早研制红外探测器的人。

汤先生的品格十分高尚。他曾担任上海技术物理研究所的学术委员会主任一职。他为人耿直,当时,申请技术职称,凡不符合条件者,他一概不主张批准,即使是担任行政领导职务的人也不例外。他这种对科学事业高度负责的精神是难能可贵的。

像汤先生这样的科学家,他们那种关爱人类的大爱精神、推理严密的思维方法和广博通达的科学知识,确实激励并引导了一代又一代的年轻科技工作者健康成长。我们科学家面临的一个重要问题就是如何使当代人获得更贴近

时代气息的科学人文思想和精神的熏陶。《汤定元传》在这方面做出了一定的努力。作者通过讲述汤定元精彩而鲜为人知的故事以及他那颇具传奇色彩的经历,让广大读者看到了引领中国红外技术发展的奠基人是如何使红外技术为国民经济和国家安全服务,又如何在科学探索的道路上不断进取、锐意创新的。我想,广大的读者也一定会从中感悟出宝贵的科学思想、科学精神和科学方法,为科学与文化的共同进步而努力。

是为序。

2010年8月16日

目 录

总序（路甬祥）/ i

序言（匡定波）/ iii

上篇　少年立志（1920～1938）

第一章　梦萦故里 / 3

一、小圳村，挥之不去 / 3
二、小圳村的村民们 / 7
三、小圳村汤家的家族制度 / 8
四、儿时难忘的"三件事" / 9
五、小圳村自然经济的衰退 / 12
六、小圳村的教育 / 13

第二章　难忘中学 / 15

一、洪水冲走"读书梦" / 15
二、韩校长之恩没齿不忘 / 18
三、李老师的表扬影响一生 / 20
四、兴趣是获得知识的动力 / 22
五、步入科学圣殿的指引 / 24

第三章　漂泊天涯 / 27

一、流亡去，不做亡国奴 / 27
二、行路复行路，路途真遥远 / 28
三、刻骨铭心，难忘之事 / 31
四、滞留宜昌，期盼入川 / 33

中篇 展翅翱翔（1938～1951）

第四章 山城八年 / 39

一、考取大学，感慨系之 / 39
二、勤奋苦读，弥补差距 / 42
三、顽症袭来，大难不死 / 48
四、空袭警报，频频响起 / 51
五、赵广增教授是一代楷模 / 52
六、山城生活之"万花筒" / 56

第五章 远涉重洋 / 59

一、不花钱的"自费"留学 / 59
二、明尼苏达是第一站 / 60
三、芝加哥大学初尝胜果 / 62
四、高压容器再创新 / 66
五、注重实用的"美国精神" / 69
六、三项没有完成的研究 / 71
七、失败也能引发创新 / 73
八、坚持真理，胸怀祖国 / 75
九、海外赤子，胜利归国 / 76

下篇 报效祖国（1951～　）

第六章 京华忆旧 / 83

一、美国归来初识北京 / 83
二、天坛圜丘上的呼喊声 / 86
三、初始阶段的半导体研究 / 92
四、四专家与"半导体讨论会" / 95
五、完成科技书籍翻译的重任 / 96
六、向科学进军的号角 / 97
七、出访民主德国 / 99
八、独特的工作方式 / 102

第七章　军情紧急 / 109

一、第一封信 / 109

二、"55号"任务 / 110

三、第二封信 / 116

四、调任在即 / 119

第八章　申城创业 / 124

一、上海技术物理研究所的"垂直整合"型结构 / 124

二、第三封信 / 127

三、办刊与交流 / 132

四、关于保密问题的思考 / 135

五、几次国外出访 / 136

第九章　心血结晶 / 146

一、"窥天地之奥而达造化之极" / 146

二、红外研究的"三部曲" / 154

三、军事需求与技术推进有机结合的典范 / 157

第十章　辛勤笔耕 / 160

一、有件事他至今疑惑不解 / 160

二、把科学成就告诉普通老百姓 / 161

三、建言献策天下事 / 163

四、无心插柳柳成荫 / 166

第十一章　淡泊生活 / 170

一、对音乐，他曾很痴迷 / 170

二、钟情文史、地理与考古 / 171

三、文理相通与"艺术细胞" / 173

四、关键要有一个好心绪 / 175

五、"心随朗月高，志与秋霜洁" / 176

第十二章　桃李天下 / 178

一、钟情于教育事业 / 178

二、褚君浩眼里的汤定元 / 180
三、他创造了有利于人才发展的环境 / 184

附录 A　汤定元院士活动年表 / 188
附录 B　汤定元院士主要著作目录 / 192
后记 / 193

上篇

少年立志(1920~1938)

汤定元的青少年时代是在军阀混战、日寇侵略和中国人民争取民族解放的斗争中度过的。1931年的一场大水灾，吞噬了汤定元家乡小坼村的农田，使他饱受失学的痛苦。当他憧憬着将来当一名小学教师时，日寇飞机的轰炸再次击碎了他的"求学梦"。青年时代的流亡生活令他奔波在民间，体验了普通民众的喜怒哀乐，耳闻目睹中华民族备受凌辱的情景，激励他更加努力地学习科学文化知识，立志要走科学救国之路。

第一章 梦萦故里

一、小坵村，挥之不去

1920年出生于江苏省金坛县（今金坛市）小坵村的汤定元，对童年的往事记忆很深。90年前的小坵村深深地印在他的脑海中，挥之不去。

出金坛县城东门，仅几十步路，就有一条向南的道路，大约走10里就可到达小坵村。"坵"字在字典里应该读"秋"，但当地人因口音关系，都把它读成"区"。

小坵村的南面是一片很大的水域，名叫"钱资荡"，南北宽二三里，东西长20多里。村的东、北、西三面都有漕河围绕。漕河被村民们称做"大河"，据说可以通到任何地方。西部有一个不大的缺口，缺口附近有一座前后三开间三进的大庙，叫"陇西庙"。村正南有一条跨越"钱资荡"的人工堤，通往岸头镇，全长约4里。堤上有4座石桥，

汤定元在小坵村的老家，1913年建造的房屋（1951年9月摄），已于2003年拆除

最北面的那座较高较大，称为"大桥"，其余3座是平坦的小桥。堤的西面是浩瀚的湖荡，站在大桥上极目远眺，湖荡好似用一匹白色锦缎铺陈。此情此景，不由得令人回忆起古人的诗句："水软橹声柔，草绿芳洲，碧桃几树隐红楼……"

堤的东面大多是浅滩，上面长满芦苇。风吹芦苇摇曳，不时有野鸭之类的鸟儿从芦苇丛中腾空飞起。每当芦苇开花的时节，汤定元站在河岸边，远远地眺望着，那碧绿的芦苇上像盖了一层白白的厚雪，微风吹来，鹅毛般的苇絮就忽忽悠悠地飘了起来。芦苇属于村民共有，秋季收割后，按约定的办法分配。小坵村是汤定元儿时的乐园，他觉得这小桥、这湖

荡、这芦苇、这野鸟，一切都太美了，令他心旷神怡。

村的东南也有一条人工大堤，通向东南方向的一些村镇，不过，汤定元从未去过那里。村东面大河上的一座桥已经倒塌，过河时必须乘摆渡船。村的西北和北面都有桥，北面的那座桥叫"衣锦桥"，是进城的要道。

小圩村就这样被四周的水道围绕在中央。从村民聚居点到东南西北河岸的距离都有一二里路。村之南地势较高，除靠近"钱资荡"边缘地势较低的庄稼地之外，其余都是桑树田。在汤定元的印象中，当时小圩村的蚕桑业很兴旺，村民的宅前宅后都栽种了桑树，每年春季蚕茧的收入常常占农民全年收入很大的比例。当然，和小伙伴们爬上树采桑葚吃，也是汤定元儿时的乐事一桩。

2002年10月，汤定元全家回乡，在老屋前留影
前排左一为汤定元堂侄儿，左二为堂弟

汤定元记得在1930年的春季，村里来了一位蚕桑养殖指导员，听她介绍说，当时的江苏省金坛县和浙江省萧山县是全国的蚕桑模范县。大约在1934年或是1935年间，村里开始用机器打水，"钱资荡"边上也建起了戽水机站，大片桑田被改造成水稻田，养蚕业在小圩村也就显得不那么重要了。

村的东、西、北三面都有水灌溉，大河两岸的农田都变成了丰产田。有些离水源较远的田地，得不到灌溉水，只能盼望老天爷及时下雨，这些田被称作"叫天田"。在村东北约四五里处，有大块大块这样的"叫天田"，归小圩村村民共有，而丰产田大多属于住在城里的地主所有。

小圩村前往岸头镇去的大道，右边的背景是青龙山太师庙，早已拆除（1953年摄）

在四面河道围绕的村庄里，还有许多小池塘。其中有两个比较大一点的池塘，一个叫"社沟河"，村南的大道就沿着它的西岸向南去岸头镇，村中部的人家都是从这里汲取食用水。河的南端有一座小庙，里面供奉着关云长的塑像，称为"青龙山太师庙"，远近闻名。另一个池塘在社沟河之西约百米的位置，几乎是圆形的，名叫"荡沟河"，一般耕牛喝水洗澡大多到这个池塘里来。两塘之间的田地都是很肥沃的"塘田"。此外，至少还有5个面积仅为几百平方米的小池塘，其中位于村庄中部最靠近农舍的一个，叫"荷花塘"。塘里其实并没有种荷花，不过，塘的东北角水面常漂浮着一层薄油，远远望去，有些光彩，也许是这个原因，所以它被称为"荷花塘"。漂浮的油膜表明地下可能有石油。汤定元听说，北京的石油勘探部门曾来此在荷花塘里打过一口探油井，而打井勘探的技术负责人正是汤定元在中央大学物理系时的同学。

小圩村是交通要道。金坛县东南地区的岸头、水北、儒村等几个重要市镇的居民要进城，都必须从这里经过。太平天国进军金坛城时就是从小圩村经过的。在小圩村去岸头镇的大桥南，有一小块空地叫做"朝王殿"，据说村民们曾在此欢迎过洪秀全和他的队伍。汤定元小时候还看到过一块倒在那里的大石碑，上面刻满了字，估计就是记载这一史实的。汤定元听老人们说过，太平天国战争期间，小圩村损失很大，村民们流离失所。他的曾祖父带领全家向东南流亡到河头镇，曾祖父就死在那里。年幼时汤定元每年清明节都要跟着兄长们去河头镇上坟，为曾祖父烧些"纸钱"，磕几个头。战争结束后，他的祖父回到小圩村。当时农田已经荒芜，村里的人也死了很多，有些田已没了主人，只要谁去耕种，就属于谁的了。

据文史资料记载，金坛城墙坚固，有"铁打金坛城"之说，易守难

攻。1853年和1860年太平军两次攻城，清军守城，双方共投入兵力13万之多，历时近200天；1860年和1864年太平军两次守城，英军和清军联合攻城，经过激烈战斗，英军伤亡150余人，其中军官14人，英清联军头目戈登腿部受伤，狼狈溃逃到溧阳。

小圩村离城不远，又是附近一带最大的村庄，汤定元认为，小圩村当时很可能是攻城部队的重要驻地之一，因而遭受的损失是首当其冲的。小时候，汤定元看到村里有多座房子的墙壁下部都用大块的石头砌成，而上部建筑却很差。他认为，这些房子极可能原来都是大户人家的住房，后来遭到战争的破坏，后在原址上改建的平房。

在汤定元家老屋的西面，是从南向北延伸的三排普通平房，由他的大伯父、二伯父和叔父三家分别居住。但在第二进平房后墙处，还残留着很高的墙壁，表明这里原来是楼房。墙的背后是一个大院子，院中有一个用石头砌成的荷花池，院子里还有许多大房子拆除后留下的柱子的基石。汤家平房的墙壁下部多用整齐的大石头砌成，由此，汤定元判断，他的曾祖父辈可能是小圩村富有的乡绅。

汤定元的父亲名叫汤培林，是乡村的私塾先生。母亲荆氏，目不识丁，是一位裹小脚的农村妇女。汤定元兄弟姐妹5人，他排行老四。老大、老三是女孩，都是文盲，即使父亲是教书先生，姐妹两人也未能上学。这是典型的封建思想"女子无才便是德"在作怪。实际上汤定元是双胞胎兄弟中的一个，弟弟叫汤双元，在他4岁那年弟弟不幸夭折。乡亲们经常在汤定元面前夸奖死去的汤双元有多么聪明、多么讨人喜欢，久而久之，汤定元幼小的心灵中蒙上了一层阴影，认为仿佛只有死去的双胞胎弟弟才是聪明的，而自己是天生愚笨的。汤定元8岁那年，还有人在他面前说这样的话，那次，他终于忍耐不住了，没好气地回答对方："如果我聪明的话，我也就死了，活不到今天的。"当时小圩村里有三对像汤定元这样的双胞胎，都只活了一个，后来才知道，这可能是因为农村经济条件差的缘故，抚养双胞胎开支大，农民一般养不起，孩子从小缺乏必需的营养，又缺医少药，双胞胎中就难免会有夭折的。也正因为这个原因，自从汤定元离开家乡之后，几乎没有在外人面前提起过自己还曾有个双胞胎弟弟，因为他对此感到很辛酸。

1927年国民党北伐时，进驻金坛的部队也是从南方宜兴那边来经过小圩村的，那时汤定元已经7岁，他和小伙伴们一起忙着前去看热闹，这是他生平第一次看到士兵。

抗日战争期间，日寇占领金坛县城。小圩村因离县城近，是日军的势力范围。小坵村有好几位中年人在暗中为共产党工作。抗日战争结束后的1946年秋,汤定元回家时听说,村里有一位叫汤济仁的地下工作者,在从岸头镇回小坵村的路上,被汉奸活活打死,壮烈牺牲。汤济仁曾在金坛县中学读书,这位烈士为国捐躯时是一名教师。

二、小坵村的村民们

小坵村在附近一带是一个大村庄,全村的轴心是一条东西向的"大路"。这条路的中央是青石铺的,约半米阔的青石一块接着一块,虽算不上整齐划一,但也还算平整。青石两边的路用乱砖石铺成,路宽约2米,两边各有一条浅浅的水沟。下雨时,可以看到雨水从沟里潺潺地流向村南面的塘田里去。这条路不知是什么年代修筑的,小坵村近百里的范围内没有高山,青石必然是从很远的地方运来的,每当少年汤定元走在这条青石板路上的时候,心中总会升起一种异样的感觉:修筑这样一条路是一件多么不容易的事啊。

汤定元后来在无锡师范学校读一年级时,暑假作业是做社会调查。他根据当时的户口簿进行统计:全村约有130户,总人口将近500人。其中汤姓的村民超过总数的2/3,其次是高姓和袁姓。村的中部和西部都是汤姓人家聚居的地方,高姓人家多居住在村东头,袁姓人家比较少,多居住在离大路较远的村西北部。这三个家族都有自己的祠堂。

村里还有几座公共建筑。在村中部偏南,离中轴线约50米远有一排房屋,是文昌阁,内有供奉孔子的神柜,屋前有一个用石板铺得很好的院子。文昌阁的西隔壁就是观音堂,有前后两排房子,村里的小学最初就办在这两排房子里。文昌阁以北仅几步之遥,就是袁家祠堂,一排三间,门向东。观音堂以西约百米的距离就是汤家祠堂,门向南,三开间三排。高家祠堂则远在村东头,门向西,三开间两排。这三个祠堂的相对大小,似乎正好反映出村里居民数量的情况。另外,在村中部中轴线以南,有一座较大的公共建筑,称为"永世堂",一直到今天,它还是小坵村村民聚会的场所,其他公共建筑全都毁坏了。

村里还有两家外来户。一家人称陈师傅,他算得上是村里的一位不会诊病开处方的土"医生",他只做三件事情:一是扎针;二是种牛痘;三是割扁桃腺。小坵村里出生的小孩子,几个月大时就要请他把喉咙里的扁桃腺割掉,所以这个村里的孩子长大后都没有扁桃腺发炎的问题。另一位是承包田税的"图文",那时当局征收农民田税是由个人承包的。"图文"

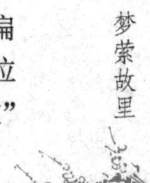

有全村农民的田亩清单,他向农民收税,汇总之后上交县政府。另外,村里还有一些从苏北逃难过来的雇工。

三、小坵村汤家的家族制度

汤定元年幼时,并没有感觉到村上有什么行政管理机构,但是,家族管理制度却给他留下了深刻的印象。他那个时候对究竟什么叫家族制度是似懂非懂的,经过了多年的变迁才终于明白:从中国古代起家就与族伴生,并受族的制约,历来将家与族并称为家族,成为社会的基层自治单位。在自给自足的经济条件下,家法与国法融为一体,实行族权与政权的联合,所以,考察中国的农村,离不开对家族制度的研究。同时,家族制度与社会经济生活、政治生活以及伦理道德、文化艺术都有紧密的联系。实质上,家族制度也是中国传统文化的一面镜子。

根据家谱,汤定元的祖上最初是在南宋初年从山东迁移过来的,自那以后,祖祖辈辈就一直住在小坵村,至今已有800多年了。

汤家的第一代祖先叫汤鹏举,据1985年出版的《金坛文史资料》(第二辑)第38页所载:"汤鹏举,登进士第,官至御史中丞、枢密院知事。"汤定元推断,如果汤鹏举是第一代从山东迁移来江南,为什么他在杭州做官,却把家安置在远离杭州300多里的小坵村呢?所以,真相更可能是:汤鹏举的父亲或祖父早就从山东迁移来小坵村,汤鹏举是生于斯,长于斯,而后从小坵村出去做官的,由于他出了名,后来村里建立祠堂时就把他作为汤家第一世。

汤家祠堂里,紧靠大厅的北墙壁全是供着祖宗牌位的柜子,每一位去世的男性祖先都有一个写有他的世代和名字的牌子,按世代自上而下排列,汤鹏举是第一世。按族谱论,汤定元应当是第47世子孙。全族名义上由一位族长管理。族长由尚在世的最高一辈中年龄最大的一位担任,汤定元年幼时的族长大约是第43世。

汤家祠堂拥有一定数量的田产和存款,由族里的人租种和借贷。每到冬至这一天就要交租税、交利息或还贷,这一形式叫"告丰"。汤定元的父亲汤培林是族里的会计,于是"告丰"就在他家进行。由族长坐镇,汤定元那拨小孩子就坐在一旁看热闹。如果是交实物——稻谷,就暂时囤积在汤定元家中;如果是交钱币,就从收到的钱币中,把小部分再借贷出去,大部分用做第二年清明祭祖时的酒席费。愿意承办酒席的人家,可以领取一定数额的钱币,到来年清明时备一桌饭菜送到祠堂里。

清明祭祖有一个很隆重的仪式。汤家祠堂的第三进是一个大厅，祭祖的时候，在祖宗牌位柜前放上一长排跪垫。仪式开始时，同辈的族人站在跪垫前面向祖宗牌位站成一排，然后司仪高声念唱："我祖鹏举……跪，叩首，叩首，再叩首，起立。"如此按辈分一批一批进行。女性是没有资格进祠堂参加这一仪式的。祠堂的第一、第二厅里摆满饭桌。大人们进行仪式时，汤定元他们这拨小男孩就在那里寻找菜肴最为丰盛的饭桌，饭菜是各家承办的，虽然价格一样，但承办人为了面子上过得去，总想办得好一些，一般都要贴上一点钱的，因而菜肴好坏有着明显的差别。那拨孩子找到了自认为最好的饭桌就站在那里，一听到可以入席，就立即坐了上去。除了清明祭祖开祠堂外，平时族里人之间有纠纷，事态严重时也要找族长开祠堂来调解。

大概是在1934年，因村里闹灾荒，很多人没有饭吃。有一位族人，在事先没有得到族长同意的情况下，带头把族里储存的公粮分派给穷困的族人。自那以后，家族统治的一切行事方式在小垡村里也就不复存在了。

汤定元后来才从一位朋友那里弄明白，所谓宗族是由共同祖先界定出来的父系群体。宗族制度的基本内容包括祖先祭祀、家庙祠堂、家族结构与组织、族谱、族产、族规等，实行的是祠堂族长家族制。有共同的始祖；以血缘关系为纽带；有明确的昭穆世次；开展一定的集体活动；有共同的聚居地点；有一定的管理形式；有宗族的族规家法；有一定的公有财产，这是宗族制度的8个基本特征。小垡村的家族制也都具有这些基本特征。

四、儿时难忘的"三件事"

汤定元和大多数农村的孩子一样，到了春节前后就会特别高兴。在汤定元的记忆中，过新年、看社戏和"收灾降福"游行是他幼年时代印象最深刻的三件事。

逢到好年景，忙完了秋收，村民们就轻松愉快了。口袋里有了点钱，村里的茶馆便又客满了。这时村中央和村西头又会增添两家季节性茶馆。人们兴致勃勃地在茶馆里拉家常，憧憬着来年的好光景。

那时，小孩子们也特别开心，条件好一点的家长会给孩子一些零用钱，对农民的孩子来说，

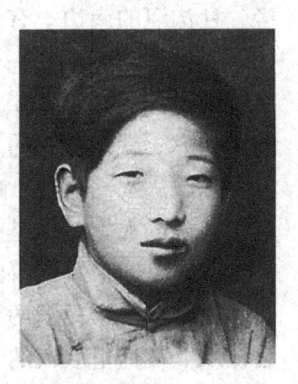

1934年，金坛县开设了第一家照相馆，汤定元一生的第一张照片

这是一年中第一次有了买零食吃的机会。这时往往晴朗的天气居多，到了晚上，汤定元和孩子们一起，总是在户外打谷场上玩闹，从来没感觉到此时已经是寒冷的冬天。玩闹得久了就会口渴，他们便跑到茶馆找水喝，顺便看看茶馆里的热闹场面。

乡下过年有很多风俗习惯。每到腊月初八，即农历十二月初八，要送"灶君菩萨"上天。每家厨房的灶头上平时都贴着一张"灶君菩萨"的像，腊月初八那天就会把它取下来，同时在大门前竖立一根长杆，杆顶上挂一盏灯笼，晚上点亮，这叫点"天灯"。此举是送"灶君菩萨"上天，向天王汇报全家一年来的情况。那天晚上一定要吃粥，叫做"腊八粥"。天灯一直要点到腊月二十三，这一天"灶君菩萨"要从天上回来。就在这一天灶头上要贴上新的"灶君菩萨"像，"灶君菩萨"是全家幸福的保护神。

除夕这天晚饭菜肴总比平常要好些，全家在一起吃顿年夜饭。不管多么贫穷的家庭，家长都要在孩子熟睡之后，用红纸包几个钱作为压岁钱塞在孩子的枕头下。年初一孩子醒来先要找这个红包。这是乡下穷孩子期盼一年唯一的收入。

年初的三天一般都是拜年，哪一天去哪个亲戚家都有一定的规矩，如初一是叔伯家，初二是外婆家。到了别人家里，主人都会送上一碗红枣汤。待汤定元稍懂事时他就知道，此时只能象征性地喝口红枣汤，是不能吃汤里的红枣的。因为来往拜年的人多，而红枣总是有限的，你吃几个，他吃几个，便会捉襟见肘，后面来拜年的人就"吃"不上红枣汤了。

小坽村的西面有一个陇西庙，这座庙有些庙产，每年年初都会拿出一些钱来，请一个"草台班子"来唱上两天戏。在小坽村通往岸头镇的路旁、社沟河的南边，有一座"青龙山"太师庙，门向西。其实这里并没有山，不过是庙后面有一个高二尺许的乱砖堆而已。农村里当时缺医少药，有病的村民无钱看病，或久治不愈，就要到这太师庙来烧香求"仙方"。所谓仙方，就是看庙的人在求仙方者带来的容器内放一些香灰，再到旁边的河里灌满水。据说，时有灵验者。久而久之，青龙山太师庙便远近闻名。有钱的人家觉得是神灵显灵，使他的病好了，便许诺太师庙的管事演一台戏，以此来答谢菩萨，那是常有的事。

陇西庙规定只演两天戏，第三天就到青龙山太师庙门对面的田野里搭台演戏，在这里演戏的天数总要超过三天。

看社戏是乡下一件最热闹的事。附近村庄的亲戚都会借看戏的机会前来串门，每到这个时候，汤定元可以碰到很多与他差不多年龄的小亲戚。社戏一般是下午开场，一直演到点上汽油灯。戏场旁边是个集贸市场，琳

10

琅满目的商品令人目不暇接。在这几天，最兴奋的也就是像汤定元那样的小孩子，他们既可以无忧无虑地逛集贸市场，又可以看社戏，虽然听不懂戏，但是玩的东西多，小伙伴在一起聊天、打闹，乐趣也多。

正月里还有一件事让汤定元至今记忆犹新，那就是"出会"——"收灾降福"游行。在汤家祠堂后大厅的东墙前，平时放着七个木柜子，每个柜子里存放着一个用杨木制作的菩萨面具。这些不仅仅是属于汤姓家族的，而是属于全村的菩萨面具，不过因为汤家祠堂比别家的祠堂大，才存放在这里而已。这些菩萨面具一到了正月，就被人们"请"出来，由人戴着，在周边的村庄里游行。

游行时，年轻人穿上大龙袍，戴上菩萨面具，坐在大车上扮演菩萨。扮演菩萨的人前一天必须洗澡净身。大车也是独轮的，不过比常见的单人推的独轮车要高大一些。中央的车轮上安放着一个很高的座椅，"菩萨"就跨坐在座椅上面。大车前面一人拉，后面一人推，能很平稳地前行。这些大车平时放在祠堂里也没有任何用途，似乎是专门为收灾降福的游行而准备的。

走在游行队伍前面的会是一位老者，他提着灯笼领路，紧随其后的是两位平行的捐"牌方"的人，牌方上分别写着"肃静"和"回避"。这两块牌方平时就插在祠堂里一个特制的座架上。再之后是两位捐大铜锣的人，然后是参加游行的村民，最后才是七个"菩萨"。此外，还有一位特别引人注目的人，就是"判官"，此人上身全部裸露，手擎一把京戏中常见到的"钢叉"，上下抖动发出响声，他不断地从前队跑到后队，来回奔跑，作为游行队伍的监督者，村上只有少数人可以胜任这个角色。据说在游行之日的早晨，饰演判官的人必须到河里去洗澡净身，那时新年的天气要比现在冷得多，河里总是结了厚厚的冰，净身前必须打破冰块，钻到水里去洗澡，能经受得住这种考验的人必定有着执著的信念。演判官的人光着上身，他必须靠来回不停地奔跑取暖。

在本村游行时，领头的老者指挥大家，铜锣敲响一次，就唱一声"收灾降福了"。在村内游行完毕，就去附近村庄游行，那里也会有人加入进来，所以队伍越来越长，一次游行大约需要半天。

这七张菩萨面具究竟代表何方神圣，那时也不太清楚，也从没有人过问。汤定元只记得有三张特殊的面孔，其中一位叫太师菩萨，红面孔，就是关云长；一位叫晏公菩萨，面孔略呈灰色，据说是晏平仲（即晏婴）；还有一位黑面孔的三眼灵官，就是包拯。可能还有刘备和张飞，至于其他两张菩萨面具，汤定元就更说不上来了。也不知道究竟是什么原因，这些

不同时期的古人竟会被聚到一起。

汤定元记得,小时候每年正月都要"出会",大概是在1931年以后,由于村里的老百姓变得越来越贫困,一连几年都没有"出会"。直到1935年正月,由于那几年灾难发生了不少,村里决定再来一次"收灾降福",这才又进行了一次游行。这次游行汤定元也参加了,走的路程特别长,一直走到靠近金坛城墙的村庄,这才回头。那是村里举行的最后一次"收灾降福",从此以后"出会"再也没有进行过。

五、小坵村自然经济的衰退

那个年代,农村经济是封闭的、自给自足的,与外界没有什么来往。像小坵村那样的村庄一直到1927年北伐军路过,才开始与外界交流,军阀混战使国家一天天衰败下去,像小坵村这样的农村经济也受到极大的冲击。

汤定元从懂事起,就明显地看到村民们的生活情况是"王小二过年,一年不如一年"。在北伐军抵达金坛之前,村里的情况尚可称得上"繁荣",尤其是到了秋收之后。小坵村居民不过百余户人家,500余人,倒是开了四家南货店、两家豆腐店,还有五家茶馆,其中两家茶馆是季节性的,仅在秋收后才开门。除了这两家季节性的茶馆和一家豆腐店之外,其余的各家店铺都集中在一条不到50米、被村民们称做"大街"的小街上。有一家南货店还附设酒店,摆有几张桌子,并供应几种冷菜,平时村民们可以坐在那里喝酒聊天。另有一家南货店自己酿酒,所以这家店也被称做"糟坊"。秋收后,茶馆里很热闹,晚上也不打烊,而且还有夜点心供应。街上还有一家肉庄,老板自己杀猪卖肉,可见当时村上买猪肉吃的人不算少。但是,过不了几年,情况越来越糟糕,买肉吃的村民越来越少,肉庄老板先是自己杀猪,后来,杀猪的营生难以维持,只好隔三差五地去城里捐上半爿猪回来,最后,连捐来的半爿猪也不容易兜售出去,只得歇业了。茶馆的生意也不景气,甚至季节性的茶馆即使在秋收后也常常开不了张。四家南货店的生意一直在萎缩,最后全村只剩下一家南货店了。

那时,小小年纪的汤定元对眼前所发生的一切当然是不明就里,他总想,村民们一个也没有偷懒啊,他们起早贪黑,拼命地干活,但收入却为什么会一年比一年少了?直到后来,汤定元进了无锡师范学校,学校里有课余研究小组,有一次,他听到一位高年级同学作关于农村经济问题的报告,这才意识到造成小坵村经济衰退的原因。另外,音乐教师教同学们一首《卖布谣》，也使他懂得了一些道理。这是一首曾经唱起来十分嘹亮的学堂歌谣，至今他还记得这首歌谣的歌词：

  嫂嫂织布，哥哥卖布。卖布买米，有饭落肚。嫂嫂织布，哥哥卖布。弟弟裤破，没布补裤。

  嫂嫂织布，哥哥卖布。是谁买布，前村财主与地主。土布粗，洋布细。洋布便宜，财主喜欢。

  土布没人要，饿倒哥哥嫂嫂。

后来，这首歌谣使汤定元懂得，是帝国主义列强的入侵摧毁了我国的农村经济。

六、小圩村的教育

  小圩村里有一家私塾，设在文昌阁。私塾先生就是汤定元的父亲。附近小村庄里想要读书的孩子也都要到这里来上学。家长把孩子送到私塾读书，每人每年的学费为 3～5 元（民国时期货币，在本书中用元角分表示），根据学龄而定，年龄较大的学生学费要高一些。那时读的书只有《四书》、《五经》。学生一早到学馆里，除了上厕所之外，就要规规矩矩地坐在自己的座位上，桌椅由家长提供。老师对学生是单个授课，对刚上私塾的学生依次教授《大学》、《中庸》，老师念一句，学生跟着念一句，像传唱山歌一般。老师既不要求学生了解课文的意义，也不要求认字，但要求背熟。当天所教内容，第二天就要求背诵，背熟了就可以学下一段课文。背诵不出，便不教新课文，直到背熟为止。高年级学生读完《四书》的，老师才开始教《四书》、《五经》中词语的意义。

  在小圩村，汤定元的父亲汤培林这一辈里仅有他一个人在村里当老师，因此，凡是村上比汤定元大一二十岁识字的村民都是汤培林的学生。汤培林的老师也是村里人，姓袁，汤定元小时候还见过他。袁先生家是村里最富裕的，住着村里唯一的一幢楼房。

  1925 年春，汤定元开始在父亲的教导下读《大学》、《中庸》等，实质上就是摇头晃脑地唱这些书，一个字也不认得。1927 年，北伐军经过金坛县，村里的私塾改成了学校，县教育局派来了校长，汤定元的父亲就成了一位小学教师。汤定元已读了两年半私塾，读到《论语》，就被编入小学二年级。学校的情况就与私塾大不相同了，有上课，也有下课，还有体操等好玩的课程，孩子们都很感兴趣。

  那时的小学也是 6 年制，但乡镇和农村只有 4 年初级小学，要读到小

学毕业，就必须进县城读五六年级。哥哥汤生洪比汤定元大7岁，小学创办时被编在小学四年级。到1928年，哥哥班上大约有五六位同学去城里读书院小学，到1930年毕业，还有人继续读了初中一年级。

　　汤生洪毕业后没有读初中，过了一年就去当小学教师。当时小村庄里的小学校规模都很小，只有一间教室，4个年级的学生都在同一间教室里上课。这怎么上课呢？后来汤定元在无锡师范学校读二年级的时候，弄清楚了这个问题。当时无锡师范学校除了一所附属小学之外，还有一个4个年级合在一间教室的补习班。这个班级由师范二年级学生轮流授课，以作为他们的教学实习。当年农村里这类"单级独教"的学校很多，县教育局每月给每个学校24元教师费或者几元办公费。校长是教育局任命的，他如果是"单打独挑"，每月就得24元工资，但一般来说，一个人是忙不过来的，要找一个"助教"，每月付出8元。汤生洪当时担任的就是这种教师。1937年暑期，汤生洪考取了洛社乡村师范训练班。抗日战争爆发后不久，他也逃难到后方，继续读书，最后进入图书专科学校深造，毕业后，在浙江大学图书馆工作，一直干到退休。他于2003年去世，享年90岁。

第二章 难忘中学

一、洪水冲走"读书梦"

1930年9月，汤定元与同村的两位小伙伴一道去位于金坛县城的书院小学上五年级。书院小学的前身是1785年创办的金沙书院，虽然学校名称多次更改，但是办学从未中断过，因而教育部门承认了这一学校的延续性。

这所小学于2000年5月举办建校215周年庆典，汤定元也在被邀请之列。现在的校址在城东门附近，改名为"朝阳小学"。新校舍在1999年落成。新校舍占地面积之大，建筑之恢弘，超出汤定元的想象，也远远超过他在上海徐汇区的寓所附近小学校的规模。走进校门就是操场，在一堵

2000年5月28日，在母校朝阳小学建校215周年庆典会上讲话

朝阳小学墙壁上的大幅宣传画（2000年摄）

十分显眼的墙上，画着一大幅彩色画，标题是"今天我以学校为荣，明天学校以我为荣"。画中有华罗庚、汤定元和钱骥的头像，以及一排正在欢呼雀跃的小朋友。华罗庚是我国著名的数学家，他与钱骥都已经在20世纪80年代去世。汤定元这是初次在母校里目睹"今天我以学校为荣，明天学校以我为荣"这句颇有哲理的话，他认为，这两句话表达了一种很重要的教育理念。他于同年7月3日在《金坛日报》上发表了一篇文章《祝福家乡》，回忆当年的书院小学。他在文中说道："那个年代，全金坛县内只有县城里有两所完全小学。书院小学只收男生，另一所只收女生。全县内也只有一所县立初中。那时金坛的读书人绝大部分都是从这两个学校出来的，在外地相遇，说来说去都是老同学、老校友。""我是抗日战争那一年离开金坛的，一直在外地学习和工作，偶尔有机会才回金坛看看。最近的一次是1992年回来参加华罗庚中学70周年校庆，到今天也已过去8年了。过去每次回来，总能看到金坛城里有些变化，但变化都不大，仅是在旧县城的基础上，做一些局部的改进。这次隔了8年回来，情况大变了，旧金坛城的模样完全没有了，金坛已变成了一个现代化的新市区。我曾在1996年12月20日的《解放日报》上看到一篇有关金坛的专题报道，报上说当年金坛县的人均生产总值已超过1万元，比1990年要高出好几倍，金坛人已经由穷变富了。"

"由穷变富"这是汤定元的肺腑之言，因为他对当年的"穷困"有着切肤之痛。

汤定元的哥哥当初在书院小学读书时，似乎家中的经济还算宽裕，但当汤定元要进城读书时却遇到不少困难。汤定元事后做过分析，主要原因是20世纪30年代初，农村经济江河日下，除了少数富有的地主和乡绅之外，乡下的农民几乎没有能力送子女去城里读书。学校秋季开学规定在9月1日，正是青黄不接的时日，农民吃饱肚子尚有大问题，更拿不出共约

10元的现钱去支付学杂费和至少一个月的伙食费。

汤定元的父亲本身是个读书人,家里又没有多少田产,他总是想方设法让汤定元继承自己的衣钵,将来成为一个靠教书吃饭的人。汤定元记得自从自己进城读书,一直到考入无锡师范学校,父亲在汤定元秋季开学时常常要靠借债才能让他入学。

当年所借的高利贷有两类:一类叫"二角头",每借1元,每半年还利息2角,就是年利率高达40%,但这种借款方式还不容易找到放贷者;另一类是夏季普遍出现的"青稻钱",就是预支秋季收成。汤定元记得8月份"青稻钱"每担1元2角,随秋收时间的远近而变,秋收时每担2~3元,这种贷款的利率比"两角头"要高得多,到第二年春夏季每担稻一般要卖到5元。汤定元每年秋季入学时,大多数年份都要借"青稻钱",这些事汤定元至今还记忆犹新。他的家庭为了让他读书,受到了多么痛苦的高利贷剥削啊!

汤定元的父亲于1930年年底被学校辞退,次年又去邻村当私塾先生,私塾里交学费都在年初、端午节和中秋节。中秋节往往是早稻收获的季节,父亲就以这时的收入偿还汤定元上学时借的"青稻钱",可以减少一些损失。由于家庭经济困难,汤定元从少年时代开始,就几乎没有吃零食的机会了。离家到金坛县城去读书时,父亲也从来不给零用钱,更不可能去买零食吃,因此他一生都没有吃零食的习惯。真所谓"塞翁失马,焉知非福",不经意间,他的牙齿倒是受益了。至今他已是耄耋老人,牙齿却依然十分完整。汤定元猜想,这也许与不吃零食的习惯有关。

一开始,汤定元也遇上了一件颇有运气的事。那时曾经在小坵村当过小学老师的夏禹成先生正在金坛县城里经营一家中药房,这是夏家上代去世后传给他的。当夏先生得知汤定元要到城里的书院小学读书,也知道汤家的境况不好,经济比较拮据,便很愿意向汤定元伸出援手。于是,夏禹成先生就主动地向汤定元的父亲提出,让孩子寄宿在夏家,因此,汤定元此番去书院小学,虽说初来乍到,倒真还没有碰上什么经济困难。

不幸的是,夏老师不善于经商,没过多久,店铺就被迫出让了。所以,1931年春节开学时,汤定元只得做寄宿生了。暑期后,汤定元本应该读六年级,不料开学前几天,汤定元不幸患了疟疾。在那个年代,由于农村卫生条件差,小孩子们每年夏天患几次疟疾和痢疾、春秋季节发几次感冒是很平常的事。对于疟疾,当时村里还有一个迷信说法,就是可以设法躲避它。在开学前一天,汤定元住到学校里去,疟疾照样袭来,于是,他就跑到城外的田埂上,坐在那里瑟瑟地发抖,直到疟疾发作完了才回

学校。

谁料想,汤定元刚回到学校,就见到自己的父亲,父亲正在那里等他呢。一见到汤定元,父亲就叫他卷起铺盖回家,他说:"今年你读不起书了。"汤定元尽管心存疑惑,也只得照办。回家的路上,父亲才告诉他详情。原来今年书院小学做了新规定,入学时必须交足5个月的伙食费,加上学杂费就得一次性付费30元。父亲再三恳求先交一个月的伙食费,校方坚决不同意。1931年江南一带遭遇了大水灾,金坛县农村几乎颗粒无收。父亲考虑到全家的生活,只得做出决定,让汤定元休学。与他一起进书院小学的同村另两位同窗,也都和他一样休了学,这两位同窗就此永远地失学了。

无情的洪水冲走了田里的庄稼,也冲走了汤定元的"读书梦"。1931年真是个多灾多难的年头,记得当时一支歌谣里有这么两句词:"洪水祸东南,猛兽噬东北。"后者指九一八事变日寇侵占东北三省。

这次休学,在汤定元幼小的心灵里留下了深深的创伤,穷人上学真是不容易啊!他暗下决心,一定要努力自学,竭尽全力地去争取复学的机会。他在家自学了一年半,先自学六年级的各种课本。当时他对数学特别感兴趣,又从曾经读过一年初中的同村伙伴汤济仁(后来为国捐躯)家中找到一本初中学生用的《混合数学》教科书,这本书的编者是严济慈先生。

休学期间,汤定元尝到了穷困生活的滋味。那时,他的父亲在悟贯村当私塾先生,外婆家在西圩村。这两个村离汤定元家很近,因为地势高,发大水的时候两个村的收成反而很好。汤定元家中只有母亲、二姐、妹妹和他四人(大姐已出嫁,大哥外出当老师)。她们三人常常吃杂粮,而总是为他专门蒸一碗白米饭。那时,汤定元12岁,已经很懂事了,总暗地里为此事难过,他索性经常跑到西圩村舅舅家去住。到了1932年,汤定元就跟父亲一起住到悟贯村。那里的学生家长轮流为父亲派饭,伙食比较好,家长们也不在乎多汤定元一双筷子。整个1932年,是大灾之后生活最困难的时期,他觉得此时想复学,根本就是一种奢望。汤定元就这样苦苦地熬着。他在悟贯村结识了正在读金坛县立初级中学的杨锁福,汤定元后来能够进初中,杨锁福帮了很大的忙。

二、韩校长之恩没齿不忘

到了1933年年初,情况终于略有好转,汤定元便想到了复学的问题。

华罗庚中学70周年校庆，汤定元（左三）与老同学在华罗庚像前留念
（1992年11月12日摄）

当时，他在书院小学的同班同学都已经读初一下学期，于是他就去报考金坛县初级中学（今华罗庚中学）初中一年级的插班生。虽然参加了考试，但最后没有同意他插班，并不是他考得不好，而是他没有正式的转学证书，他便去找当时的韩大受校长，但依然没有获准上学，校长让他到暑假时以同等程度报考初中一年级。学校已经上课好几周了，汤定元仍不死心。他在悟贯村结识的那位杨锁福是个"热心肠"，又为汤定元去找韩校长，这次韩校长竟然同意了，他说："只能作为补习生来校上课，暑假后再重读一年级，可以免除入学考试。"汤定元兴高采烈地到学校去报到了。这已是开学后的第五周了，他被编在初一（乙）班。这一学期，汤定元特别努力，想补上所缺的知识，因而经常处于紧张状态。期终考试他的成绩不算差，而在思想上是准备重读一年级的。出人意料的是，暑假里他接到了"补考一年级上学期课程"的通知，在夏日炎炎的时候，他在一整天里补考了7门课，经过这次考试，他成为正式的初二学生了。

为什么韩大受校长最终改变了主意，汤定元至今无从知晓，但是，这却使汤定元终于有了在金坛县初级中学继续就学的机会。这样的人生改变，对汤定元日后的发展确实起到了关键的作用和影响。

汤定元始终不忘韩校长关于"做人与治学"的教诲："为人要正，待

2002年10月,带儿子(左一)与孙子(右一)参观华罗庚中学

人要诚,学习要勤,工作要实,生活要俭,做一个有益于社会、有益于国家的人。"韩大受校长是金坛县现代教育的开拓者。他自己节衣缩食,甚至变卖了仅有的家产,于1922年创办了县立初级中学。不久,他调任其他工作,1930年再次出任校长。那时他以学校为家,把自己的全部精力都花在学校和学生身上。学校里事无巨细,从教育行政、课程安排到食堂伙食、清洁卫生,他样样都监管,有什么问题都亲自来处理。韩校长不仅为学生授课,每星期一早晨的周会,总是由他来讲话。他几乎认识每个学生,也了解每个学生的学业情况。汤定元至今还记得这样一件事:在毕业离校的前一天,汤定元与几个同班同学一起去学校办公室领取为报考学校用的临时毕业证书,只见韩校长伫立在那里,他看着文书在证书上填写学生的姓名,并告诉文书在每人的证上应填什么样的名次号码。汤定元当时真是惊呆了,韩校长不仅叫得出每个学生的姓名,而且居然还记得住每位学生的学习成绩,真是不可思议。从这件小事可以看出,韩校长花在学生们身上的心思是多么多、多么令人感动。因而韩校长的形象也深深地印在汤定元和每一个同学的脑海里。

三、李老师的表扬影响一生

在汤定元读初中二年级时,操着满口扬州话的数学老师李月波教的课特别受同学们欢迎。他的教学方法很特别,每次上课花在讲解原理和例题上的时间并不多,大部分时间让学生到黑板前去做课本上的练习题。教室讲台那一面的墙壁上全是黑板，可以让6位同学同时在黑板前做题，一节课常常有两批同学上去做习题。

学生在黑板上做好练习题后，李老师就领着全班同学一起批改这些习题。如有做错的地方，李老师会特别讲清楚错在哪里，如何正确解答此题。因为黑板上的习题就是大家这节课后要做的题目，因此，在批改习题时大家都听得很专心，没人会开小差。

汤定元觉得，如果忙于抄写黑板上老师刚批改好的习题答案，就听不清楚老师对下一个习题的讲解，日后再碰到这样的习题，又不知如何解题了。再加上匆忙之中抄写，也难免会出错。因此，汤定元在课堂上只是专心听讲，不动笔抄写习题解答。到了晚上自修的时间，他就直接在练习本上解答习题，然后交上去。虽然他在课堂上已经知道了每道习题的正确解答，可是，他还是要求自己必须动脑筋重新演算一遍，认真对待每一道题。这样做，他虽然花的时间比别人多，但他在做题的过程中其实是把老师课堂上讲的内容重新复习了一遍，因此心里比较踏实。

在临近毕业时，有一天，在数学课上，李老师从一大沓作业簿中抽出一本，举在空中，笑眯眯地对同学们讲："大家看，这是你们中一位同学的作业簿，两年来，没有一点错误，字迹又特别工整……"同学们交头接耳地议论，猜不出是谁的作业簿。接着李老师高声讲出了这位同学的名字："他就是汤定元！"原来，汤定元的作业簿一直保持得十分整洁、清楚，李老师曾经特意在汤定元的作业簿上找错，两年来居然连一个错字都没有发现。这是汤定元第一次受到李老师的表扬，所以他心里特别激动和高兴。

当时，连汤定元自己都不敢相信自己的耳朵，难道两年来作业簿上竟没有出现一个错误，但仔细一想，他觉得这可能得益于李老师特别的教学法，得益于自己与他人不同的做习题方法。因为他在课堂上心无旁骛，只是专心听李老师的讲解，晚自习在作业簿上解答习题时，边回忆、边动脑筋、边演算，认真、仔细、踏实，确实不应当出现错误，于是，就收到了事半功倍的效果。

在这两年中，他始终认为自己的学习基础差，更应当"笨鸟先飞"，加倍努力。汤定元通过这个事实总结出了一条：其实，除了做数学习题之外，做任何事情也都一样，事先把事情的来龙去脉、已知的情况和要求的目标都弄得一清二楚，在做一件事的时候，专心认真，就能把事情做好。相反，如果只想一味图快，急于求成，结果就只能是"欲速则不达"！

李月波老师的表扬震撼了少年汤定元的心灵，他暗暗下定决心，今后一定要保持自己这种"勤动脑、仔细认真"的学习方法和工作方法。

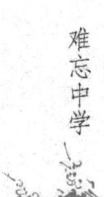

这不禁也使人想起当年汤定元在上初中时比赛下象棋的情景。当时有一位同学名叫于正荣，是学生中下象棋的高手，汤定元以往与他下棋，几乎从来没有胜过他。

在读二年级时，学校里举行正式象棋比赛，汤定元与他对弈，决定与他一决高低。一开始，汤定元特别认真对待，一丝不苟地下好每一步棋，终于赢了第一局。接着，又赢了第二局。下第三局时，汤定元一直处于优势，但是到最后因一子之差，竟输给了于正荣。这时作为裁判员、当时人称金坛象棋第一高手、教国文的徐老师开始评论了，他说："我作为裁判在旁边看棋，一般只看几分钟就够了。这一场比赛从开始我一直看到现在，因为他们双方一直没有出现错棋，其实这第三局汤定元已经赢了。"徐老师把刚走完的棋局又恢复了几步，指出汤定元只要走某一步棋，对方就败了。汤定元听到这里，觉得非常懊丧，但是转念一想，自己的兴趣并不在棋上，又没有想得第一名的念头，至于棋局的输赢就显得无所谓了。再加上天色已晚，更无心恋战，很快就输了第四、五两局。最终，于正荣获得了第一名。汤定元事后总结了这次棋赛的得失，他更深刻地体会到，做任何事情都要专心认真的重要性。

每当汤定元想起自己求学的经历，这段往事总是那样的刻骨铭心，他认为，进入初中的这一过程是自己能否读书的关键，正是韩大受校长给了他继续读书的机会。要是那一次进不了初一，非常可能出现这样的一个结果：他从此永远就不能再上学了，就会像村里同上书院小学的两位小伙伴一样失学在家。更何况，在那动荡的年代，迟一年读初中，可能会导致完全不同的后果。也许，"物理学家"将与汤定元永远地擦肩而过。因此汤定元总是带着感激的心情怀念韩大受校长，也总是对母校梦牵魂绕。

四、兴趣是获得知识的动力

窘困的生活一度迫使汤定元失学在家。父母亲千辛万苦地支撑着，好不容易熬到汤定元初中毕业，汤定元下定决心，一定要考进免费提供食宿的师范学校，将来可以当一名小学教师。作为一个生长在乡村的孩子，汤定元见过的最高职业就是教师，当时教师又很受人尊敬，因此，立志当一名教师也是一种崇高的理想。他在读初级中学时，课余时欢喜看一些有关小学教育的书籍。当时学校图书馆所有的"晓庄师范"丛书他都一本接着一本地阅读，至今他还对名为《古庙敲钟录》一书的内容记忆犹新。读了这类书籍,他当一名小学教师的愿望就更为坚定了。直到1993年10月5日,汤定元在《文汇报》上读到张劲夫写的一篇《和陶夫子相处的日子》,才知道《古庙敲钟录》是陶行知的作品,从此更加敬佩这位杰出的教育家。

真到毕业后要报考学校时,父亲还是希望汤定元能多一个选择,给了他报考两所学校的路费,要他不仅报考无锡师范学校,而且还接着报考苏州工业专科学校(简称苏州工专)。

临考前的几天,同村一位比他大六七岁的年轻人刚装好一个矿石收音机,让汤定元上他家去开开眼。当他一步步地登上这位青年家的阁楼之后,这位青年让汤定元戴上了耳机,他立刻在耳机中听到了南京广播电台播音员的声音,感到十分惊奇。南京离金坛农村有两三百里,声音是怎样传过来的呢?他打开矿石机的后盖一看,里面也没有太多的零件,结构很简单,一块小小的矿石,加上线圈,这么简单的几个零件的组合,从耳机里就能听到来自天空的声音,汤定元实在是百思不得其解,不明白其中的奥妙。从此,这个问题就引起了他的浓厚兴趣。他真想弄懂矿石收音机的原理。

无锡师范学校的入学考试结束后,汤定元自我感觉考得不差,有被录取的希望。至于还要不要报考苏州工专,他有些犹豫。他想,如果自己被无锡师范学校与苏州工专两所学校校同时录取,他肯定会选择不花食宿费的无锡师范学校;如果仅被苏州工专录取,工专与普通高中同等收费,父母亲供养不起,很可能就会弃学。

经过再三斟酌,他认为去报考苏州工专已没有什么实际意义了,还不如把路费节省下来,购买一些矿石收音机的零部件带回家。就这样,他花了两元钱买了矿石收音机的零部件,包括一根长铁丝,用做天线。父亲见他不去报考苏州工专,却买了这些不能当饭吃的东西,就批评了他。没过几天,当看到汤定元被无锡师范学校录取的通知时,父亲也就不说什么了。汤定元的这一举动,在旁人看来或许近乎荒唐,而在他看来,这台矿石收音机正是他后来为之奋斗终生的科学道路上的第一块引路石。

几乎没有花费多少时间,汤定元就把矿石收音机装好了,通过这个小小的盒子,他经常能收听到许多新的信息和知识。他对收音机的兴趣越来越大。可是,尽管他会动手安装,却对它的工作原理一无所知。想要搞懂弄通的心情也就越来越迫切。

于是,在1935年暑期结束后,汤定元进入无锡师范学校,课余时间他就一头扎进图书馆,在书海中游弋。他尽力探寻有关无线电方面的书籍

第二章 难忘中学

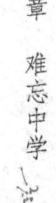

资料。有一次,他找到一本中国著名教育家吴研因编写的《无线电收音机入门》,简直如获至宝,一口气读完了全书。吴研因是小学教师出身,他写的书对将来想当小学教师的人来说特别具有吸引力。当时在中国,无线电学还是一门新兴的科学技术,在几种报纸上有定期的无线电副刊。他从报纸杂志上收集介绍矿石收音机的文章,用工整的字体将要点摘录下来,尽管有些内容他还不能完全看得懂。两年下来,不经意间,他已记满了好几本练习本。那时,学校的课程安排得很紧,课余时间十分有限,汤定元通过勤奋自学,也只能做到对无线电原理的一知半解。

五、步入科学圣殿的指引

当年的师范学校实行地区制,无锡师范学校只招收无锡县周边,包括金坛县在内的10个县的学生。每年仅招收48名学生,根据考试成绩,每县可录取4名,其余的名额完全根据考分的高低来录取。汤定元被无锡师范学校录取的那年,金坛县有5人被录取,是近几年中录取人数最多的一次。

无锡师范学校的教师大多是教学经验丰富的资深教师。汤定元至今难忘那些教过他的老师。如语文教师阮乐真,他身体虽然瘦弱,但教课时总是精神焕发,讲到关键处会高声朗诵,抑扬顿挫,把他自己的情感与作品融合在一起,对学生产生了极大的感染力。阮老师还经常发表教育方面的论文,有时还油印发给学生阅读。阮乐真老师给学生们讲起古诗词是那样的忘情,也给汤定元留下了难忘的印象。汤定元从中感受颇多:优秀的古诗歌经过千百年的淘汰,千百年的历史冲刷,传诵至今的都是能够超越物质世界而抵达精神世界的表达。古代诗人对于人生的理解和感悟,都在他们的诗歌里体现出来了。因此,诗是千古以下的心灵与千古以上心灵的交流,是一颗心对另一颗心的造访,穿过时光的隧道,两个灵魂碰撞着,散发着诱人的光泽。在这种交流、碰撞中,今人不断地提升自己,得到人生的启发。读诗歌,是一种绵延不已的、生生不息的、生命的互相感发。阮老师讲的课,也使汤定元牢记了荀子的名篇《劝学》中所言的"君子之学也,入乎耳,着乎心,布乎四体,形乎动静",换言之,当听到或看到古人的言语,就记在心里,就在自己的行为、实践中表现出来了。

数学教师沈醉凤是从日本留学归来的,他兼任汤定元所在班级的班主任。当时学生们每周要填写一页表格式的周记,装订成册,由班主任审阅。汤定元经常喜欢在周记本上向沈老师提出数学上的问题,他总是耐心地答复，而且为人很谦虚。沈老师还兼授物理课，可惜汤定元他们直到三年级时才开始学习物理课程，上物理课仅两个月，学校就因遭受日机轰炸而解散了。可以说沈醉凤是无锡师范学校中对汤定元最有影响的老师之一。

此外还有历史教师施之勉、地理教师向宾讽、生物教师吴元涤都具有丰富的教学经验。他们讲解课程时一丝不苟、严肃认真、内容丰富、条理清晰、引人入胜，同学们都很尊敬他们，聚精会神地听讲。汤定元记得，当时比较年轻的教师只有美术老师钱松喦和音乐老师张羽仪。钱松喦老师在新中国成立后成为一位杰出的国画家，曾任江苏画院院长。张羽仪老师与汤定元后来于1938年年初在宜昌流亡时相遇，张羽仪老师与施之勉老师一起对汤定元等三位流落街头的年轻学生伸出援手，在生活上给予了很多帮助。

当时师范学校里还有业余研究小组，汤定元参加了书法小组，由学校出资提供纸笔。另外，汤定元还经常去旁听社会科学研究小组的报告会。汤定元记得他对两个报告印象很深，一个是"中国农村经济研究"，另一个是"自杀现象的研究"。汤定元觉得，当时仅比自己高一二年级的同学，就能把这些问题分析得如此清晰、透彻，真是令人钦佩。

无锡师范学校的管理很严格，师范生一律住校，除星期日之外，平时不准出校门。学生每天晚上要自修两小时，自修时同学间不能彼此交头接耳讲话，自修结束都得回宿舍睡觉，每四人一个房间，有时老师还要到宿舍里来检查。汤定元说，在无锡师范学校的两年多中，他确实受到了很好的教育，可以说，汤定元以后的发展道路就是在这里奠定了基础。

1937年暑假之前，班主任沈醉凤老师以个人的名义，向学校图书馆借一批书，供同学们在暑期里阅览学习之用。当时，汤定元曾在图书馆看到一本萨本栋编写的大学教本《普通物理学》下册，里面有比较详细的无线电内容，于是他就向沈老师提出要借阅《普通物理学》下册。但是，图书到手之后，才发现是一本上册。他立即赶往图书馆，想调换成下册，不料，图书馆已关门放假。他只得把这本《普通物理学》上册带回家。

他回家度暑假，便开始阅读这本书，真是不看不知道，一看真奇妙。他被书中的内容深深地迷住了。无锡师范学校要到三年级才开始上物理课，而《普通物理学》上册的开始部分讲的是力学，他仿佛被带进了一个五彩缤纷的力学世界。譬如书中讲力的合成，在流动的河中，乘小船到对岸渡口，不能正对着渡口方向行驶，而必须斜向渡口上游方向航行，才能顺利抵达渡口。汤定元所居住的村庄东头就有一个渡口，他多次在那里坐

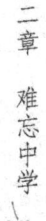

过渡船，船夫靠岸时的确是这样操作的。结合到日常生活中的许多事例，他逐渐地理解了书中讲到的物理学的常识和原理。奇妙的力学世界开阔了汤定元的科学视野。汤定元说，制作矿石收音机是他热爱科学的实践启蒙，而自学《普通物理学》，对他而言，则是步入科学圣殿的理论指引。

不过，在无锡师范学校的日子里，对汤定元而言，确实也发生了一件多年后他一直颇为遗憾的事情。师范学校的英语课程属于选修课。上第一堂英语课时，英语老师从一开始讲话就是满口英语，一直滔滔不绝地讲到下课，这才总算用中文讲了几句。这下可把汤定元给镇住了。他想，这样的英语课，自己是无论如何跟不上趟的，即使学了英语，将来也不一定有用，他就决定不再去上英语课了。可是后来听同学说，从第二堂英语课开始，那位老师主要用中文来授课了，他真有点后悔当初自己没有去选修英语课，但转念一想，将来到农村当个小学教师，反正英语也用不上，就不再想去改正这个错误决定了。汤定元觉得自己这一生由于没有学好英语吃了不少的亏，即使后来在美国学习生活了三年，也没能把英语补习到运用自如的地步。一个小小的错误决策，可以影响人的一辈子。

汤定元自从1927年进了小学之后，便知道了"国耻日"这一名词。每到这一天，学生都要到街上向群众去宣传。那个时候，"国耻日"特别多。5月份就有"五三"、"五七"、"五九"、"五三十"，称为"红五月"。汤定元年幼时对于这些"国耻日"的历史事实只有模糊的概念，在初中和无锡师范学校里读了历史之后，汤定元才知道自1840年鸦片战争开始，中国就不断地受到帝国主义列强的侵略。中法战争、甲午战争、八国联军侵华战争等，一次次赔款割地、丧权辱国，使他知道：那时的中国是一个积弱成弊、备受凌辱的国家，经过多年这样的教育，汤定元潜移默化地形成了强烈的爱国主义精神，立志将来要为国家的复兴尽自己的一份力。

当汤定元离家出去求学时，他的父亲叮嘱他最多的一句话就是："小孩子在外面要瞪大眼睛闭着嘴。"意思是说，小孩子不要多嘴，不要多管不该管的闲事，要仔细观察周围发生的事物。多年来，汤定元就是按照这一父训去做的。平时与同学们在一起的时候，他很少讲话。当同学们辩论某一个问题时，他也从来不参加，他总觉得，问题已经很清楚了，最后总能够达成一致的看法的。由于从小就养成这种少讲话的习惯，长大以后，汤定元不善言辞，在讨论问题时，他的反应也比较慢，这也是他后来最终选择做多动脑、多动手、少动些嘴的科研工作的原因之一。

第三章 漂泊天涯

一、流亡去，不做亡国奴

汤定元原以为进了师范以后就能谋生，没有想到抗日战争爆发了。1937年8月13日，日寇进犯上海。在淞沪会战中，抗日军民浴血奋战三个月，最后国民党军队不得不撤退。11月11日，这是令汤定元刻骨铭心的一天。无锡师范学校遭到了日机的轰炸，幸亏没有人员伤亡，从此同学们都自动离校。那时铁路沿线经常遭敌寇轰炸，汤定元等几位来自金坛的同学只得雇一条船从水路回到金坛。

汤定元回到村里，无所事事，不知所措，在农村里也不容易看到报纸，也不知道战局究竟如何。11月20日的上午，汤定元正坐在门前的草堆旁晒太阳，忽然瞥见初中时的同班同学浦发上门来了。浦发是汤定元在金坛县立初级中学时的同班同学，初中毕业之后，汤定元进了无锡师范学校，浦发则进了苏州工专。他在初中时就是班里的优等生，学习成绩总是名列前茅，为人又十分热心，称得上是"大家的带头人"。

浦发劈面就问："汤定元，你要做亡国奴还是准备怎么办？"汤定元那时颇有点茫然，不知自己应当如何办才好，便反问浦发有何打算。浦发坚决地回答说："到大后方去！"

浦发高高的个头，样子稍显瘦削，脸上的表情显示出他很有智慧、坚毅、有主张。汤定元被他打动了，两人坐下来一起商量走的办法，以及找哪些人结伴一起走。这次商议在严格意义上来说，决定了汤定元一生的命运。如果当时不做出流亡大后方的决策，汤定元也许不会去上大学，也许不会走上科学之路，他很可能会成为家乡的一位中小学教员。

浦发家住西门外离城50多里的西岗村，而汤定元家住东门外离城10里的小坵村，浦发得赶60多里路才能到汤家。在一起上学时，浦发也从未有串乡访问之事，大家分别已三年，他竟然还能找到小坵村，浦发对此事的热心程度可见一斑，也足见他对去外乡流亡的决心之大。他与汤定元商议后，决定去离城东门仅2里路的一个小村庄，找到初中同班同学汤森

元。汤森元的父亲不在家，据说他可能不会同意汤森元去大后方。大家商议之下，便决定等上一天，待说服汤森元的父亲以后，再作道理。第二天，汤森元的父亲终于被大家说动了心，当下就确定：把汤森元的家作为大家外出流亡集合时的联络点。

日军已经完全占领了上海，侵略部队沿沪宁线向南京推进。金坛县此时已成为战场的后方，经常可见日军飞机在头上盘旋。有一次，汤定元从县城往家走，走到村北的小池塘边上，遇上一位农民，他告诉汤定元：就在几分钟前，一架日寇飞机投下一枚炸弹，幸好掉在池塘里，没有伤着人。据推测，日机飞行员看到池塘边停着两辆小车，上面满载着衣物家什，这是县城里的人到乡下避难用的运输车，日军误以为是军用装备，就投下了炸弹。那几天，汤定元他们一直在外面跑来跑去地联络同学，到区里去办理难民证件，一路上经常能看到日本飞机低空盘旋的景象。11月25日，汤定元和浦发正一起走在城里大南门街上，忽然响起了空袭警报。两人急忙躲在大南门的城门里，那是一个现成的防空洞。不久，就听得一声爆炸，说是打下了一架敌机。浦发赶过去看了，第二天他告诉汤定元，飞机残骸就落在北门外洋桥附近。前去观看的村民很多，日机飞行员的尸体躺在那里，小腿短而粗，许多老百姓都说，恨不得过去咬他一口，足见人们对日本侵略者是多么恨之入骨。事后才知道，日本飞行员有恃无恐，根本不把中国防空部队放在眼里，总是低空侦察飞行。正巧从前线退下来的一组高射炮部队路过金坛县，听到有日机来袭，立刻架起高射炮，一炮就把日机击落了。

二、行路复行路，路途真遥远

汤定元和浦发他们把流亡的队伍终于聚齐了。一共是六个人，浦发、朱润生、汤森元和汤定元四人是初中时的同班同学，另外两人是初三学生，一位是朱润生的族弟朱廷鳌，另一位则是汤定元的亲戚周昭，他们聚在一起商议西行的办法和路线。确定的行进路线是这样的：先在地图上从金坛到武汉画一条直线，直线附近的县与镇就是他们这支流亡队伍所要经过的中间站。唯一的一次例外是临时取道南陵县，因为浦发听说南通中学迁到南陵县。浦发考虑去那儿借读，因此采取先到南陵县的路线，不过，到了南陵县才知道这完全是误传，南通中学根本没有搬到那里，他们只得又回到原定的路线上去。

这支流亡队伍每到一个地方，就向当地人请教，询问到下一个目的地如何走，要经过哪些小镇和村庄，共约有多少路程，然后，大家就按当地村民提示的方向走。汤定元至今仍珍藏着一张当年他们流亡时走过的路线记录。上面写着某一天从早到晚所走过的村镇地名、其间的路程、住宿的简单情况。这张路线记录是当年的有心人朱润生即时记录下来的。1996年，汤定元与朱润生会面时谈起往事，当获悉朱润生还保留着这样一份弥足珍贵的路线记录，就特意从朱润生那里手抄了一份，以留作纪念。

一行6人约定11月28日出发，27日夜里先到汤森元家中汇齐。那天晚上正好有一大批从前线退下来的广西军到这座小村里来宿营，因而年轻的流亡者们紧

当年与汤定元一起流亡的浦发（右）和朱润生游南京（1999年9月14日摄）

张得一宿未睡，生怕会发生什么意外。据广西军的士兵说，他们一个连只剩下一个连长和10名士兵，他们是从常州东面的横林退下来的，估计日军已经很接近常州了。28日一大早，流亡队伍出发了，因为先要经过小圩村，村里的乡亲们亲眼目睹了这支流亡队伍，便激起了许多人流亡的念头，因此小圩村后来外出流亡的人特别多。

汤定元他们这些流亡者，从1937年11月28日到12月22日的25天中，像急行军般地往前赶路。他们每人带一条被子，卷成一长卷，挂在肩膀上，至多再捎带几件衣服，放在一个包里，每个人都堪称轻装上阵。这25天中每天一般走五六十里，最多的一天走了80里路。每天走完预定的路程，就要找住宿点。

这次步行流亡，是汤定元一生中最重要的一次开阔眼界的经历，尽管发生在他的年轻时代，却使他日后受益无穷。过去，他总以为世上所有的河流都像小圩村旁边的大河一样，满满的河水，缓慢地流动着；他以为所有的山就是一条高低起伏的线形山脉，就像他在小圩村向西看到的茅山一样。以前读到不少文章，经常写"日落西山"，于是，汤定元总是认为西

第三章　漂泊天涯

金坛县立初级中学同班同学在上海汤定元寓所的院子里合影（1983年3月20日摄）浦发（右三）来自南京，其余都在上海工作。穿军装者为朱润生

方总归是山。即使在无锡师范学校读书时，他所看到的锡山也是在一条线上起伏的山脉，这次离开家乡所看到的情况就大不一样了。在皖南，地图上画出的一条河，虽然河床很宽，但是当时正逢冬季枯水期，却只有河的底部中央一条人都可以一步跨过的小溪流。进入山区，就只见到高高低低的山峰，前前后后，连绵不绝，穿过一个个小村庄，绕进一条条山谷，远远望去，乱石纵横、漫地野草、荆棘丛生，地势变得越发险峻，真所谓重峦叠嶂，峰回路转。"横看成岭侧成峰，远近高低各不同"，对汤定元这批流亡者而言，简直没有任何方向性可言了。

路上最差的情况就是想要找歇脚之地，却遍寻无着，只得找座庙宇暂栖，就近找些稻草铺在地上，用自己的被子盖着睡觉，还得想法子弄点吃的。面前的大路就像一条灰色的带子在山间起伏，消失在望不见的远方。只不过走了两三天，汤定元他们发现，一路上的老百姓都是淳厚、善良、热情、好客的，人们都愿意接待这些"小难民"，招待他们吃住，不取分文。于是，每到要住宿的村镇，他们总是找一家房屋比较好、看上去家境比较宽裕的人家去投宿，总能受到比较好的款待。后来他们又发现，找乡镇公所也不失为一个好办法，在那里不仅可以获得接待，有时甚至还会收到一些路费。有一次走到安徽省潜山县，他们住在六邑联中，由于被招待得特别好，因此在那里休整了一整天。另有一次，他们碰上了军队的卡车，一位军官答应搭乘便车，他们就坐车走了66里，算是很幸运的一天。

当时上海保卫战打得相当激烈，守军顽强地抵抗了三个月。后来日军从金山卫登陆，包抄上海，从上海直到杭州一带的军队不得不撤退。有些军队是整建制的，有的则是些散兵游勇，常常滋扰民众，人称"败兵"，老百姓惧怕这些兵，见了唯恐避之不及。汤定元一行，穿的都是当时的学校制服，也常常被老百姓误认为是败兵。有一次他们来到皖南境内的一个小镇上，当地甲长认为他们是败兵，不肯让他们留宿，经过好一番解释，甲长恍然大悟，这才答应收留他们，而且他招待大伙的饭菜很丰盛。

三、刻骨铭心，难忘之事

流亡路上发生的一些事，确实使汤定元刻骨铭心，至今难以忘怀。譬如，汤定元一行尚在江苏境内时，在一个小镇上，店铺都关了门，人们都逃走了。他们看见一些国民党败兵肆无忌惮地砸开店门抢货物。有两个败兵还不可思议地抱着一厚叠抢来的像是冥币之类的东西，见到汤定元他们还真以为和自己是"一路货"——败兵，于是对着他们嚷嚷："我们是在焦土抗战哟。"这些败兵真是不知道天下还有"羞耻"二字。

就在这一带，农村的田埂都很高，称做"汙田"。即使在冬天，田里也积了不少水。这天汤定元一行走在田埂上，突然发现一个女尸躺在田埂下的浅水里，女尸的衣服随着水波微微漂动，汤定元一路上一直在想一个问题，究竟这个女人是怎么死的，他至今也没能忘却这悲惨的一幕。

在行进路上的第4天下午，汤定元一行来到了竹圆村的地界。正走在一条狭窄的田埂上，迎面走来一位中年男子。他原来挺正常地走着，突然发现一伙身穿制服的年轻人过来，就立马弯下腰装成一个瘸子，一拐一拐地行走。见此情景，真令人忍俊不禁。一直到看清楚青年们穿的是学生制服时，他这才又直起身子来走路。他说："原来是你们呀！"当时国民党的败兵已经把村民们折腾够了。他们碰到青壮年男子，总要"拉伕"，拉去替这些败兵们扛铺盖或武器装备，得送他们走上几十公里路才放人回来。老百姓遭遇此事，又不敢反抗，只能敢怒不敢言。这位中年男子起初没有发现学生们穿着制服，一旦发现，为时已晚，真是到了"狭路相逢"的地步，为了避免被抓出此下策，伪装成跛子。当他确信对面走来的这些青年

第三章 漂泊天涯

不是国民党败兵时,扭头就往回跑,一边跑还一边嚷嚷:"不是,不是。"

走过前面的田埂,就是一座小山,小山顶上飘着几缕炊烟,疏淡的烟柱,伴随着清越的山风袅袅而散。那里果然是一个村落。此时,山坡上面一棵树上挂着一个铃,"当当"地响了起来。当汤定元一行走到小山坡前时,不知从什么地方冒出许多人来,众人围着他们问长问短,原来,当地村民设置了一套预警的方法,以保一方平安。当天色已晚,获悉眼前的这些流亡者已经赶不到下一个目的地时,其中一位老者提议留大伙在竹圆村住一宿。老者姓张,他有三个儿子,都是务农的。他把大家领到自己家里,他家像一般农户一样,房子里都是空荡荡的没有什么家什。那天晚上,老者张罗到了当地农村所能弄到的一些菜肴,于是汤定元等人吃了一餐饱饭。饭后,热情的主人又烧水让他们6人一个一个洗澡。汤定元等人受到了如此规格的款待,真是感激得不知说什么才好。

当地的农民淳厚朴实,对他们这些素昧平生的外乡人怀着深深的同情之心,为别人考虑得如此之周全,令汤定元终生难忘。

这一路上,走的山路真不少。初冬的黄昏来得总是很快,还没等山野上被日光蒸发的水汽消散,太阳就落入西山,于是,山谷中的岚风带着浓重的凉意,驱赶着白色的雾气,向山下游荡,而山峰的阴影更快地倒压在村庄上,阴影越来越浓。汤定元他们这支小队伍就这样日复一日地走在山谷里,走到第16天,这是冬日里的一个好天气,日暖风清,碧空如洗,万里无云。中午时分,汤定元一行来到了安徽省潜山县的三桥镇。他们在茶馆里喝了几杯茶,并与茶馆里的客人闲聊了几句,随即走出小镇在田边歇脚。此时来了一位青年,得知他们是流亡者,就热情地邀请他们回镇上去招待点心,汤定元等人因刚刚吃过午饭,就婉言谢绝了;过不了几分钟,又来了一位中年先生,他自称是从江苏太仓流亡至此,听得茶馆里有人说起有像他们那样的一批流亡学生,怕他们涉世不深,恐遇不测,便紧赶慢赶地追上来,见到他们便一一关照在流亡途中应注意的一些事项;这位先生刚离去几分钟,他们正待起身前行时,忽然又来了一位妇女,她大声呼唤:"学生们,等一等!"她说自己姓包,从南京流亡到这里,也是在茶馆里听闻他们这些流亡学生,便动了恻隐之心,特地买了一盘发糕送过来,并且诚挚地祝福大家一路平安。

汤定元等人不过是在茶馆里随便谈了一些自己的流亡情况,就引来了这么多古道热肠人们的关心,他们的善良和同情不禁使汤定元等人热泪盈眶,欷歔不已。60多年后的今天,汤定元仍对这些往事记忆犹新,感觉当时的场景历历在目。

四、滞留宜昌，期盼入川

这一天，汤定元一行到达了湖北省浠县。夜宿时，县招待所的员工告诉他们，可以从附近的兰溪镇坐轮船去汉口，流亡学生可以不买票。汤定元他们听得此言，十分高兴。第二天，他们就步行到兰溪镇，晚上坐在江边上一户人家的屋檐下，坐等轮船起航。12月22日清晨，晨光熹微之中汤定元在屋檐下坐着，一夜的疲乏并没有影响他即将登船上路的好心情。他远远地望去，只见江边上小镇的屋瓦和鳞次栉比的街巷尽收眼底，在晨霭的笼罩下，在错落有致的粉墙和几株亭亭如盖的老树的装点下，真是宛若画中。

他们一行终于搭上了轮船，约8时便到达汉口。在此之前，除一天搭汽车，一天坐轮船，汤定元一行整整步行了23天，总计1116里，即558公里。按现代地图上的距离来测算，金坛至汉口的直线距离为570公里。由此看来，汤定元他们所选择的路径是比较经济的。到汉口时听一些难民讲，幸亏他们选择了这条路径，如果选择沿江走，就可能会遭遇强盗，因为有不少难民遭到了强盗的洗劫。汤定元觉得真是不幸之中的万幸。

抵达汉口之后，他们6人立即住进了难民收容所。滞留汉口的难民甚多，大家都睡在铺了稻草的地铺上，每天供应一粥二饭，中晚餐还有一些煮青菜下饭。白天，他们就在汉口，或摆渡到武昌在街头四处走一走。武汉是当时难民的集散地，也有许多工作机会，他们总设法去打听招工的消息。

离开金坛时，他们每个人或多或少地都带了些钱。俗话说："出门要带小鸡钱。"但每个人的家境又不一样，因此个人的钱究竟有多少，也从未彼此交流过。这一路上吃住基本不花钱，有几次别人不仅管吃管住，还额外地送给每人1元。一直到汉口，大家也没花什么钱。汤定元离家的时候，只带了2元6角，还是他父亲临时向别人借的。他姐姐送给他一对银手镯，缝在被褥里，到汉口时，汤定元把它取出来换了2元4角。江苏省驻武汉办事处发给每位江苏籍流亡学生15元的救济款。这样一来，汤定元所能支配的钱，是他有生以来最多的一次。

他们很关注报纸，上面有很多招生或招聘广告。每个人的命运是那样的不同，正如脚下的长江，滔滔激流，大浪淘沙呀！与汤定元同行的几位初中学生都急于找出路。其中汤定元的那位亲戚周昭考进了一个训练班便早早地离开了他们，后来，汤定元在重庆碰到过他，他已经在国民党特务

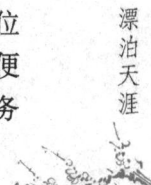

机关里办差,大概是个小特务,后来没能去台湾,新中国成立后被枪毙了。朱润生的族弟朱廷鳌也考进了某个训练班,被派往湘西工作,抗战结束后他回了老家。也许与他在湘西工作的经历有关,他在后来的一次政治运动中自杀身亡。朱润生在扬州高中读书时就立志将来学医,当他在汉口看到军医大学的招生广告时便决定去报考,后来果然被录取了。可是,当他开学去报到时,校方却因为他没有中学毕业证书,竟不让他读医科,于是,他只得改读药科。他后来在第二军医大学药学系当教授,于2007年3月30日去世,享年91岁。

这样一来,原本6人的流亡队伍只剩下汤定元、浦发和汤森元三人。浦发原来在苏州工专就读,他的一位同班同学是武昌人,浦发曾好几次过江去看望他。这位同学的父亲是武汉的名中医,家境富裕,他们全家也在准备去重庆避难。12月29日傍晚,浦发从同学家回来,告诉汤定元等人:他那位同学刚刚登上去宜昌的轮船,他全家包下了轮船最上面的露天平台,已经用帆布搭建了一个大房间,现在尚未开船!浦发提议,大家不妨借此机会跟他全家一起去宜昌。大家商议后达成共识,流亡的最终目的地是重庆,反正不管到哪座城市,都是住难民收容所,有这样的好机会,何不先到宜昌再作打算?于是,汤定元一行当晚就登上了去宜昌的轮船,轮船于晚上9时起航。长江峡陡江水流急,船只缓缓地逆水而上,像一个在崇山峻岭之间小心翼翼迈步的旅人,而此刻,汤定元的心态也是如此,既有些惴惴不安,又对未来充满着憧憬和希望。

1938年1月3日,轮船抵达宜昌。一下船,汤定元他们就急着去找难民收容所。大失所望的是,他们几乎找遍了所有可能与救济有关的机构,但最后确信在宜昌是没有任何接待难民的场所的。原来,武汉以西各地都没有设立这种机构。他们三人一直走到傍晚,才无可奈何地找了一家最便宜的旅店住下来。第二天,他们又接着出去跑,总得想个法子解决眼前的难题。

无巧不成书,汤定元他们在宜昌的东门大街上碰到了无锡师范学校的历史教员施之勉先生。施先生告诉他们,宜昌是旅客入川的中转站,一些由于战局变化而要入川的旅客,必须在宜昌挨个候船,通常要等上一两个月才能轮到上船。因此,施先生全家就在东门外大街租了一间房子,无锡师范学校的音乐教师张羽仪先生也住在东门外大街附近。汤定元就把这一个月来他们长途跋涉的情况向施先生说了个大概,施先生十分同情,叫他们跟着自己走。一行人来到了东门外大街248号,这是一座三进三开间的旧式房子,除房东外,已住了好几家房客。房子的最后一排是楼房,施先生全家就住在楼上的一间里。

这座三开间的旧房里堂屋的两旁都已住了房客，施先生与房东商议安顿学生的事宜。房东得知汤定元等人是流亡学生，很是同情，于是同意他们三人睡在客厅里，晚上打地铺，早上收起。房东又借给他们一个旧式灶头上烧水的"燉管"，让他们自行烧饭吃。"燉管"在外形上像一只茶杯，是用来热水的。如果用它来烧米饭，不是稀了，就是烧焦了，很难烧成熟米饭。汤定元等人索性再加一些蔬菜，改烧菜粥，一日三餐都是喝菜粥，在宜昌的50多天，他们就是如此生活的。尽管生活十分清苦，但他们还是省下钱来买煤油，坚持晚上在油灯下读书。也许是他们这种在如此艰苦的生活条件下仍然坚持刻苦学习的精神，博得了房客们的好感与同情，不少房客还给予他们力所能及的帮助。

后来，汤定元他们从报上看到了关于国民党政府教育部在武汉收容流亡学生的消息，大家心里也觉得平静多了，就耐心等待着。施先生一家终于等到了入川的轮船，全家去了重庆。这家宅子又搬进来新的一家房客。这是从北京迁来的一大家子，老太太姓赵，带着30岁左右的儿子及16岁和14岁的两个女儿。房东便以房客中有女眷为由，要汤定元他们搬走。这位赵老太太倒是很开明，颇为热心肠，她对老板说没关系的，让汤定元他们继续住了下来。

彼此交谈之中，汤定元得知赵老太太是反对袁世凯称帝的名将蔡锷的姐姐，她丈夫去世前曾任北洋军政府时代的国会议员，她有几个儿子在重庆和乐山工作。老太太很同情汤定元他们，经常帮助这些流亡在外乡的年轻人。老太太告诉汤定元，她那16岁的女儿腰部患有不治之症，医生说，也许活不了几年了。汤定元等人颇为不解，为什么女儿患病之事竟然让她本人知道，她知道这一切，内心是多么痛苦啊！但事实上，当时这位少女还是很活泼快乐的，完全不像汤定元他们所担心的那样整日只会悲悲戚戚。后来，宜昌遭日机轰炸，老太太一家搬到葛洲坝去住，葛洲坝当时还只是长江中的一座小岛，岛上还有个小村庄。汤定元很敬重赵老太太的为人，再加上她是讨袁护国大将军蔡锷的亲戚，他对蔡锷先生仰慕已久，于是，便与伙伴们一起经常去葛洲坝那座小村庄里看望赵老太太一家。汤定元是个很重情义的人，直到1944年秋，他那时在中央大学当助教，由于一个偶然的机会，他得知赵老太太一家住在长江南岸的一个新村里，便跑去看望她们。那时，老太太还健在，与一个儿子住在一起。她最小的女儿在乐山伍通桥工作，那个患病的女儿看上去还很好。那天，汤定元是步行去的，到那里已近下午1时，赵老太太还特意安排杀了一只鸡来招待他，

第三章 漂泊天涯

忙到下午 2 时才吃午饭。饭后，大家又尽兴地谈了两个小时，汤定元才告辞返回学校。就在那年年底，噩耗传来，那位患病的女孩终于不治身亡，她只活了 23 岁。

汤定元他们在宜昌等了一个多月，从报上获悉，教育部在武汉收容的流亡学生将被送往专为流亡学生设立的国立四川中学（或称国立二中），后来又得知教育部所收留的第一批流亡学生抵达宜昌的日期和他们住宿在宜昌师范学校的消息。汤定元他们打算前去看看有无自己所熟识的人。就在这批学生到达宜昌的那一天，日机轰炸了宜昌飞机场，而宜昌师范学校就在飞机场的近旁。学生们抵达的翌日晨，汤定元他们找到了宜昌师范学校，在无锡师范学校与汤定元同班的钱骥、钱国荣正巧和他相遇。钱骥等人告诉汤定元，到了宜昌师范学校当天，他们到飞机场去看，正好遇上日机轰炸，经历了一场危险，亲眼看到有人被炸死，但幸好同学中没有伤亡的。

见到第一批从武汉过来的流亡学生，汤定元他们觉得事情有了希望，就来到有关的办事处请求收容，但办事处没有答应，说是要等到武汉的学生全部抵达宜昌之后才会对他们作安排。他们只得失望而归，住在原来的东门外大街，继续吃他们那一日三餐的菜粥。

一直等到 1938 年 3 月初，终于轮到汤定元他们加入流亡学生队伍了。他们一行三人登上了入川的轮船，心中是何等高兴啊！从此，他们的食宿就不用自己操心了。轮船先把他们送到万县，在那里滞留一周，后来乘轮船继续西行，终于抵达了目的地——重庆。

在重庆，汤定元他们又等待了好几天。后来，浦发去了重庆兵工专科学校，汤森元和汤定元一起被送到四川中学师范部的所在地北碚镇。后来，汤森元考取了四川大学，但不幸患上肺结核，于新中国成立前夕去世。到北碚镇的那天正好是 4 月 1 日，是开学的第一天，也是汤定元 4 个多月流亡生活的结束。

中篇

展翅翱翔(1938~1951)

汤定元在抗战大后方重庆的大学生活同样体现了他的拼搏精神。对科学报国的满腔热情以及对实验科学的盎然兴趣使他漂洋过海，来到大洋彼岸的美国芝加哥大学继续攻读。在异国他乡，他奋进在科学的征程上，并取得了不俗的业绩。当他闻悉新中国已经成立时，不由热血沸腾，踌躇满志，冲破重重障碍，毅然回到祖国的怀抱。

第四章 山城八年

一、考取大学，感慨系之

从重庆沿嘉陵江向北直线距离约 35 公里就能到达北碚镇，这是一个美丽、整洁、安宁的小镇，位于群山环抱之中的一块不大的平地上，当地人称之为"坝子"。一条从重庆过来的公路从西向东垂直于嘉陵江，把这"坝子"一分为二。公路以北是商业和住宅区，公路以南的中部是一个大公园，东部是一个大体育场，一直延伸到嘉陵江边，公园里的一个小山坡顶上有一座相当大的洋房，国立二中的师范部就设在这座洋房里。房子的西面有一座小学，是师范部学生的实习学校。

住宅区的道路都是东西方向和南北方向互相垂直的石灰路，把住宅区划分成许多面积相仿的正方块。很显然，这里的整个住宅区是事先设计好之后才建设的，道路都很干净。汤定元记得他们这批学生后来参加过一次游行，他看到当地的几个孩子一面观看学生们游行一面吃甘蔗，将吃完的甘蔗渣都吐在手上，然后往家门口的畚箕里丢，竟然没有一个孩子把甘蔗渣随意丢在大路旁。这里的孩子在当年已经养成如此好的卫生习惯，在汤定元看来，这真是一件了不起的事情。

汤定元还了解到，这是卢作孚先生投资建设的新乡镇。在 20 世纪 20 年代，四川省被军阀割据，北碚镇正好地处四县的交会处，是各县军阀都不管的地区，卢作孚先生就决定选择这块土地来实现他建设新乡镇的梦想。在汤定元看来，这里的确是一个成功的范例，简直可以作为当时中国乡镇建设的楷模。卢作孚先生是一位优秀的实业家，他创办了民生轮船公司，公司属下的轮船走长江航线，为国民党政府当年迁往重庆做出了重要贡献。新中国成立后，卢先生曾任全国政协委员，1952 年因病去世，享年 59 岁。

北碚镇之北是缙云山，从西向东延伸到嘉陵江边，与对岸的山合成峡谷，被称为"小三峡"。缙云山海拔很高，山上有一座缙云寺，也是中国名寺之一。嘉陵江水在小三峡内水流湍急，向南流出三峡后，江面突然开

阔,两边都是坝子。江东是一个不小的平原,复旦大学就曾迁移到这里。由于北碚镇环境条件优越,当时还有一些政府机构迁到这里,如中央地质调查所等。北碚镇给汤定元留下了难忘的印象。1985年夏,汤定元重访重庆大学,东道主用汽车送汤定元到北碚镇旧地重游,车子可以一直开上缙云山,汤定元感到山上的温度明显低于平地的温度。那时的北碚镇比起新中国成立前,居民已增加了几倍,但秩序远没有从前好,清洁卫生的程度也较前逊色了。

国立二中师范部的学生们多来自江浙一带的师范学校,如南京师范学校、镇江师范学校、无锡师范学校、杭州师范学校和苏州女子师范学校。这个班级一共有40多个学生,连汤定元在内,来自无锡师范学校的一共有9人,汤定元他们从4月起读到6月底算从师范学校毕业了。这时大家流亡刚结束,还都没有缓过劲儿来,心绪还不够稳定,不少学生无心学习。课业安排得不紧,同学们都感到学得比较轻松,但是汤定元此刻却抓紧时机,做了一件极其有意义的事,他从学校图书馆里借来萨本栋的《普通物理学》上、下两册,尽可能多看一些,并做了一些习题,在北碚镇的几个月中,他一直坚持自学这部《普通物理学》,无意中为日后报考中央大学物理系做了准备。

1938年7月,汤定元在重庆北碚读完了师范课程。在那兵荒马乱的年代,求职成了一个大问题。当时的国民党政府进川不久,无法在当地安排小学教师,有办法的同学都自找门路离开了师范部,只有汤定元这样的一些毫无办法可想的人留在了学校,等待上面的安排。

汤定元和同学们终于看到了教育部早就下来的文件,文件要求当年国立中学的高中毕业生尽可能地安排考大学,未能录取的可进入教育部即将要开办的"大学先修班"补习,师范毕业生当年可以不当小学教师,自找出路,也可以直接报考大学。看到这样的文件,汤定元他们觉得很不公平,也十分气愤。考大学当然是件好事,但是,像他们这样的师范生比起高中生来说,要少上好几门课,在考大学时,将面临不公平的竞争,师范生几乎不会有被录取的可能。因此,大家认为,纸上的许诺,只不过是一句"口惠而实不至"的空话。

想找一份小学教师的职位也毫无办法,晨钟暮鼓、夙兴夜寐,大家只觉得日子过得清苦,不由得发出"丞相祠堂何处寻,锦官城外柏森森"的无限感慨。众人每每聚在一起讨论,结论是:既然求职一筹莫展,眼下也只能利用这个机会去进行最后一搏——努力报考大学。先去考一次,不行的话,摸一摸考试题目的难易,做好第二年重考的准备。于是留下来的

13位师范生决定全部去应试。考试期间的住宿问题由学校统一代办,不用自己费心,考试完毕大家又回到学校等待机会。

过了些时日,汤定元他们接到了分配工作的通知。重庆市新成立的战时民众补习教育推行委员会需要一批教师,汤定元等13人全部去报到了。这个委员会只是在朝天门教育局的大门上挂了块牌子,那里既没有办公室,也没有宿舍,只有一张很大的裱画台子,晚上可以睡几个人,其余的同学就在教育局的办公室找几张桌子拼在一起当床睡,早晨就卷铺盖离开。白天实际上也无事可做,只是有一次一位委员会的负责人找他们谈过一次话,以后再也没有见到这位负责人露面。

对于汤定元来说,他平生第一次有了每月12元的工资。他干脆就把伙食包在教育局附近的小饭馆里,每月6元,吃得也很满意。白天除了三餐,无事可做,于是,汤定元就常常往书店跑,在那里找本书来读。每当阅读一些小说之类的书时,这位理工学科的爱好者也难得有机会徜徉在文学艺术的海洋之中。他无论在店堂里读书多长时间,店员也从不过来干涉,这对他来说倒是乐事一桩。

那年的大学入学考试是全国第一次统一考试,无锡师范学校来的同学共有9人,其中5人已先行离开了,留下来应考的仅有汤定元、钱骥、钱国荣、胡荣度4人。汤定元觉得自己考得很差,几乎没有被录取的希望。到了发榜的那天,他和无锡师范学校的其他3位同学一再迟疑,最后还是鼓起勇气去看榜。到了公布录取名单的教育部,令汤定元他们激动万分的是,4人都考取了中央大学。其他师范学校去应考的9位同学仅录取1人,也是中央大学。他们4人着实高兴,便热热闹闹地庆贺了一番,大家议论来议论去,只能得出这样的结论:无锡师范学校的教学质量高,学生的学业水平一般要比同类学校高一些,因而出现了这样一个考试结果。那年先行离校的5位无锡师范学校的同学,看到汤定元他们4人全部被录取,很是后悔自己当时的抉择错了。不过,第二年这5位同学也都考入大学。

对于汤定元这样一个从农村出来的师范生,没有读过英语,考大学谈何容易!当年他被录取时的心情真是无法形容,过去只想当一名小学教员,而如今却成了一名大学生。

每当忆及此事,汤定元就非常感慨。回想起无锡师范学校,汤定元总是怀有一种复杂的感情。一方面,他接受的是师范教育,理所当然地应当担任一名小学教员,至少也应该当两年,而他确实曾立志终身当小学教师,结果,他却阴差阳错,根本就没能当成小学教师,因此觉得对无锡师范学校很惭愧;另一方面,由于无锡师范学校的教育质量高,出来的学生

基础知识比较扎实，因而他在那种特殊的条件下直接考取了大学，从此以后走上了科学研究之路，这又使汤定元非常感激无锡师范学校。

高考发榜后，在等待开学的日子里，幸亏有战时民众补习教育推行委员会发的工资，汤定元才食宿无忧。委员会把他们4人分派到江北县县城办民众补习夜校，安排的住所是在一座破庙里。夜校开学的第一天晚上，陆陆续续地来了三四位中年妇女，第二晚只来了两位，第三晚就没有人来了，汤定元他们不负宣传鼓动的责任，也就听其自然。好在他们都已考取大学，没有后顾之忧，不管工作效果如何，也从来没有任何一位主管来检查他们的工作，他们唯一必须做的事就是在每月的规定日期过江去重庆的战时民众补习教育推行委员会领取一次工资。一直等到1938年年底，他们才去中央大学柏溪分校报到。1939年年初，他们还是每月一次去委员会领取工资，一直又领了6个月。到1939年7月，该委员会发现他们早已离开，才停发工资，也没有追究过去冒领的工资。在这6个月中所领取的工资对汤定元这样的穷学生来说，帮助实在是太大了。

二、勤奋苦读，弥补差距

汤定元由衷地感谢当时的中央大学校方"不拘一格降人才"，尽管他的英语是零分，但鉴于他的物理和其他科目成绩较高，校方就将他破格录取在物理系，那时是1938年7月，中央大学的学习改写了汤定元的一生——终生与物理学为伴。

中央大学是抗日战争爆发后才迁到重庆的，在沙坪坝重庆大学附近盖了一批简易房屋，1938年招考新生时，又到嘉陵江上游离沙坪坝10余里路名为"柏溪"的山沟里建造了一年级学生就读的分校。校舍盖好之后才能开学，因此，汤定元他们一直等到12月29日才到柏溪分校报到。其实，那个时候教室尚未完工，他们又等了半个多月才开始上课，但仍然算是1938年入学。

那时学校对战区来的学生实行"贷金制"，分三种贷金方式：一是学费每学期10元；二是伙食费每月6元；三是零用每月2元。汤定元因为是从沦陷区来的，所以三种贷金都有。当年能领到每月6元的伙食费已经相当不错了，过去由于穷，汤定元没有进大学的奢望，现在自己不需要花什么钱能够上大学，还有这么好的伙食，就够满足的了。他只有一个念头：一定把大学的学业读好，将来可以找一个好的职业。

由于战乱，大部分学生流亡了大半年，学业荒废，入学考试录取标准

抗日战争期间，重庆沙坪坝松林坡上的中央大学校本部（1941年9月摄）

势必有所降低。因此在入学之初，学校对新生进行了一次有关数学和英语的编组考试。考试结果是，汤定元需要补读高等数学和补习英语，而物理系一年级的必修课——微积分和大学英语必须延迟至二年级才开始读。对于汤定元来说，他只有老老实实地补读这两门课程才能弥补差距。他始终牢记着一位哲人的名言：学习这件事不在于有没有人教你，最重要的是你自己有没有觉悟。

除了上述两门课之外，汤定元还要读普通物理和普通化学。这两门课用的都是英文课本，那个年代，普通高中二三年级已经采用英文课本，大学用英文课本则更是很平常的事。但是，对于汤定元来说，用英文课本来学习真是一件天大的难事。他只有加倍努力去克服这一难关。他很不喜欢背英文单词，而喜欢采用查词典的方法，凡是不认识的词就查词典，并把中文的含义注在书上这个英文词的旁边。不管这个词是否已经查过词典，只要不知其意，就查词典，在原文旁加注中文。一个词少则查几次，多则查上几十次。这样做看似是一个笨法子，其实是采用了"熟能生巧"的办法。久而久之，工夫到家，水到渠成，自然会记得更多单词的。

当课程结束后，汤定元重新翻阅了自己读过的那本英文版的《普通物理学》，那部书是美国人达夫所著。可以看到著作开头的几十页，每页上都密密麻麻注满了中文字，以后所注的中文字就逐页地减少了，将近书的一半时，就完全没有所注的中文字了，这表明他已经掌握了阅读物理学书籍所需的基本英文单词。这本书实质上记录了他在重庆的那一段重要的学习经历，他多年来一直珍藏着这本《普通物理学》，把它作为一种纪念。后来，他出国前夕委托一位朋友代为保管这部书，可惜这位朋友在处理自己的旧书时，把混在其中的这本《普通物理学》一起卖掉了，令汤定元惋惜不已。

汤定元就这样苦读了一个学期（也算一个学年），可以读二年级了。那时物理系的许多必修课都规定了必需的"先修课"，例如，读二年级的理论力学，必须先读过微积分。如果照这样的安排，他得花5年的时间才能大学毕业。他想起来总觉得不能这样，于是总想着如何能绕过这样的安排。暑期开始时，他决心自学微积分，每天都在看微积分书和做习题，暑期里就这样坚持不懈把一本《微积分》学完了。

二年级开始时，汤定元拿着他所做的微积分习题本，去找理论力学教授张钰哲，要求选读理论力学。张教授翻阅了他的一大堆习题本，约他第二天去考试。当时正是汤定元微积分运算最娴熟的时候，3道试题他很快便演算完毕，而且答案全部正确，张教授当即同意他选读理论力学。张教授课讲得很好，很受学生欢迎，但是对学生的要求也很严格。每学期两次月考，一次大考，每次考试都是3道试题。两次月考成绩的平均分数，与大考成绩的平均分数，作为这学期理论力学课的成绩。汤定元初读理论力学课时也很努力，但第一次月考只做对了一道试题，得了33分，第二次月考做对了两道试题，得了67分。临近大考时，汤定元想，如果这次只做对两道试题，得67分，平均分数将会不及格。唯有三道试题全做对，总分才会达到75分。因此在大考前，他加倍努力，复习整个学期老师所教的课程内容。

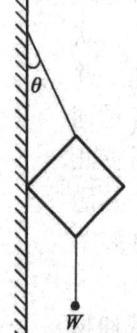

一个静力学问题示意图

大考时，汤定元很快就做完了两道试题，但第三道试题确实不那么容易做。他至今还记得这道试题：有一个方框，用绳子挂在墙壁上，方框面垂直墙面，方框下挂一质量为 W 的小物体，已知方框角在壁上的摩擦系数，方框的质量可以忽略不计，求平衡时绳子与墙壁之间的夹角 θ。这是一个很复杂的静力学问题。汤定元在解决这个试题时，大脑高度集中，他仔细分析，终于完成了这道试题。考试完毕后，照例同学们都留在教室里，交头接耳地议论这次考试。大家都说这道难题没有做出来，不知道应当怎样做。汤定元说，他做出来了，就拿起纸笔，演算给大家看。但是，演算了一程，就算不下去了。当时汤定元心里很着急，明明在考试时自己是演算出结果的，为什么现在得不到结果了呢？考试时的演算是错误的？于是，他只得承认自己可能没有做对这道试题。

到发下试卷时，汤定元得了 100 分，这道难题他也做对了。这时，班上的同学才知道这道难题的正确的解法。但是，为什么汤定元在考试时做对了，刚考试完毕再重新做试题反而做不出来呢？汤定元对这个现象思考了很久，百思不得其解。后来，总结多年的科研工作经验，他终于感悟到：一个人的潜在能力要比平时表现出来的能力高得多。当思想高度集中、有强烈的获得成功的欲望时，就有可能使自己的潜在能力得到超常的发挥。汤定元常说：做研究工作时，只图轻松愉快，有时甚至思想开小差，是不可能做出重要成果来的。研究工作者必须尽一切努力，把自己潜在的能力尽量发挥出来。

汤定元要选读微积分，就要去数学系请教课老师签名。那天，正好理学院院长、数学教授孙光远教授也在，他看到汤定元的名字后就对他说："你就是汤定元啊！你以后要多读读英语。你去年入学考试的英语是零分，是破格被录取的，所以我记得你的名字。"汤定元听了频频点头，他心想，自己当然会遵照孙光远教授的意见去做的，但为什么是破格录取？对他来说一直是个谜。这个谜后来一直到汤定元毕业后才解开。有一次需要成绩单，他去学校注册组查阅他的成绩单，上面除了有四年中的各科成绩还有一栏高考的入学考试成绩，列有中文、英文、数学三门主课和其他科目的分数。他的中文 33 分，数学 47 分，英文成绩确确实实是零分，总分 313 分。那年录取的最低分数线是总分 180 分，三门主课都不能是零分。比起现在的入学考试来，这个录取分数线实在是太低了。不过话要说回来，那时打分标准和分数的意义，可能和现在很不相同，那年的大学录取率也只是 1/10。汤定元这下才明白，自己之所以被破格录取主要是因为总分高，还由于物理考分很高。他在北碚镇的几个月中，一直在自学萨本栋的《普通物理学》，对物理学有很浓厚的兴趣，因而物理学科成绩考得比较好。

当时读大学，很多课程是没有教科书的，都由老师指定几部参考书，集中放在图书馆的一间专用参考书室里。上课时学生们都认真做好笔记，课后根据老师当天讲授的内容去图书馆查阅参考书，把笔记补充完整，考试时就复习自己的笔记。因而学习成绩的好坏，主要依靠自己学习的认真程度，学生因为学习成绩差而被淘汰是家常便饭。特别是一年级升二年级，由于一些学生留级或转系，二年级的人数总是明显地少于一年级。二年级升三年级淘汰的则比较少一些，到了三年级则不太可能被淘汰。很多

课程都不设考试，学得好坏全凭自己，再读两年就可以稳稳当当地毕业了。

同汤定元一起考进物理系就读一年级的同学大约有10人，到三年级时就只有4人，毕业时仍然是4人。汤定元经过两年的艰苦努力，除了英语较差之外，其他各科总算赶上了同班同学的水平，他的心里也就觉得宽松多了。

二年级的暑假，他在图书馆里看到一本刚刚从德文翻译成中文的《普通物理学》，不觉眼睛一亮，就兴冲冲地把它借回来，一口气从头至尾地看了一遍，虽然看得很快，获益却很大。在一年级读《普通物理学》时一些不够清楚的概念，这时就梳理得很清楚了，而且对整个课程有了较系统、较全面的理解。这一次重读《普通物理学》竟然取得如此高的效率，引起了汤定元的思考。他终于明白：原来在选读课程时知识是一段一段地学习和积累的，但是各段之间少有联系，因此没有形成一个系统。当自己已经把各段的知识都学习之后，再通读一遍课本，就很容易把已有的知识相互联系，前后左右"串"了起来，获得对这一学科的全面了解，这就是所谓的"温故知新"、"触类旁通"。汤定元认为这是一种读书的好方法。以后他凡是读完一门课程，总要找一本合适的书，从头至尾再通读一遍，以加深对这门学科内容的了解。

上三年级时，物理专业方面有两门必修课程——光学和热学，第二外国语也是必修的。汤定元选择了德语，再旁听一门数学课，课业负担也不算太重。光学和热学的内容偏重于定性论述，读起来比较容易，也许与教授的讲授方式有关，总引不起他的兴趣。课余时间，他就看一些其他学科的书。最先看的是《普通气象学》，看起来觉得很有兴趣。这也许是人之常情，一般从心理上来讲，人总是不断地对新鲜事物产生兴趣。

久而久之，在汤定元的头脑里就产生了一个新的念头：我汤定元也不要当什么物理学家了，那条路走下去可能会很困难，不如做一个能满足自己兴趣的百科全书式的人物。于是，汤定元计划把中央大学各系一年级专业课程必读的教材，逐一阅读一遍，而且安排了一个先后阅读的次序：《普通气象学》、《普通地质学》……这个想法是很奇特的，也是很大胆的。汤定元认为，一个人的一生是短暂的，至多不过百岁而已，但如果把光阴充分利用起来，那么，人的价值是不可估量的，细水长流，集腋成裘，锲而不舍，金石可镂。人是要有点儿精神的！可惜，事与愿违，汤定元没能维持多长的时间，由于在健康上出了点问题，他的计划只好暂时搁浅。然而，在这个计划的尝试中所表现出来的是，汤定元对新鲜事物的浓厚兴趣，他那强盛的求知欲望是难能可贵的。后来在汤定元50多年的研究生涯中，由于工作的需要，他曾多次被要求改变研究课题或开展新的研究课题，每次他都能顺利地适应，没有任何心理抵触，而是高高兴兴地"换脑筋"，这主要归功于他对新事物的广泛的兴趣。

也不知从哪一年开始，汤定元患上了鼻炎。抑或是物质生活过于匮乏，抑或是用脑过度，鼻炎症状越来越严重。到了三年级下学期时，春季来临，他因为鼻炎引发了偏头痛。每天上午9时前后开始头痛，一直持续到下午三四点钟，痛觉才会慢慢地消失，他不得不向物理系主管教师请了一个特殊的病假：上午9时到下午3时之间的课一律不上。早晚头不痛的时候只能自学物理系的必修课程，因此原先他的博览群书的计划只好放弃。由于汤定元获得了充分的休息，适度地减轻了脑力劳动，偏头痛的症状就逐渐减弱了。那个学期所学的课程都没有进行考试，暑期结束后，他照样升入了四年级。

汤定元觉得自己的偏头痛主要起源于鼻炎，所以他格外注重医治鼻病。他经常到校医室去拿些滴鼻药水，但无济于事，后来，他便在选读课程之余，去歌乐山中央医院看病，在沙坪坝西边突然隆起来的一座山就是歌乐山。爬这座山并不困难，汤定元从学校到山上的中央医院只需一个多小时。

1941年12月的一天，中央医院的医生诊断之后，决定为汤定元施行手术，摘除鼻息肉。也许是医院里工作比较繁忙，原本约定在12月底的某日做手术，当汤定元前往时，医生才发现手术的准备工作尚未完成。经与医生交涉，定于1942年的元旦施行手术。医生自愿放弃节假日休息的敬业精神令汤定元十分感动。到了元旦那天，手术时只有医生一个人，并没有护士在场。这是比较简单的手术，手术后汤定元便能下地，行走约1公里路到达医院附近的一所专科学校。汤定元在自己的一位同乡的宿舍里卧床休息一天，第二天去医院拆完线，再走回学校。但感觉上，鼻炎的症状并没有获得明显改善。

物理系四年的课程学完了。汤定元回顾自己大学的学习生活，颇有感触：头两年，他艰苦学习，发愤图强，补上了师范生与普通高中生之间的差距；后两年他旁听了不少数学课，数学系的必读课他都读了。不过，汤定元觉得自己在平时仿佛并没有真正地把数学派上用处，因此他不免又有了些许遗憾，觉得自己没有在年轻时把宝贵的学习时间用在刀

第四章 山城八年

大学毕业照

刃上。

在大学里，他以惊人的毅力攻克了英语关，然后借助极强的自学能力和广泛的兴趣，不但如期完成了学业，而且旁听了不少数学课，还自学了"普通气象学"等其他课程。汤定元靠自强不息、不向困难低头的精神，在这段坎坷的求学道路上，一步一个脚印地走了过来。对此，汤定元深情地说，是大学母校给了他自信和力量，也培养了他对知识的广泛兴趣，这些使他后来的科学研究中受益无穷。

三、顽症袭来，大难不死

在沙坪坝的西面，歌乐山山脚下有一个弹道研究所，是属于国民党政府兵工署领导的。曾与汤定元一起流亡的同乡浦发，1941年从重庆兵工专科学校毕业后被分派到这个研究所工作。浦发后来离开弹道研究所，到交通部当了一名科长。新中国成立之后，浦发一开始胆小，对共产党政府有疑虑，就在南京市开了一间小杂货铺糊口度日，后来，他凭着自己在军事装备工业方面的一技之长，来到哈尔滨军事工程学院当教员，最后转到南京理工大学当教授。2002年，浦发患癌症不幸病逝。汤定元清楚地记得，那年的8月31日，晚上9时许，他接到南京的电话，告知浦发已于28日去世，打电话的人是浦发在美国的儿子，大概是刚回国奔丧。获悉自己近70年的老友撒手西归，汤定元不免一阵阵悲哀涌上心头，多少往事，历历在目。

弹道研究所距离中央大学仅有三四里路，星期天汤定元经常到浦发那里去玩。这是一个很小的研究所，科研人员不到10人，其中有一位瑞典来的专家。浦发在膛内弹道组工作，组长是中央大学物理系的早期毕业生，汤定元去了几次彼此就熟悉了。汤定元毕业时，这位组长就邀请汤定元去他那里工作。于是，四年级课程一结束，汤定元就去弹道研究所工作。1942年，弹道研究所人丁兴旺，连汤定元在内，一下子新到了5位大学毕业生。

过了一些时日，汤定元回学校看望朋友，正巧碰上时任数学系教授的周鸿经先生，他后来担任过中央大学的校长。周先生见面就问他，这些日子都上哪里去了？他告诉汤定元，中央大学物理系的一位新主任刚刚上任，眼下正缺助教。汤定元听得此言，当即决定回中央大学当助教。当时，弹道研究所里科研人员正在因新宿舍的分配问题彼此闹矛盾，汤定元正好趁此机会向弹道所负责人提出调离的请求。最初，所长不应允放人，他恐怕因汤定元的离去会引起连锁反应，新来的人都会纷纷要求调离。于是，所长把汤定元要求离去的申请压了一段时间，不过最终还是同意了，但他要求汤定元归还这几个月在弹道研究所领取的工资，这本来是没有什么道理的做法，好在中央大学也已答应支付这几个月的工资，所以对汤定元来说也并不构成什么问题。

汤定元是1942年9月回到中央大学的，那时学校已经开学。事后他才知晓，不知什么原因，那年暑假去弹道研究所工作，他所认识的4位新分派的大学生都已先后离开了这个研究所。汤定元常常想起浦发，要是没有浦发，他就不可能去弹道研究所工作，最可能的去处是到附近县里当一名中学教员，也许就会与中央大学助教这个职位失之交臂了。如果就此当几年教员，即使抗日战争结束，回到家乡，也不会有勇气去考公费出国留学。因此，汤定元总觉得正是因为浦发的缘故，使自己走上了科学研究之路，所以说，浦发是对他一生的发展起着最重要作用的人之一。

汤定元回到中央大学不久，总觉得自己整天恍恍惚惚，走起路来好像一脚高一脚低。他到校医室去看病，主任医师诊断说他患了伤寒，体温已升到40℃。医生当即找了一架滑竿送他到歌乐山中央医院，医院没有空余床位，只得又把他抬回学校。校医室没有病房，西医对伤寒也无能为力。

当时的学生宿舍是大统间，一个宿舍要住200多人。在每个宿舍的一头，隔出了一个单间，说是给"舍监"住的，但学校从来没有任命过"舍监"，这个小房间就让捷足先登的同学占用。当汤定元被从歌乐山抬回来后，住这个房间的同学就主动把房间腾出来作为他的病房。一位数学系的常州朋友姚文华陪伴着他，还请来中文系一位精通中医的老教授，开中药给他吃。

汤定元最初得知自己身患伤寒时，感到既可怕又痛苦，因为他知道伤寒的死亡率很高，他的姐夫就是在1934年患伤寒去世的。他不由得思前想后，以往差不多每年都要生许多病，像感冒、疟疾、痢疾等，但都不至于会死，这次可真的是不行了。他又想到自己孤身一人，万一客死他乡，连父母都不会知道；转念再一想，即使他们知道了又能怎么样呢？重庆与金坛老家相距千里，路途遥远，家人遥不可及。他越想越痛苦，直到自己

感到即使苦思冥想也已无济于事、于事无补才作罢，心情终于渐渐地平静下来。

就这样，汤定元昏昏沉沉地在床上睡了一个星期才苏醒，伤寒的危险期已经过去。此时，他的头脑还算清醒，知道自己正面临着一个康复期，要特别当心为好。因此，他绝对服从医嘱，吃得极少，虽然有时也感到饥饿，想多吃一点，但他凭着坚定的意志，硬扛过去，严格按照医生的定量，控制自己的食欲。他记得自己开始进食时，吃的是糊状的食物，味同嚼蜡，就在食物里加了点盐，后来盐越加越多，在别人看来，几乎是在吃盐巴。也许正是由于这样的经历，汤定元习惯了很重的口味，他一生不喜欢甜食了。他就是在这样的状态下仰面朝天地躺了40多天，才能翻身侧睡，最后终于能坐起来了，这才算是从死亡线上挣扎出来。

在患病期间，中文系的老教授给汤定元开中药药方，又给了他必需的医嘱，因此挽救了他的生命；数学系的朋友姚文华对他一直给予无微不至的关心照料，汤定元说："他俩真是我的救命恩人。"后来汤定元得知，他在弹道研究所工作期间有一位中学毕业生与他同住一室，那位同事也得了伤寒，不过后来痊愈了。由此可以判定，汤定元的伤寒很可能是在弹道研究所工作时传染上的。

汤定元在病中最担心的是愈后会否有后遗症，尤其是对大脑造成损伤。当他的病情稍有好转时，他就经常试着背一些数据，有时也请别人问他一些问题，结果情况还算好，试验下来记忆也不算差。他总算松了口气，心想，大脑即使有一些损伤，也不算严重。

1942年，汤定元开始在中央大学物理系当助教。当助教的第一个学期，汤定元就这样在病中度过了。第二个学期，他开始了正式工作。有一位年长的同事屡次对他说，上班过于早了，还应当休养一段时间的，但汤定元做不到，他太渴望工作了。汤定元记得1964年年初他在上海技术物理研究所工作时，有一次复旦大学物理系谢希德教授与他讨论工作时，正巧看到一位同事从身旁走过。她告诉汤定元，这位走过去的同事在中学时学习成绩很好，是被保送到复旦大学物理系的，读一年级时他是全班第一名，在生了一场伤寒后，就变成全班最后一名了。汤定元立刻想到自己患伤寒的日子，庆幸自己没有得这样的后遗症，他因此非常同情这位与他"同病相怜"的同事。这当然是后话了。

汤定元担任助教，主要管两个实验：一个是为物理系四年级学生开设的近代物理实验，参加实验的人很少；另一个是为工学院电机系开设的电磁测量，参加实验的人比较多。不过，这两个实验是分在上下两学期开设的，所以对汤定元来说负担并不重。每项实验只是在第一次设置的时候多下些工夫而已，熟练了也就花不了多少时间。汤定元觉得当助教还是比较轻松的，按理说，会有很多时间可以用来钻研业务，但是也许是那一场大病初愈，他感到有些体力不支，所以他没能充分地利用这段"黄金"时间。

尽管如此，汤定元还是阅读了一些专著。他想把四年级时学过的近代物理和理论物理两门课程再找一本合适的书复学一遍。他找来了狄拉克的《量子力学》，阅读了一段时间，总觉得有些一知半解，于是就放弃了。当时在物理学发展的过程中，核物理是最主要的发展方向，汤定元有在将来从事核物理研究的打算。当时还没有出版的核物理专著，他便找到 Rev. of Modern Physics 杂志上三期专门登载核物理的总结性文章，好像是贝特（Bethe）撰写或主编的。他经常阅读这几本杂志，不过仍旧有些一知半解，没有学到核物理的核心内容，汤定元总觉得自己的物理学基础还不够扎实。

四、空袭警报，频频响起

从1938年开始，日寇飞机经常袭击重庆。当时国民党控制的地区仍然比较辽阔，于是建立了一套很好的空袭警报系统。重庆是一座山城，山下可以挖很多防空洞。防空洞上面的岩石层都很厚，即使炸弹直接命中防空洞，在里面躲避的人们也会安然无恙。

每当日机来袭，离重庆尚有一段距离时，市区就拉起空袭警报汽笛。此时，在一些高地上会竖立起一根根高杆，高杆顶上都挂有一盏红灯。人们只要见到这些警示，就应跑到防空洞进口附近。当敌机更为接近重庆，到达某一距离时，就会拉响紧急警报，同时收下警报红灯，此时，人们就应当进入防空洞了。经常的情况是：来袭的敌机仅有三五架，盘旋几圈就离开了。可是汤定元他们要一直等到警报解除，才能走出防空洞回到实验室工作。有一段时间，日机经常来袭击，把汤定元他们的正常工作都打乱了。更可恨的是，日寇几乎不把国民党的防空力量放在眼里，经常是隔上几十分钟来两三架飞机盘旋一圈，骚扰一下便离开了，使空袭警报始终无法解除，搞得汤定元他们简直无法工作。

有一次，一架敌机在中央大学校区内投下一枚炸弹，落在学生宿舍，爆炸起火。幸亏总有那么一些大胆的学生，不愿躲进防空洞，宁愿躺在床上睡觉。这些学生立即起来奋不顾身地把火扑灭，要不然这些竹子建造的

房舍会很快被烧毁,并形成"火烧连营"之势。那样的话,中央大学所受的损失就大了!有一天,重庆市区校场口防空洞发生了一次大惨案。那里是一个较大的防空洞,守门的警卫为了维持秩序,把大栅栏门给反锁了。那次日寇的飞机一批一批地来,警报一直没有解除,门也就一直反锁着。等到警报解除打开大门,只有靠近大栅栏的一批人还活着,防空洞内的大多数人因窒息而死。第二天报上披露死了1600多人,因此防空洞附近一带出现很多全天关闭的房屋,因为全家人都遇难了。汤定元说,那真是惨不忍睹,日寇犯下的罪行真是罄竹难书啊!

五、赵广增教授是一代楷模

当时物理系的仪器设备主要是为学生实验而配置,但也有一小部分原来是准备用于研究工作的,如购置的英国 Hilger 公司的 E－1 和 E－2 摄谱仪,在当时算是高级设备了,还有一些研究真空技术所需的器材。这些仪器设备的进口都是在抗日战争爆发前完成的。20 世纪 30 年代,是光谱学研究的全盛时期,进口这些光谱研究的设备是可以理解的。1937 年抗日战争全面开始后,这些仪器设备就从南京搬往重庆,一路上只损坏却得不到有效的补充。又譬如,光谱用感光底版的有效期早就过了,用于做一些定性工作尚能对付,但用做其他的实验就不敢奢望了。真空技术系统用的油脂是易耗品,只会用一点少一点,必须节约使用才行。日寇飞机经常来重庆袭扰,为了避免损失,通常把重要的仪器设备放置在防空洞里,直到要用的时候再取出来。

物理系赵广增教授是 1940 年从美国归来的,他做研究工作的劲头十足。他了解到物理系里尚有一些可以用做实验的仪器设备,决定利用现有的仪器设备条件开展一些研究工作。1943 年秋,赵教授招收了一位研究生,他们的实验设备就搭在汤定元所在的实验室里。当时汤定元负责管理的近代物理实验和电磁测量工作不算太忙。时隔不久,赵教授招收的那位研究生出国深造去了,只剩下赵教授独自一人仍然坚持搞实验。必要时,赵教授也会找汤定元搭把手,帮个忙。汤定元是这样想的:作为一个年轻人应当尽可能多地学习,帮助别人做研究工作,实质上也是为自己提供了一种学习做研究工作的好机会,不必刻意去追求这个课题是否一定符合自己的兴趣,关键是重在参与。因此,汤定元特别愿意为赵广增先生提供帮助。后来,参与的时间越来越多,耳闻目睹赵教授在研究工作中的坚毅与执著的精神,汤定元打心底里钦佩他,因此他决定正式加盟赵教授的实验工作。

赵教授的实验设备包括真空系统、摄谱仪、直流测量仪表和试验气体，试验气体是化学系助教代为制备的。赵教授使用的真空系统实验仪器原来是由杨澄中先生用玻璃烧接的，并用了大量水银。这套真空系统由水银扩散泵和两个大水银柱的真空通道截断器组成，还缺少一个放电管。放电管要比真空系统中的其他部件难做得多，在大约10厘米长的玻璃管里，要安装两个平行的圆盘电极，导线从玻璃管的两端接出管外。另外，还要在管壁内距离一个电极1.5厘米处接出一个探针电极，然后由管子中部接到真空系统上。吹制这个放电玻璃管还得靠赵教授亲自动手。那时做实验工作的人员都要学吹玻璃，不过，汤定元此时的吹制玻璃技术还很差，帮不了赵教授的忙。

当时只能买到的软质灯工玻璃，还是汤定元去重庆化龙桥玻璃厂的生产车间挑选来的，其实，所谓挑选也不过是看看外表管壁是否均匀而已。实验室里吹制玻璃的设备也很落后，既没有煤气，也没有压缩氧气或空气。当时只好因陋就简，利用实验室原有的一个压缩泵，把空气从一个导管压入汽油瓶内，搅动汽油，从另一个导管送出油蒸气作为燃烧气，另外还要用一只脚踏的、俗称"皮老虎"的打气泵，不停地打出空气作为助燃气。那时的玻工灯与现在用的区别不大，吹制玻璃管时，需要两手翻动玻璃管，一只脚不断地踏"皮老虎"，还要不时地空出一只手来调节燃烧气的流量，再加上软质玻璃的"火候"很难控制，要吹制一个形状比较复杂的放电管是一件极其困难的事。

赵教授每天早晨一上班就把这些设备摆好，开始吹制玻管。有时工作一开始不久就遇到麻烦，不是设备出问题就是玻璃管烧裂，有时眼看就要做成了，最后玻璃管炸裂，功亏一篑。一旦玻管吹制失败，赵教授只得暂时中止工作，第二天接着再来。

第二天的情况往往又是这样的一次循环。汤定元亲眼看到他每天这样做，从不气馁，从不向失败低头。目睹这一切，汤定元有了这样的想法：任何科学研究，最重要的是对于所从事的研究工作有没有兴趣，换句话说，也就是有没有事业心，这不能有丝毫的强迫。有的人从事科学研究的时间并不算长，而接连出成果，最重要的原因就是因为他有事业心。譬如搞物理实验，因为科学家对它有兴趣，可以几天几夜地待在实验室里，守候在仪器旁，急切地希望发现自己所要探索的东西。汤定元由衷地敬佩赵教授这种坚忍不拔、为科学献身的精神。

大约经过一个多月的失败，赵教授终于获得了成功；再经过一段时

间,气体放电及光谱摄制都能正常工作了;最后是进行电学测量,用的是直流测量。由于汤定元负责电磁测量实验,比较熟悉物理系有哪些仪表可用,因此没有碰到太多的困难就顺利地进行下去了,不过工作量比较大。实验终于取得了足够的数据,一番分析处理后,他俩发现结果还不差,能够说明一些问题。正所谓"科学有险阻,苦战能过关"。许多问题在刚开始研究的时候会感到很困难,但是多下工夫,多动脑筋,不怕困难,刻苦钻研,等到问题解决以后,回过头来再看看,就觉得不太难了。从"很难"到"不太难",关键在于"不怕困难"。1943年11月28~29日,在中国物理学会第11届年会重庆分会上,汤定元宣读了他与赵广增教授合作的论文《冷极发光放电法拉第黑暗空间之探针分析》,这是重庆分会上发表的5篇论文之一。

赵广增教授还以与汤定元合作的名义写了一篇文章,于1944年秋寄往美国,后来发表在1945年7月出版的《物理评论》(*Physical Review*)上。那篇文章阐述的内容是关于气体放电中电子温度分布的测量工作,汤定元的名字第一次出现在这本美国著名的科学杂志上。通过这项工作,汤定元意识到,科学要研究客观事物,就要对它们做各种实验,作用于客体,看它产生什么反应。他不仅从中学到了许多科学知识与实验技术,更重要的是懂得了从事科学研究所需要的坚忍不拔的精神因素,从此他增强了做科研工作的信心,并决定在实验物理研究领域多奉献和探索。伴随着成功的喜悦,汤定元进行了冷静的思考,找到了自己角色定位的坐标。汤定元在科学的道路上迈出了坚实的第一步。

1990年5月,在南京大学物理系建系70周年纪念大会上,冯端教授做了《南京大学物理系70年》的报告,其中提到赵广增与汤定元1945年7月在美国《物理评论》杂志上发表的这篇文章。他特别赞扬说,在那个年代,国外的学术刊物上很少有来自中国的文章,即使有也都是理论方面的。抗日战争时期的重庆,物质条件那么困难,居然还能进行实验研究并取得成果,发表在国际第一流的学术刊物上,真是一件难能可贵的事。这正如晚年时的爱因斯坦所说的那样:"在漫漫的生涯里,我领悟了一件事:我的全部科学,相对现实来考量的话,都是简单朴素而充满童趣的,这才是我们拥有的最宝贵的东西。"

汤定元每当回忆起这段往事,总是感慨不已。自己有着像赵广增那样的教师的言行指导是何等幸福啊!摆在自己面前的将是一条平坦得多的道路,如果没有像他那样的老师指点,可能会是另一种结局,自己会走一条崎岖不平的小径,由于两眼一抹黑,很可能要经常摔跤,慢慢地摸索着进入一个未知的世界而不知所往。能帮上"一把"的,唯有靠自己的毅力了。

很显然,当年的这项研究工作之所以能在困难的条件下进行,主要是因为赵广增先生不畏艰难、坚韧不拔、专心致志的科学精神。赵广增先生对科学研究的执著已到了忘我的境界。有一次,赵教授正在实验室工作,一位同事走进来,看到他还在做实验,十分惊讶,这位同事低声问汤定元:"赵教授怎么还来上班?"汤定元不解其意。到了室外,这位同事才告诉他:昨天晚上,赵教授十一二岁的大儿子去世了,折腾了一夜,恐怕他一夜没有睡觉,就来实验室工作了。

四川都江堰(1946年摄),汤定元由于偶然的机会,1946年清明去参观开堤仪式

赵教授的大儿子患病已有一段时日了,他动辄要把孩子往医院里送,但每天照常来实验室上班。别人总以为他的孩子的病可能问题不是太大,直到此时汤定元才得知他儿子患的其实是相当严重的疾病,以至于最后医治无效死亡。由此可见,这段时间赵教授一直承受着家庭的重担,遏制着自己的痛苦感情,专心致力于科学实验,甚至当他遭遇失去爱子的严重打击时,仍强忍着巨大的悲痛,默默地来到实验室投入工作,最终完成了科学实验。当然,作为一位卓越的物理学家,一个随时随地准备把他的思想和才能贡献给人类最精妙事业的科学工作者,赵广增先生不仅是在奥妙无

穷的理论上"展翅飞翔",而且是脚踏实地地把自己的爱心和执著奉献给了科学。

1951年,汤定元从美国留学归来,参加了中国科学院应用物理研究所的工作。那时,赵广增先生在北京大学当教授,他还来应用物理研究所兼职,指导一部分研究工作,汤定元与赵教授又能经常见面了。那时全国解放不久,他得知赵教授唯一的儿子参加抗美援朝去了,赵教授一家的爱国精神更令汤定元钦佩不已,他深深地感悟到:在中国的知识分子中间,不为名、不为利、一切服从国家的利益、为自己认为是正义的事业而终生奋斗的人确实不少。

汤定元无限感慨地说:"从赵教授身上,我学到的不仅是科学技术和实验技术,更重要的是懂得了什么叫献身事业,什么是科学研究中获得成功所必须付出的。赵教授的精神一直鼓励着我,鞭策着我,潜移默化地影响着我。"

六、山城生活之"万花筒"

日本广岛和长崎遭原子弹轰炸后,日本政府无条件地投降了,汤定元深感核物理的威力,他坚定了自己将来从事核物理研究的方向,但是,当日本投降两年之后,由于政治环境的变化以及经济崩溃而引起的生活困难,汤定元简直再也无法安心钻研业务了。

在汤定元当助教的那个年代,工资收入很低,生活比较清苦,但这些年轻人日子过得并不单调。汤定元和他的那帮年轻的单身助教们除了各人所负担的工作之外,差不多整天都在一起聊天,在一桌吃饭。伙食很差,大家就决定每人轮流着负责一天烧两斤红烧肉,中午和晚上各烧一斤,以补充营养。做红烧肉是最为普通的了,不需要什么特殊的烹调技术,人人都可以胜任。晚饭以后,这帮人总是去重庆大学的江边漫步,边走边聊,天南海北地侃,但从不涉及政治。尽管当年常有一些政治事件发生,但大家对政治都没有兴趣,从不看报,因此关于政治的话题也无从谈起。

散步回来,通常就是打桥牌,他们称之为"卫生桥牌"。汤定元曾在打桥牌上下过很深的功夫,他钻研过一本厚厚的桥牌书,那是张宗燧教授从英国带回来的,他不断研究打桥牌的技战术,水平大有长进。汤定元他们打牌都是打的"克勃森系统",在年前节后打桥牌经常会打个通宵。

自从1938年3月抵达重庆,直至1946年6月离开,在这座山城里,汤定元居住了8年有余。他一共在三个地方——北碚、柏溪和沙坪坝居住，前两处分别逗留了5个月和8个月，而在沙坪坝一住就是7年整，这段时间，正是汤定元青春年华的好时光。这段生活虽然很平淡，却给汤定元留下了深刻的印象：重庆天气很热，夏季气温高达38~40℃的大热天是很平常的；从4月开始一直到10月就只需要穿一件衬衫；从11月起，就会有大雾；冬天不冷，不用穿棉袄。他记得自己初到北碚时，在4月中旬就到嘉陵江中洗澡。下水前先把衬衣短裤在水里搓洗一下，把衣裤平铺在鹅卵石上，然后下水洗澡，大约半个小时搓干身子上岸，鹅卵石上的衣裤就已经干透，可以穿在身上回学校去了，这样就解决了初来乍到时汤定元只有一件衬衫的尴尬。到了沙坪坝，这里沿江的情况与北碚就大不一样了，他们所生活的坝子比江面高出50~100米，江岸比较陡峭，不论是涨水期还是枯水期，这里都没有河滩出现，所以汤定元就没有了去江水中洗澡的可能。有时学校的水泵出现问题，一时无水供应，洗脸水要到江边去取，岸上岸下地跑一趟是很辛苦的。

1937年下半年，中央大学才开始搬迁到重庆大学附近，以一个名叫"松林坡"的小山坡为中心，在四周盖了一批简易房屋。所谓简易房，就是以竹片编织的平板为墙壁，外面糊上泥土，待泥土干了之后再刷上石灰，以毛竹作柱子和房梁，房顶上盖上瓦片或茅草。当时重庆市内的建筑，大多是这类竹泥结构的。市内不少店家，在街道旁装饰成两层楼的门面，墙上的广告画制作得很漂亮，人一旦走进去，就可以看到里面只是一层竹泥结构。汤定元说，他们这些大学生当时并不嫌弃这样的住房，他在这样的陋室里生活了七八年，它唯一的缺点就是隔热能力比较差。在气温将近40℃的夏天，室内的温度绝不会比室外的低。不过，即使这样的高温，汤定元他们依然坚持在室内工作，没有电风扇，汤定元却并没感到热得不堪忍受，甚至都没有怎么出汗。这也许是当年正年轻、适应能力比较强的缘故吧。

在大学里，汤定元的生活主要靠贷金。伙食贷金每月6元，一年级的时候，6元一月的伙食已经相当好，学生们都很满意。但是，汤定元就读的四年中，物价一直在涨，不过上涨率不算高。到了四年级，伙食费仍然是6元标准，吃得就很差了，尤其是大米，烧成的米饭中稗子很多。

尽管如此，抗日战争时期大学里实行的贷金制度倒是救助了不少大学生。"贷金"，顾名思义是要归还的，汤定元给自己算过一笔账，他在四年的大学生活中，总共领取贷金434元。等他从中央大学毕业时，物价上涨得太快，仍以这个数字去归还贷金已毫无实际意义，于是，这笔账也就不

了了之。

1946年，中央大学物理系五位助教离开重庆之前的留影
自左至右：汤定元、钱骥、吴椿、高联佩、范章云

汤定元毕业后任助教，每月薪金80元，外加6斗米。米的补贴是按年龄分的，25岁以下的员工每月6斗，25～30岁的每月8斗，30岁以上的是每月一石。大约从1943年起，物价上涨越来越快，不久，以货币计算的薪金在月收入内已不重要。为了应付物价的快速上涨，当局每三个月调整一次工、教人员的月薪。当时像汤定元这样的单身汉明显地感觉到：提升月薪的第一个月，往往日子还过得不错，第三个月，这点钱就只能勉强付伙食费了。如此三个月加一次薪金倒是正常执行，没有间断。到1946年年中汤定元离开重庆时，他的收入已是以千元计。回到南京，物价更是上涨得飞快了。

第五章 远涉重洋

一、不花钱的"自费"留学

留在中央大学当助教的汤定元在经济上是很拮据的,那时当一个助教薪水很低,要想改变生活的道路,唯一的出路是考取公费出国留学。因为助教工作负担不重,汤定元正好有时间来钻研业务。然而那几年没有公费出国留学考试,宝贵的光阴就这样白白地浪费了。1946年6月,汤定元从重庆回到南京,当年7月,他参加了国民党政府教育部公费留学考试,结果没有被录取。他去查阅考分,才知道自己的英文考分比较低,把总分拉下来了。即便如此,他的总分也仅略低于被录取者的总分。对此汤定元并没有丝毫的失落感,反而觉得,只要再稍微努一把力,下次是一定能够录取的。

教育当局于1947春季又把上次没有被录取,但总分排在前面的10多人作为自费留学生名单公布。所谓自费生就是可按官价汇率购买美钞。当时官价外汇固定为"国币"与美钞之比为3∶1,黑市汇率略微高一些。汤定元当时的工资只够一个人的生活费用,没有任何其他经济来源,根本不会考虑自费留学问题,专心等待下一次公费留学考试。

当时国民党统治区经济情况趋于崩溃,"国币"不断贬值,到年底,黑市汇率已超过60∶1。因此自费出国留学几乎等同于公费出国留学了。有一天,汤定元在上海工作的老同学周世勋来到南京,他告诉汤定元有关留学和汇率方面的情况,鼓动汤定元与他一起去办理出国留学手续。

正巧当时中央大学物理系有一笔经费,专门用来购买黑市外汇以添置进口设备零部件的。1948年年初结汇时,汤定元便提出向物理系借款购买1300美元,其中,400美元用做赴美的旅费,900美元用做在美国半年的生活费。如果他用所借的"国币"到黑市上去购汇,只相当于60美元,那当然是无法成行的。不过,中央大学物理系与汤定元已经约定,待汤定元学成归国前,要为物理系购买相应价格的仪器设备零部件。汤定元这种不花钱的"自费"留学,大概也算是中国自费留学史中的唯一例外。

二、明尼苏达是第一站

汤定元是于1947年11月开始办理出国手续的。当时向外国申请入学的手续都是由中央大学"注册组"出具公函，附有学生的成绩单。汤定元申请了两所大学，一所是明尼苏达大学，另一所是芝加哥大学。这两所大学都实行季度学制，每学期10个星期，春季是4月1日开学。不久，明尼苏达大学的入学通知书来了。汤定元开始忙碌起来，先是办理出国护照和结汇，接着到上海美国领事馆去签证，买了1948年3月初去美国的轮船票，连带去明尼苏达州的火车票。抵达明尼苏达之后，汤定元只休息了两天，明尼苏达大学的春季学期就接踵而至了。大学里的中国留学生真不少，平时大家在一起经常闲谈，因此，汤定元也不感到寂寞。

不久，汤定元就与早先已在芝加哥大学物理系就读的范章云联系上了，他向芝加哥大学提出的入学申请就是委托范章云代办的。范章云来信说：芝加哥大学的入学申请必须得有导师的推荐，证明申请人具备一定的才能，学校才会考虑录取。古道热肠的范章云已为汤定元请到了当时在美国的赵忠尧老师为他写了一封推荐信，后来，范章云接到芝加哥大学物理系给汤定元的入学通知书，便转寄给了他。在那个时代，原子核物理是最走红的学科，芝加哥大学物理系的核物理专业又是世界上闻名遐迩的。这里有着世界一流的教授学者和先进的科研设施。对于中国人来讲，更重要的是后来这里孕育过两位著名的华人科学家、诺贝尔奖获得者杨振宁和李政道。本来汤定元就想读核物理专业，如今有了芝加哥大学的入学通知书，正中下怀，于是，他决定转学过去。

在明尼苏达大学，汤定元读了一个学期，暑假就住在校园里。他去食堂里找了份洗碗的工作，这里每天免费提供三餐。空闲时，他经常与中国同学一起聊天、打桥牌，有时还外出旅游，日子过得真是有滋有味。说起汤定元打桥牌，当然是另有一功，同学们一看他的出牌，就知道他的牌艺不俗。汤定元的牌友们说："原来，我们明尼苏达大学的中国学生在桥牌比赛中只获得了第二名，如今有了汤定元这位高手，我们就有可能获得第一名了。"用汤定元自己的话来说："我打桥牌确实比较认真，如果问有什么秘诀的话，那是因为我打牌比较专注，善于记住各人所出的牌，知己知彼，才能百战不殆。"

汤定元于1948年8月底离开明尼苏达大学，坐长途汽车到芝加哥，正赶上芝加哥大学秋季开学。芝加哥大学是美国的名牌大学之一，是洛克菲勒(J. D. Rockefeller)于1891年创办的。这是一所研究型大学,在全校学生中研究生居多,研究生部分为物理科学、生物科学、人文科学和社会科学等四个部。在20世纪40年代,芝加哥大学的一些规章制度与当时美国的一般大学很不一样。以物理系为例,在大学本科生中,读完二年级成绩优秀的学生,经导师推荐,就可以进入研究生部。学生在学校的自由程度很大,每学期都开有许多课程,但学生是否去上课并不要紧。教师上课也给学生出习题,但学生交不交习题也没有关系,平时没有任何考试和检查。对研究生的学业检查,只有两次综合考试。第一次综合考试叫"预备考试",这次考试大约要淘汰半数学生,不及格的学生就必须退学,不能再参加第二次考试。不过,参加考试的时间没有限定,学生可以自由选择。据说,淘汰线的划定是有科学依据的,把一次考试中各分数段的人数对分数画一条函数曲线,总是具有两个极大值的曲线,淘汰线就画在两个极大值之间的最低点。第二次综合考试叫"基础考试",这次考试也要淘汰一部分学生,但淘汰率没有前次考试那样高。研究生通过这次"基础考试",就算获得硕士学位,就可以找导师开展博士论文的工作。

芝加哥大学在学术界是颇有地位的。从这座大学里毕业的学生,或者在校执教的教师与研究人员有很多人获得诺贝尔奖,学校也以此为荣。2001年12月号的《芝加哥大学杂志》上有一篇文章指出:在诺贝尔奖颁发的一百周年内共有700多位获奖者。校友获奖最多的大学是英国剑桥大学,共77人。其次是芝加哥大学,有73位校友荣获诺贝尔奖。2009年11、12月号的《芝加哥大学杂志》又报道,共有85位校友获诺贝尔奖。2009年增加了3名,物理、化学各1名,另1名是美国现任总统奥巴马获诺贝尔和平奖。奥巴马曾在芝加哥大学法律系任高级讲师。至此芝加哥大学校友获诺贝尔物理学奖

汤定元在美国芝加哥校区(1950年摄)

29 人，化学奖 16 人，经济学奖 25 人。在这些获奖者中有 3 位华裔物理学家，1957 年获奖的杨振宁与李政道和 1998 年获奖的崔琦。

1982 年，汤定元曾收到一本芝加哥大学出版社用中文出版的《芝加哥大学简介》，汤定元觉得很诧异：为何美国的一所大学要特别用中文来作宣传呢？

原来，这部《芝加哥大学简介》中有"芝加哥大学与中国"一节。文中介绍，早在 1919 年，芝加哥大学的杜威教授（J. Dewey）就来北京大学讲学，并和胡适一起周游中国，而胡适则去芝加哥大学作访问讲座。从那以后就常有芝加哥大学的教师和科研人员来中国访问，中国也有一些留学生在芝加哥大学学习。据汤定元所

芝加哥大学物理系三位中国学生
自左至右：汤定元、肖济安、徐亦庄

知，在我国科学教育中起过重要作用的人物如吴有训、周培源、冯德培、叶笃正等都是出身芝加哥大学。汤定元在芝加哥大学攻读时，校内有近 30 名中国人，其中以物理系最多，达 9 人之多。

三、芝加哥大学初尝胜果

转到芝加哥大学后，汤定元考虑要先解决生计问题，因此在开学之后，立即去学校"安置办公室"登记。听说金属研究所的高压物理实验室需要人，他就请在该研究所工作的中国同胞葛庭燧代为引荐。这天，高压物理实验室负责人劳森教授（A. W. Lawson）询问了他的简单履历，接着问他会否搞电子学工作，他老老实实地回答说不会。劳森先生又问他能否操作金属加工车床，他又只好答复不会。此刻，他的心凉了半截，以为这份工作看来要泡汤了。但是，意想不到的是，此刻劳森先生却叫来一位在高压实验室工作的人，让他把汤定元带到高压物理实验室去，这件事便干脆利落地办成了。

汤定元来美国的半年里，耳闻目睹美国的一切，思想已经发生了很大的转变。他已经没有了一定要学核物理学的决心，甚至认为，是否一定要获得学位，都不那么重要了。他觉得从事高压物理实验工作也不错。给他的工资按小时计算，他每周去实验室三天，每月能获得150美元，足够当时的生活费用和交学费了。

高压物理研究是一个较窄的领域，可以说是诺贝尔奖获得者布里奇曼（P. W. Bridgman, 1882～1961）教授个人创立的。他在获得诺贝尔物理奖的演讲中

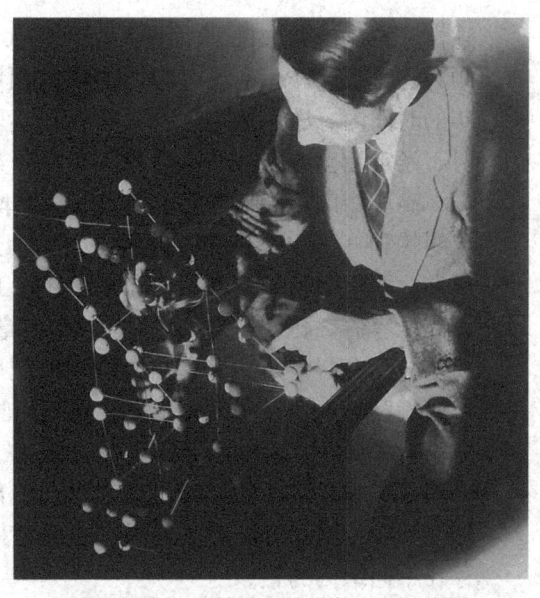

汤定元在房间里钻研晶体结构（1950年摄）

谈到，他在1910年开始做研究工作时之所以选择高压物理，就是因为当时还没有人在这一领域工作，没有人与他竞争。有一次，曾经在20世纪20年代在布里奇曼实验室工作过的我国物理学界老前辈叶企孙告诉汤定元，布里奇曼性情古怪，是一个工作狂，没有结婚，就住在实验大楼的顶层，有时半夜里也会起来到实验室工作。他做了大量系统的实验工作。1964年别人为他编印的《实验论文全集》有7册，共约4700页。布里奇曼的文章在发表时并没有受到重视。直到量子力学应用到固体，得出许多理论结果，需要实验数据的检验，人们才发现布里奇曼的大量数据可以证明量子力学的正确性，他的工作才受到重视，并于1946年获得诺贝尔物理学奖。

芝加哥大学在第二次世界大战结束后，建立起金属研究所和核物理研究所两个与物理系并列但又紧密联系的研究所。在金属研究所里设有高压物理研究室。研究室的负责人劳森教授是公开招聘来的。他原来也没有做过高压物理研究，是改行过来的。

1963年，美国出版了一本《压力下的固体》（*Solids Under Pressure*），原计划该书于1962年出版，以祝贺布里奇曼先生的八十寿辰。不幸的是，他于1961年去世，此书延迟至1963年才出版，全书共收集14篇综述性文章。第一篇是布里奇曼先生的遗作；第二篇是劳森先生的高压物理研究的全面评述；其余12篇都是高压物理研究中各个重要课题的综

述性文章，作者来自12个不同名称的实验室。汤定元浏览了这部书之后，颇为称奇：这样一个没有应用前景、领域比较狭窄的基础研究，在10多年的时间内，居然从全美国只有一个实验室发展到14个实验室。与此同时，汤定元也看到他的老师劳森先生在美国高压物理研究领域的地位。

高压物理实验室当时已经有三位做博士论文的同学。汤定元是接替一名叫赖利（R. A. Riley）的地质学博士的工作的，赖利在这里做博士后研究，两年期满，不得不离开。赖利的工作是用金属铍（Be）大晶粒多晶作高压容器，孔径是1/64英寸（0.4毫米）两端插入一种硬合金小棒，粉末样品夹在中间，另有一个特制的施压设备正在加工，很快就能完成，可惜赖利等不到那一天，于是，他把实验成果留给了汤定元。

众所周知，水的液态或称为液相在0℃冻结成冰，成为固相，100℃时蒸发成为水汽，即气相。这就是温度能使物质发生"相变"。压力同样能使物质发生相变，除上述固体、液体和气体三相之外，固态物质也可能存在不同结构的相。

固体是由众多原子结合在一起，各原子之间有固定距离的状态。不同物质的原子，由于性质不同，会结成不同结构形式的"晶体"。根据物理学的研究，自然界共有32种不同类型的结晶体。天生的矿物和没有特别铸造的固体如铜、铁等，不管它们体积有多大，都是由小块单晶组成的，它们的线度大到几毫米。采用特殊技术可以制成大块的单晶，例如，大规模生产的硅单晶，一块单晶体可重达几千克。

高压相变是高压物理研究中的重要课题之一，在测量样品在高压下的长度、体积或电阻等参数随压强变化时，会出现数值上的突变，表明有相变的存在。布里奇曼在这方面做了大量的工作，还设计了两种特殊设备，对大多数金属和许多两元化合物进行了高压相变的研究。有些结果容易理解，如体心立方晶体受高压转变成密集型的面心立方晶体。也有一些结果难以理解，铈的高压相变就是其中之一。

汤定元进实验室没几天，那套研究高压相变的施压设备就制造成功了，可以用来摄取X射线衍射像。第一个样品是铈（Ce）的金属粉末，布里奇曼已经用体积测量法发现铈金属在1.2万个标准大气压[①]处有一个体积突变达16%的相变。铈在常压下已经是面心立方，这是一个密集型的晶体结构，怎么还会有这样的相变？这在当时是一个令人关注的问题。

当汤定元第一次摄取铈粉末衍射像，底片洗出后，发现衍射像十分散

---

① 当时气压单位习惯用大气压，现在的国际单位是帕，1帕等于1牛顿的力作用于1平方米的面积上所产生的压强。1标准大气压≈1.01×10^5帕。1万个标准大气压≈10^9帕=1吉帕。

乱，他很失望，就把底片扔在废片盒里，希望明天拍得好一些。正好当天劳森先生来问他，今天拍照拍得怎样，他不得不从废片盒里拣出来给劳森看。劳森先生一看就高兴地对汤定元说："你成功了。"原来，在散乱的金属铍（Be）多晶衍射斑和散射衬底之间有一组铈粉末衍射线存在，这一切证明这套设备已经可以使用了。汤定元终于在劳森教授的指导下，成功摄取以金属铍（Be）作高压容器，让 X 射线通过铍容器高压下样品的衍射像。

1949年，汤定元在实验中证实金属铈的晶体结构在高压（约大于1.2万个标准大气压）下确有体积突变达16.5%的相变，但相变前后都是面心立方结构。在原子周期表中，铈是镧系稀土类元素中第一个有4f态的元素，压力的作用使4f电子被"挤入"内部的空5d态，这是一种新颖的相变！他经过不懈的努力，终于在超高压物理研究和实验方面获得杰出的成就。他发现了一种新型的相变——铈的高压相变，不是晶体结构的改变，而是电子在壳层中安排的改变。

劳森教授对这个结果非常满意，没有几天就在物理系的报告会上做了报告，而且把整套设备带到报告会现场让大家观看，还介绍说，这个工作是高压物理研究室里唯一的中国学生 Tang 做的。为人谦虚沉稳的汤定元听了一方面感到很高兴，另一方面也感到很奇怪，他心想，自己自从接替赖利博士之后，实际上只做了其中一小部分的工作而已。尽管如此，汤定元还是感到十分兴奋，他心想，科学虽然无国界，但是，作为一个科学工作者是有祖国的，在异国他乡，自己所取得的每一个成就都是维系着祖国，自己是代表着中国人的。虽然祖国积贫积弱，但她终究是自己的母亲啊！自己的命运是同祖国的命运休戚相关的。

实验结果在当年就以劳森教授和汤定元的名义发表在《物理评论》上，并立即得到有关方面的重视，其中包括了两位诺贝尔奖获得者布里奇曼和鲍林（L. Pauling）。布里奇曼教授在英国皇家学会的一次报告中称芝加哥大学的劳森与汤定元"用一种巧妙的技术取得了铈在高压下的 X 射线衍射照片，证明了这种新的相变"。鲍林先生来芝加哥大学物理系作报告，他说，根据他的原子半径理论，铈除了已知的面心立方以外，还应该有一个更为密集的相。他称这种铈的高压相正是根据他自己的金属原子半径理论所要寻找的相。鲍林先生曾用低温办法诱发这个相，几年都没有成功，现在劳森与汤定元果然从高压中得到这个相，他感到十分高兴。大约一两年之后，鲍林先生从低温中也终于得到了这个相。汤定元与劳森先生的这项发现后来被收集在鲍林先生的名著——1960年版的《化学键的本质》

第五章 远涉重洋

之中。

事后，汤定元悟出了其中的道理，这大概就是美国学者重视发挥科研团队作用的通常做法。在汤定元与导师一起发表关于铈高压的相变论文的同时，劳森教授与赖利博士的一篇关于高压 X 射线衍射设备的文章也发表了，这也算得上是公平的。1963 年的一篇有关固体高压相变的综述性文章认为，上述铈的高压相变是高压相变的研究中"最值得注意的成果"。

用汤定元自己的话来说："我的运气真好。"这极其寻常的话语中又蕴涵着多少的不寻常。几度春秋、几多汗水才换来了这一切。身居异国他乡，他全身心地投入了科学研究，成功伴随着辛勤的劳动接踵而至。芝加哥大学闻名遐迩，那里有世界一流的教授学者和得天独厚的实验设施。汤定元坚定地认为，科学上的成功，最重要的是对科学的热爱和长期坚韧地进行探索。

四、高压容器再创新

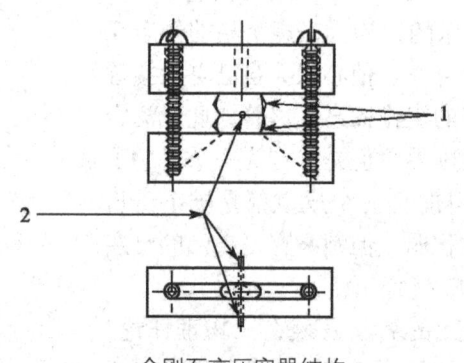

金刚石高压容器结构
1. 裂开的金刚石；2. 活塞

金属铍（Be）高压容器是一个创新技术，但铍的机械强度不够高，在 1.5 万个标准大气压时就出现蠕变，上述铈相变的实验大概已经用到它的上限了。要想得到更高的压力，必须采取机械强度更高的材料做高压容器。金刚石自然是最佳的选择，金刚石是已知的机械强度最高的材料，它是原子数为 6 的碳（C）的结晶体，对 X 射线的吸收率也比较低。但金刚石太硬，不可能在上面钻孔。于是，汤定元他们想出了一个巧妙的办法：用两片金刚石磨成大小相同的两片正长方形的薄片，在其间夹一个硬合金制成的直径为 0.4 毫米的钻头外加压力，钻头不停地转，磨坏一个就换一个，这是一种"蚂蚁啃骨头"的办法，在每片金刚石的一个面上硬是磨出一个半圆形的凹槽，使用时用适当的夹具把两块金刚石片压紧在一起就是一个圆形孔道，用来置放活塞和样品。左图是结构顶示意图，X 射线从夹具上部射入金刚石，从夹具下部射出，因而后者有一大角度的出射孔。这个设备由实验室的一位老车工负责加工，他花了两个月的时间也没有做成功，后来，找到芝加哥市里的一家珠宝店，请他们做成了一个很小的实验装置。限于所能得到的金刚石，这个高压容器很小，最长一边只有 4 毫米，孔径仍然是 0.4 毫米。

汤定元获得这个小设备后，就用碲粉（Te）作样品，很快就取得了碲的 X 射线的衍射线，实验证明这个设备是可用的。因为碲的密度和压力的关系是精确知道的。用测得的碲的晶格常数，可以推知这套装置至少可以用到 3 万个标准大气压，是当时所能达到的最高压力。有了这个结果，劳森教授拿来碳酸钙（$CaCO_3$）样品，他说，这个材料在地质学中很重要。他要汤定元研究它的高压相。汤定元摄取了在常压下和高压下的 X 射线衍射线，发现两者有明显的区别。但是碳酸钙是菱面体结构，有两个参数，无法从一张衍射线得出它的结构与参数来。劳森教授就建议以碳酸钙的高压相变的研究作为汤定元的博士论文，因此，汤定元重新开始钻研《晶体结构学》。

当珠宝店把金刚石高压容器送来实验室时，那位老车工配上了合适的加压装置。当车工把全套装置交给汤定元时说："现在要看你的了。"他在加工这个"小东西"时曾遭遇了失败，不大相信汤定元能够掌握这么小巧的装置。当汤定元很快利用这套装置做出了成绩后，他非常佩服汤定元的心灵手巧，他对汤定元说："有你这样灵巧的手，你可以不必当科学家了，当一名特级工艺师更能赚大钱。"汤定元当然知道，芝加哥大学里各工厂的总负责人就是一位特级工艺师，他的工资比校长还要多。老车工的话是符合实情的，但在汤定元听来这个建议却很难以接受。

汤定元把这项实验写成论文《金刚石高压容器》，后来该论文发表于 1950 年的《科学仪器评论》上，很快引起同行的关注，有几批从欧洲来金属研究所参观的学者特别提出要看看这套装置。当 1951 年汤定元离开高压实验室从美国归来之后，这套设备移交给谁汤定元没有过问，他几乎没有再关心过高压物理研究的发展情况。

直到 20 世纪 90 年代，由于偶然的机会，汤定元看到当时高压物理研究中使用的金刚石高压容器，最高静压力可达到 200 万个大气压，最低温度可用到 5 开尔文，并能用于红外、可见和紫外等波段进行高压下固体光学性质的研究。汤定元饶有兴趣地弄清楚了这一高压容器的发展过程。他认识到：即使是专门用于高压研究的一个小小容器也是许多不同领域科学成就的综合利用。这一事实表明科研工作者应该具有宽广的科学知识。

现在使用的金刚石高压容器如下图所示，发展到这一结构经过了以下几个步骤。

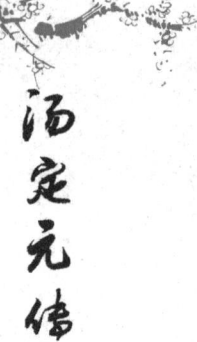
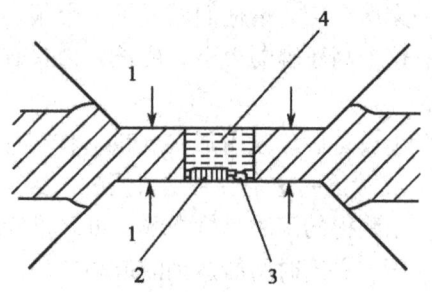

新型高压容器高压室的结构
1. 金刚石；2. 样品；3. 红宝石；4. 高压介质

第一是在 20 世纪 50 年代，人造金刚石是一个热门课题。在这一探索的过程中，对金刚石的基础研究也受到重视。人们发现有一类被称为"Ⅱ型"的金刚石具有良好的光学性能，对可见光、紫外、红外辐射都有良好的透射率，因此到了 1959 年，出现了两篇关于改进型金刚石高压容器的报道：一篇的作者是在劳森实验室工作的贾米森（J. C. Jamison），另一篇的作者是美国国家标准局的韦尔（C. E. Weir）等 3 人。由于做光学研究不需要再在金刚石上磨槽，而是把样品夹在两片金刚石平面之间直接加压，即所谓"对顶砧"式。布里奇曼认为，当样品放在两个砧（金属的，或者是金刚石）之间，砧上的压力增大时，样品将从中部向外流动。压力越大，样品流动所受的阻力就越大，最后形成平衡，样品保持住稳定的形状。不过，样品这时所承受的压力已不再是"流体静压力"，而是混合如剪应力的复杂状态。

第二是 1965 年瓦尔肯堡（A. Van Valkenberg）引进金属密封圈技术用来生产静压力。办法很巧妙，取一种合金钢薄片，厚约 0.25 毫米，放在已经磨成形的两片金刚石之间，金刚石顶面的直径约为 0.5 毫米，加压金刚石，加到高于实验所需要的压力范围，金属薄片将被压扁。例如，从原来的 0.25 毫米压薄到 0.1 毫米，然后在这薄片之间钻一个小孔，直径 0.15～0.25 毫米。装配成一个可以放置高压介质和样品的小高压室，它的容积仅为 ϕ0.2 毫米×0.1 毫米。

第三是 1972 年福尔曼（R. A. Forman）等利用当时对红宝石激光器（ruby lasser）光致发光的研究成果，以其中一条光线的频率随压力和温度的变化，来测量压强，为此做了大量的标订工作，上图的高压室内放红宝石碎片尺寸约 10 微米×10 微米×10 微米。

第四是选用合适的高压介质，不同的压力范围、不同的温度可以选用不同的介质。在低温工作时发现氦是最合适的高压介质。

通过这样一步一步的改革，经过 20 多年时间，这种"全能"的金刚石高压容器终于研制成功了。而最初的高压容器正如一位准备写《高压物理研究史》的作者写信给汤定元所说："采用裂开金刚石容器是高压物理研究史上的一项重要发展。"

在芝加哥大学获得的这两项成果可以算得上是当时实验室最重要的成果之一，劳森教授把汤定元作为作者之一，就是承认汤定元在工作中有创造性的贡献。作为一个研究生，能够做出这样的成就确实是很不容易的。在这期间，汤定元受到了比较严格的训练，他全身心地投入科学研究，成功伴随着辛勤的劳动接踵而至，他把这一切归结为对事业的热爱、对客体探索之坚韧，以及对观察和搜集事物之勤奋。鉴于此，汤定元认为，在科学发展历史上，实验手段的创新常常会促进学科的发展。他还认为，当一项研究工作有了成果，就必须继续探索下去，才有可能获得更好的成果。而在实验工作中，真正能使实验不断取得进展，主要靠实验的具体操作者，导师或指导者只能起次要作用。当然，汤定元感到自己十分幸运，作为一个初入研究领域的科学工作者，就能够遇上像劳森教授这样的一位高水平导师，并且在一个创新团队里能从事如此前沿的研究工作。

如果说，汤定元在芝加哥大学攻读硕士学位时一开始为了维持生活，找到了兼职的工作职位，那么，做高压物理研究也应当说具有一定的偶然性，但是，他在这一岗位上能在两年内先后发现铈的新颖相变和发明金刚石高压容器，却有着一定的必然性。当然，首先是离不开他对导师的尊敬，而导师又正确地评价了他所做出的贡献，他与劳森先生之间有着良好的师生关系；其次是汤定元以严格、严密、严谨的科学精神，锲而不舍地对样品反复测量研究；再次是汤定元既勇于创新，又善于实践，突出表现在他的"巧妙的方法"和"小巧的施压设备"上，由此，便成了偶然中的必然。这一切，也正如一位哲人所说的那样：无论鸟翼是多么完美，但如果不凭借着空气，它是永远不会飞翔高空的。事实就是科学家的空气，如果不凭借着空气，就永远也不能飞腾起来。如果没有事实，"理论"就会成了虚妄的挣扎。

五、注重实用的"美国精神"

汤定元在芝加哥大学学习了两年多，他发现芝加哥大学的教学重点与当年的国内大学不一样。在国内大学的物理系，通常做习题和考试都注重论证，不太重视数值计算，所以一般物理系的学生都没有计算尺，而工学

院的学生倒经常都带着一把计算尺。来到芝加哥大学物理系后，汤定元看到前几年的"预备考试"题目，大多数要求数值计算，这时他才匆忙地买了一把计算尺。至今汤定元还清晰地记得，当年费米教授讲授物理学时，每节课讲完之后，都要出一个习题。有一次要求把当天讲的一个很复杂的公式进行数值计算画出曲线，学生们花了差不多整整半天的时间才把这个习题做完。这一切都表明美国人很重视实用。这种注重实用的教学精神是值得中国大学学习的。

有一次，汤定元来到了实验室，因偶然的机会，他听到劳森教授正在与实验室的一位同事谈话，原来，他是在批评那位同事工作不够努力。汤定元听到劳森先生说：物理系的教授们每天都工作很长的时间，就连费米教授，也是每天很早就开始工作，劳森自己是每天早晨6时起来，工作两小时之后再正式上班。汤定元听得此言很受震动。费米先生早在10年前就获得了诺贝尔物理学奖，直到现在还是那样勤奋。他想，看来要在学术上做出成绩，必须是一位勤奋的科学工作者，必须全身心地投入，没有丝毫的保留。从此，汤定元特别注意这一问题。后来在北京工作时，在相当长一段时期，他也坚持早晨6时起床，独自工作两个小时再正式上班。到了1960年，他不问寒暑，都是早晨6时起床，不过，那时他已不是一早就开始工作，而是打太极拳锻炼身体了。这个习惯一直保持到今天。

令汤定元难忘的是，芝加哥大学物理系十分重视学术讨论会。除周末外，每天下午都有学术讨论会。从16：30开始，至17：30结束。讨论得热烈时，讨论会的时间可适当延长，讨论会基本不占上班时间。星期一下午是全系的报告会，星期二、三、四下午的讨论会都是专题性的或某一课程的讨论会。

星期一下午的报告会除系里的教授有重要的科研成果提出报告之外，大多是邀请外来学者作报告，因此，汤定元见识了许多来自世界各国的著名科学家。有一次，预定请海森伯（W. Heisenberg）来作报告，但据说由于海森伯是希特勒的信徒，他的报告会便被取消了。

汤定元是1948年进入芝加哥大学物理系的，他看过前几年的"预备考试"的试题，觉得它们并不算太难。为了尽快完成学业，他就匆忙地参加1949年6月的预备考试。考试进行了一整天，考题倒不算难，但题量很大。大多数题目都要作数值计算。因为他是进了芝加哥大学之后才买了一把计算尺，所以使用起来远没有美国同学那样熟练，在考试中便吃了大亏。汤定元事后感慨地说：这便是当时中国与美国的大学教育之间的明显差别。

这次考试成绩公布时，汤定元与另外一个中国同学一样，成绩并不理想。汤定元很失望，他甚至决定尽快回国，不再留在美国读书了。但是，他很快克服了这种情绪。在实验室里见到劳森教授，劳森教授对汤定元说，他已查阅过汤定元的试卷，成绩之所以不理想，主要还是英文的理解水平问题。他提示汤定元写一封信给考试委员会，要求他们复查自己的试卷，希望考虑自己的英文水平的因素。信寄出后仅3天，就有了回音，说是经过复查，确实是因为英文水平方面的缺陷造成了试卷中的错误，希望他以后努力补习英文，这次考试就算通过了，也没有要求他明年重考，于是汤定元在芝加哥大学继续自己的学业，到1950年他参加基础考试就顺利地通过了，并获得硕士学位。这显然是由于他在高压实验室工作，取得接二连三的成功，劳森教授设法把汤定元留了下来，也使他成为导师劳森教授十分中意的助手。汤定元说，这是他留学生涯中又一件幸运的事情。

六、三项没有完成的研究

在高压物理实验室工作的两年多时间里，特别是最后一年，汤定元每周全部扑在实验室里，因而除了获得那两项颇有影响的成果之外，还进行了一些探索性的工作。汤定元热衷于开展首创性的工作，他根据劳森教授提出的课题和设想的目标，设计制造测试仪器。经过一个阶段的测试，他就会发现所设计的仪器需要改进，这样就要送到工厂里去重新加工，在等待新仪器诞生的同时，汤定元抓紧时间，开始另外的研究课题。由于他兴趣广泛，想多学一点知识，也喜欢自己动手，因此往往能比较快地发现实验中出现的一些问题，并及时予以解决。他认为，留心意外之事，是科学研究工作者的座右铭。正如巴斯德所说的那样："在观察的领域中，机遇只偏爱那种有准备的头脑。"劳森教授是一位思维敏捷、创新意识很强的科学家，他常常对汤定元提出一些新的课题。在这样的氛围中，汤定元做了三项没有获得成果的研究工作，其中有一项工作甚至决定了他回国后走上了半导体研究的道路。

第一项工作是研究金属铯（Cs）的高压相变，由于汤定元一直在等待重新改进的仪器加工而搁置，他离开芝加哥大学后一直不知是否有人继续这项工作。直到1984年，他去日本东京帝国大学高压实验室参观时，方才得知日本人在做铯的高压相变的研究。日本专家给了他一份资料，说明在10万个标准大气压的压力下，铯有4个相，即有3次高压相变。

第二项工作是关于溴化银（AgBr）的蠕变研究，也由于等待新改进

的设备而搁置。当汤定元离开实验室时,把这项工作移交给克里斯蒂先生,后来克里斯蒂先生于1951年发表了他关于溴化银热容量的研究成果。

第三项工作是关于硅(Si)在高压下的研究。高压实验室没有洗底片的暗室,要洗底片必须到巴雷特(Barrett)的实验室去。巴雷特先生是一位著名的金属物理学家,年纪比较大,住在离芝加哥市区50多英里的小镇上,难得来上班。他的办公桌旁有一个书架,上面放满了 *Physical Review* 杂志,没有其他书籍。汤定元总是利用冲洗完底片等候晾干的时间,不失时机地翻阅 *Physical Review* 杂志。1949年的一天,汤定元在翻阅一本新到的杂志时,看到巴丁(Bardeen)、皮尔逊(Pearson)的一篇文章《硅的电学性质的研究》,这篇文章很长。汤定元累积了几次才把它阅读完毕。他觉得文章写得非常好,又借阅到高压实验室里仔细钻研。有一天,他正在阅读的时候,劳森教授过来看到了这篇文章,他就问汤定元是否对这篇文章感兴趣,汤定元答道真是越读越有兴趣。劳森没有说什么,就走开了。几分钟后,他拿了一瓶5磅装的杜邦公司出品的高纯硅来对汤定元说:"你有兴趣就做硅在高压下电学性质的研究,这实质上是我发现的。"他指的是硅,对他后面的一句话,汤定元起初并不理解。

汤定元拿到这瓶高纯硅之后,起先以为要把硅熔融成大块,再切割出测试样品来。当时他还不理解硅熔融过程中的玷污问题,后来,他与劳森教授讨论,劳森说不用熔融,也不能熔融,只能拣稍微大一点的硅粒磨成测试样品。汤定元按照他的话做,磨成几个测电阻率的样品,做了几次高压实验,可惜都没有做成功,也没有得到有实质性意义的数据。

后来,在塞茨(Seitz)写的一篇文章中汤定元看到了这样的描述:第二次世界大战期间,美国的军用技术研究集中在微波技术上,检波器是用硅二极管,其中的硅就是劳森先生最早引进的。当时发展了一种制造纯硅的技术:把硅磨成细粉,用酸清洗多次,最后在真空中气相反应生成单晶颗粒,就是杜邦公司生产的高纯硅。高纯硅成品像5号、6号螺丝钉的样品,最长一维可达4~5毫米。汤定元这才悟出了当初劳森教授关于研究硅的那番谈话的真正含义。可见,对于任何复杂的事物一定要善于分析,善于思索。只有这样,才能从很细小的事情中发觉蛛丝马迹。

从此,汤定元就多了一个研究课题,也查看了一些有关文献。这时他才了解到,一门新的半导体学科正在开始萌芽。1950年以后,有关半导体的文章就多起来,表明这是一门大有发展前途的学科。

令人称奇的是,就是这样一篇《硅的电学性质的研究》的论文,引导汤定元从此走上了研究半导体科学的道路。当时,半导体学科才初露端倪。这一领域的第一个重要发现是巴丁在1947年所做的电导率的调制实验；1949年发表的《硅的电学性质的研究》一文实质上是半导体科学的第二个重要进展。后来巴丁、皮尔逊和肖克利（Shockly）三人共同获得诺贝尔奖，其主要的基础就是上述两项成果。汤定元之所以欣赏这篇论文，是因为它把问题阐述与解决得十分清楚。从此以后，他就经常关注半导体的有关文章。回国以后，汤定元利用1952年政治运动的间隙，也做了一些有关半导体研究方面的尝试。他用多种强酸处理硅粉末，得到100多克的纯硅粉，但用高频熔合时没有获得成功。于是他就按照杜邦公司的方法，设计了一套气相反应的石英容器，专门去民主德国定制加工，与此同时，他还仔细阅读了从美国带回来的肖克利的新著《半导体中的电子和空穴》一书。

七、失败也能引发创新

　　实验如果能够成功，是一种创新，如果失败了也能引发创新。汤定元在芝加哥大学有过这样一次失败的切身经历。

　　高压实验最关键的技术是如何做到密封不漏气。通常都采用布里奇曼的"不支持面积原理"。一般实验用的高压容器都是用高强度合金钢制成的厚壁、圆筒。其外直径约150毫米，中间的圆筒直径为13毫米，作为高压腔，腔内装液态高压介质，用一个活塞加压。一个特殊结构的活塞加三道密封环，加压时，密封环所受的压强将高于高压腔内的压强，因而密封环中的用两个三角形截面拼成的中间一环的蠕变将堵塞高压腔内的流体外流，完成密封任务。

　　在一次实验中，按当时的习惯，汤定元所从事的研究，其一切设备样品的安装都由他自己负责，采集实验数据时则由几位同事帮忙。当高压实验开始后，汤定元用泵施加压力，不一会儿就看到外部压强指标达到1.8万个标准大气压。这套设备正常使用压强是1.2万个标准大气压，这次已经达到1.8万个标准大气压竟然没有出问题，大家都觉得很惊奇。等实验稳定后，汤定元逐渐降压，取出活塞一看，原本应当由两个三角形截面拼成的中层密封环只用了一半，而被用一半已被压成圆截面了。这次实验失败了，汤定元感到十分内疚，因为他认为是自己的疏忽导致了失败。在惭愧的同时，汤定元忽发奇想，他对众人说："圆截面的环比同一面积的其他形状的环能承受更大的压力，今后是否可以考虑改用圆截面的密封环？"汤定元讲这番话时劳森先生也在旁边，他也许接受了汤定元的这个想法。

这次实验过后不久，汤定元就离开实验室启程回国了。他没能来得及把自己的设想变为现实。

时光荏苒，一直到 1972 年，汤定元的芝加哥大学校友、后在亚利桑那大学工作的范章云教授回国时，汤定元便委托范教授回美国时把自己在中国的情况告诉劳森先生，一方面代为问候，另一方面了解一下这些年来高压研究中有什么重要进展。范教授在返美时果然顺道去看望了劳森先生。之后，范教授就写信给汤定元，他在信中说："劳森先生说，高压技术领域中最重要的发展是'O 形密封环'。"其实，汤定元委托范教授向劳森先生提的关于高压研究中重要进展的问题，只不过是出于一种礼貌，因为汤定元从美国回国以后再也没有从事高压物理研究工作。事后，汤定元读了 1954 年劳森发表在 *Rev. Sci. Instiu.* 上的文章，才知道劳森先生改变过两次结构，最后才做成功使用方便的"O 形密封环"。也正是此时，汤定元才理解，1972 年劳森先生忽然托范教授转告自己关于高压技术领域中最重要的发展是"O 形密封环"，其主要用意是想让汤定元知道，汤定元当初的一个设想后来变成了一个有用的成果。他深切体会到美国导师的良苦用心：失败也能引发创新，因而必须多做工作，才会遇到更多创新的机会。作为一个科学工作者，应该拥有广泛的涉猎，人要活得洒脱，工作才能左右逢源。要逼着自己去多思考问题，因为思考本身就是人生之乐趣。不仅要有正面的思考，也应当有反面的思考，反思也往往会出正理。这正如一位哲人所说的那样："在科学的征程中，一些偶然发生的事，常常给科学家以某种启示，但是科学上的成功并不取决于偶然发生的事，而取决于受到某种启示后的坚持不懈的努力。"

劳森教授始终是汤定元尊重和钟爱的一位导师。劳森先生是 1946 年芝加哥大学高压物理实验室创建时被招聘来的，他原先已在宾夕法尼亚州立大学任教授，但没有从事高压研究工作。他来芝加哥大学后被定为副教授。他的原创能力很强，所进行的课题都超出了布里奇曼的工作范围，如用 X 射线穿过铍（Be）高压容器研究晶体相变，测量样品的压缩系数的绝对值、黏滞系数与压强的关系等。1949 年他晋升为教授时才 32 岁，是芝加哥大学最年轻的两位教授之一。但他后来的经历很不幸，主要原因是在 20 世纪 60 年代越南战争爆发后，美国校园里不太平，他的一位读中学的女儿被活活打死。受到这一打击之后，他从此一蹶不振，天天酗酒，以致酒精中毒而亡。他去世的时候还不满 55 岁。1974 年范章云先生从美国归来，告诉了汤定元这个不幸的消息，汤定元听闻此言，不由得为英年早逝的劳森教授扼腕叹息不已。

八、坚持真理，胸怀祖国

在重庆期间，由于对国民党当局不满，汤定元连报纸也懒得读，抱着不问国事的态度。出国途中，他和思想比较进步的同学周世勋同行，后又同住一间寝室。和周世勋的朝夕相处，使汤定元逐渐地开拓了政治视野。汤定元抵达美国之后，还碰到了一位学地质的中国留学生，名叫涂光炽（中国科学院院士，2007年7月31日去世，享年88岁。生前任职中国科学院地球化学研究所），他是中共地下党员。涂光炽订阅了一份旅美进步华人办的《华侨日报》，每隔一天把报纸传给他看，汤定元便不断地获得来自祖国的各种信息，从而使他对中国共产党有了进一步的认识。

中国科学工作者协会北美分会建立后，总部设在芝加哥大学。汤定元也毅然参加了这个协会，后来，汤定元才知道这个协会是中国共产党的外围组织。香港方面给芝加哥大学的中国科学工作者协会寄来了不少进步书籍，有许多共产党方面的著作，有些是在延安出版的。因此，汤定元对这些进步书籍常常得以先睹为快。当时，他还读到了延安出版的整风文献。他真是越读越起劲，几乎是从香港寄来的每一本书他都阅读了，对共产党的认识也渐渐得到升华，他觉得共产主义是符合历史发展趋势的，中国共产党的策略是正确的，中国共产党的领导集体的确是尽心尽力地为中国人民服务的。

1949年新中国成立后，汤定元的哥哥汤生洪每月一次把《人民日报》邮寄给他。他从报上获悉，国内的社会秩序正在迅速恢复正常，全国各地都在欣欣向荣地建设社会主义。读了这些消息，汤定元不由地心潮澎湃，这一切使他深刻地认识到，在中国，只有共产党才是为人民谋利益的。越是接触新思想、新事物，汤定元越是感到自己的政治思想发生了很大的转变，他对美国的生活方式和社会现象便经常持批评的态度了，他总是默默地怀念祖国的人和事。真是离开祖国越远、越久，对她的思念也就越深。汤定元心想，作为一个中国人，此时应尽快地返回祖国参加新中国的建设。中国科学工作者协会北美分会也希望留学生们能早日报效国家。汤定元领取到北美分会提供的调查表格时，考虑再三。他心中想着要竭尽全力，争取早日拿到博士学位，但又想到新中国尚在初创时期，从国情出发还谈不到做深入的科学研究，自己应当为国家的科学研究做一些先行性的工作。于是，他在表格中写道：希望完成学位后回国从事仪器制造事业。

北美分会还出了一个《中国同学通讯》，摘编登载留学生们的家信。

第一任主编回国后，主编的重任就落在汤定元的身上。岂料，当汤定元编辑完毕，正要发稿之时，麦卡锡主义在美国抬头，联邦调查局派员前来传讯协会负责人，由于他们妄加干涉，《中国同学通讯》的出版工作被迫停顿了。

1950年年底，朝鲜战争爆发，中国人民志愿军跨过鸭绿江，中国军队与美国军队交战了。汤定元仔细地阅读报纸，密切注意战事的发展情况，他还时不时地去买《纽约时报》来读，因为这张报纸所登载的战事消息最为详细。当汤定元读到中国志愿军把美军从鸭绿江畔一直赶回到"三八线"的消息时，尤其是看到美军撤退时的狼狈相，心里确实兴奋，跑到实验室时也仍然面带微笑。一位平时爱开玩笑的美国同事说："今天你高兴了，你们打了胜仗了。"虽说是玩笑话，但汤定元听了却觉得很尴尬。他想，要是战争继续持续下去，这种环境怎么能待下去呢！报纸上也在议论，有人说，要把中国留学生全部送回去；有人说不行，如果他们是我们的敌人，送回去就是帮助敌人，如果是朋友，送回去就是送去受迫害。报纸上还经常登载这样的消息：某地正在修复第二次世界大战时使用的集中营。

九、海外赤子，胜利归国

这种纷繁复杂的局势勾起汤定元的万千思绪，他更加思念远在万里之遥的祖国和亲人们。他常常吟诵大诗人李白的《静夜思》："床前明月光，疑是地上霜。举头望明月，低头思故乡。"

这段时间里，汤定元经常想着回国的问题。他总想，为什么非要留在美国呢？做完博士论文有什么意义呢？博士学位对自己又有什么用呢？应当早日回国啊！施展自己在海外的所学，为祖国效力。经过两个多月的反复斟酌，他终于决定，趁目前往中国的航船依然通航之时及早回国，绝不为了一个博士学位而冒被扣在美国的危险，他把自己的决定有意识地在中国同学中散布出去。

美国的学校里通常都有一位外国留学生的顾问，实质上就是联邦调查局的派驻人员。汤定元要回国，首先就得找这位顾问谈一次话。其实，汤定元还未去找他，他已经知道汤定元要回国的消息，就派了一位中国同学转达意思，要汤定元在约定的时间里去找他。这样也好，汤定元周密地考虑了可能的谈话内容，并且向一些可靠的同学讨教办法。

双方见面时，美国人劈头就问汤定元："你很欣赏共产党？"汤定元回答他,自己不是共产党员,他这次之所以要回国,主要是因为未婚妻担心战争将来可能会阻断交通,要他尽快回国完婚。这些话当然是别人临时给汤定元出的点子,说是只有这种说法,美国人才听得进去。

那位顾问听了之后不置可否,因此汤定元也不知道他究竟相信了没有。美国顾问接着往下谈,他说,第二次世界大战时期,他是美国驻苏联的联络员,他曾经与许多共产党员打交道,觉得他们都

1951年春,芝加哥大学物理系中国同学在郊区野餐,欢送汤定元(左一)和徐亦庄(前排左二)

是些英雄好汉。但是,汤定元硬是不接他的话茬,他仍然坚持自己要回国结婚的说法,这才结束了谈话。

汤定元是1948年3月底进入美国的,每年3月底要前去移民局签证一次。这次,他订好了1951年5月10日离开旧金山的轮船票。按规定,他在3月底仍应去移民局办理签证延期。

移民局的官员见了汤定元立刻就问:"你是赞成共产主义还是资本主义?"

汤定元心头一震,觉得一场唇枪舌剑不可避免地要发生了。

"我是学科学的,我不懂得什么主义!"

移民局官员就解释道:"国民党与美国就是资本主义,现在的中国就是共产主义。"

汤定元答道:"如果国民党算资本主义的话,我宁可赞成共产主义。"

那位移民局官员张大着嘴巴,半晌也说不出话来,他不肯善罢甘休,接着问:"美国就是资本主义,不是很好吗?"

"美国有许多很好的地方,例如科学很发达,所以我来美国是为了学科学而来的。"

移民局官员忽然冷笑道:"我知道,你们中国人都想赚美国人的钱。"

汤定元听到他讲出侮辱中国人的话,非常气愤,大声地对他说:"请你把话说清楚一点,也许有这样的中国人,但绝大多数人不是这样的,我肯定是要回国的!"

对方以为抓住了汤定元的把柄,就说:"你说话是否算数?我是要记录在案的。"

"那当然!"汤定元斩钉截铁地答道。

随后,汤定元告诉他,自己已经订好了5月10日离开旧金山的轮船票。这些话大概冲击了那位移民局官员的傲慢心态,为了下台阶,他在应当给汤定元的那张对话表的末尾打上"departed before 10, May"。"departed"一词多少含有一点强制出境的意味。汤定元也不管他那一套了。他当时认为,反正自己也不会再到美国来。回国已经50多年的汤定元,果真从此再也没有去过美国。移民局给他的那张打字的调查表,连同他那张硕士证书早就被汤定元自己销毁了。

美国官方设置的重重障碍不让汤定元走;一位从国民党中央政治学校毕业的老同学以同乡的身份劝他不要走;一位认识汤定元的传教士在他面前竭力渲染外国人在中国被关、被驱逐的情景。汤定元默不作声,他心想,中国共产党总不会驱赶中国人吧!面对种种曲折,他的意志越来越坚定。

移民局的手续办好后,汤定元照常到实验室去工作。一直到4月中旬,他才把要离开美国的情况告诉导师劳森先生,他说:"我决定回国,不再继续读学位了。"劳森先生听了这番话,感到十分惊奇。他说:"这里不是很好吗?我们希望你留在这里工作,移民局有什么困难,我们可以代你解决。"汤定元答道:"我已经决定,从明天起就不来上班了。"劳森先生却说:"希望你再仔细考虑考虑,有什么新想法就来找我们。"

最后,在汤定元离开芝加哥之前,去实验室向老师和同学们辞行时,他首先见到了劳森先生。他立即询问汤定元:"你改变主意了吗?"汤定元说:"我今天是来辞行的,我已经买好了5月10日的轮船票,回国这件事,我是经过慎重考虑的,所以不会改变。"劳森先生说这很遗憾。他对汤定元依依不舍,关切地叮嘱着:"你回去以后做了研究工作,可以把论文寄来,我们还可以给你博士学位。"爱生之情,溢于言表。

在美国留学的生活是短暂的,前后共三年,但他已经在固体物理研究领域做出了卓越的贡献。这段不寻常的经历同时为汤定元坚持实践第一、在实践中发现问题、寻求规律和解决问题的思维方法做了重大的铺垫。

1951年的初夏,汤定元拎着两只沉甸甸的箱子,终于在旧金山码头登上了"戈登将军"号海轮,开始了通向祖国的航程。同船回国的留学生有11人,一路上说说笑笑,大家彼此相处得也很愉快。他随身携带的箱子里装满了各种小型的仪器和图书资料。经过了漫长的航程,6月2日,海面上终于浮现出祖国的陆地,大家欢呼雀跃起来,汤定元也激动不已,他凭栏远眺,默默自语:"祖国,您的游子终于回来了。""戈登将军"号海轮抵达了虎门,正是林则徐虎门硝烟纪念日的前夜,祖国人民张开热情的双臂,迎接着海外赤子的胜利归来。

到了8月,美国政府就下令禁止中国留学生回中国,已经乘

1951年5月10日,"戈登将军"号轮船离开旧金山码头

船到了檀香山的人,也被送返美国。汤定元庆幸自己早做决断,回国的手续办得及时,否则也要被美国政府扣留,最早也得到1956年才能返回祖国。事后汤定元才知道,到了檀香山又被送回美国的留学生中,还有汤定元的两位老同学,他们都是1956年以后才回国的。

许多人不止一次地问汤定元:"为什么当时那么坚决地回来呢?不拿博士学位今天后悔吗?"

也有许多人不止一次地问汤定元:"美国的科研条件要比国内好得多,你为什么要舍弃这么好的科研条件,回到国内来呢?"

汤定元总是笑语道:"我应该问你,为什么当时我不应该回来呢?中国的华夏儿女,学完学业难道不应该马上回来吗?不拿博士学位,是因为当时情况特殊,而不是我不想拿这个学位。"

更重要的是汤定元对"生我养我的祖国的无限眷恋之情,想为振兴中华奉献自己绵薄之力的意愿",他说,这一切"便是我冲破重重关山,踏平万顷海涛,毅然回国的本意"。

几十年的风云变化改写了历史,也改写了人的心态。也许现代的人是无法跨越历史去理解汤定元这一代人的赤子情怀的。就像汤定元,他说他也不理解人们对他为什么回国的问题那样感兴趣,他觉得这是理所当然、顺理成章的事,简直不值得一提。

倒是这么多年来,汤定元带出了许多优秀的博士生,如今好几个去了

国外,令他牵肠挂肚。有一次,他的一位同事去国外,汤定元托他带一封亲笔信给他的一位博士生,劝他"早日学成回国",那位博士生后来给汤定元回过一封信,但至今未见踪影。

"文化大革命"中,每当有人质问汤定元:"你到底回国来干什么?"

汤定元自始至终一个回答:"为祖国作贡献。"

为祖国作贡献——多么好的回答。回国后的半个多世纪里,汤定元确实以自己的行动践行了他的诺言。

下篇

报效祖国（1951~ ）

汤定元奋斗了半个多世纪，为我国物理学的发展和国家科学技术、国防科学技术的创新做出了重要贡献。他开拓了我国红外研究的新领域，开创和参与研制出各种性能优良的红外探测器，并成功地应用于我国空间遥感和军事探测等先进装备中。在这些科学研究过程中，他为国家培养了一大批优秀的科学技术人才。他热爱祖国、严谨治学、刻苦钻研、开拓创新的精神与优秀品格，为后学树立了榜样。

第六章 京华忆旧

一、美国归来初识北京

汤定元从美国回国了,他所乘坐的"戈登将军"号轮船于1951年6月2日抵达广州之后,广州市政府的一个单位接待了汤定元一行。第二天,正是"六三"禁烟节,汤定元他们参观了虎门禁烧鸦片烟的纪念活动。后来,他们又前往中山纪念堂聆听了一次报告会。说实在话,报告的内容对像汤定元那样的归国者来说,恍若隔世。对他们而言,仅是一知半解而已,足见新中国成立之后那两三年里,国内的情况与汤定元当初出国时相比,

广州黄花岗革命烈士墓(1951年6月摄)

已经发生了翻天覆地的变化。在广州参观游览了一个星期之后,汤定元他们就启程去上海,那里也有单位专门予以接待。又过了几天,这些从海外归来的学子们就各奔前程了。

在美国留学的最后一年,汤定元与1950年从美国归国的葛庭燧先生一直保持着联系。当获悉汤定元即将归国,葛先生就建议汤定元去中国科

1951年的上海外滩(从上海大厦楼上向南看,1951年6月摄)

学院应用物理研究所工作。葛庭燧先生当时在清华大学执教，并且在应用物理研究所兼职。当汤定元在上海、南京、杭州和自己的家乡金坛县等几个地方探亲访友之后，便径直去了北京。6月30日晨，他乘火车抵达北京，住在教育部归国留学生招待所。当天晚上，他应邀出席了一个"七一"文艺晚会，到了会场他方才得知，7月1日是中国共产党的生日。

在古老的北京城，汤定元先到各处名胜游览，有许多次是徐亦庄夫妇陪同他并做导游的。徐亦庄比汤定元早两个月从美国芝加哥大学回国。他在上海结婚以后，即赶赴清华大学物理系任职。过了一段时间，汤定元就想去中国科学院应用物理研究所上班。事有凑巧，他正好赶上了"忠诚老实"学习运动。当时，汤定元尚不知道政治运动是怎么一回事，只好在招待所里继续等着，整日无事可做，只觉得时间过得特别慢，简直有点像蜗牛在爬。一直等到10月中旬，他才到应用物理研究所去上班。当时的应用物理研究所在地东皇城根42号（现北京市东城区东黄城根北街16号）的大院里，有一个建筑面积约2000平方米的小楼，与近代物理研究所共用。两个研究所的职工加在一起也不过六七十人。

初到北京，周围的一切对汤定元来说是那样新鲜。宏伟的北京给汤定元留下了深刻的印象。他觉得，当时的北京基本上还是前清时期的面貌。因为清朝政府被推翻之后，接着是军阀混战，1927年迁都至南京，1937年日寇入侵，北京一直没有建设城市的机会，直到新中国成立后，北京的城市建设才开始有计划地进行起来。

那时，汤定元每天早上还能看到骆驼，据说是乡下农民用它来送货进城的。大部分的街道中间是一道用碎石铺成的"汽车道"，两旁是原始的泥土路。这里气候干燥，雨量少，因此，泥土路的表面总有一层泥粉，汽车一过，就会扬起一阵尘土。由于初来乍到，比较空闲，汤定元就先后游览了故宫、天安门、景山公园、北海公园、天坛等名胜古迹，以及王府井大街、东安市场和大栅栏等热闹的场所。

本着对半导体的初步认识，汤定元决定在应用物理研究所开始半导体的研究工作，尽管一开始工作量是很少的。但是，到了1952年1月，中央决定开展"三反"、"五反"运动，即"反贪污、反浪费、反官僚主义"和"反行贿、反偷税漏税、反盗骗国家财产、反偷工减料、反盗窃国家经济情报"。这时，汤定元已经经历过两个多月的日常政治学习，知道了政治运动是怎么一回事。在1951年年底，汤定元曾两次被派遣去采购科学仪器。第一次是去天津，有三人同行。买完设备后，店家答应把货送到北京，所以由汤定元先回到应用物理研究所里去验收货物。第二次汤定元独自一人去上海出差。他在上海跑了很多天，没有买到研究所所需的货物。汤定元这次出差带在身上共5万元人民币，带回了3万元。当时一些单位有所谓"年底抢购"的风气，因为上级规定：一年的经费到年底剩余的都得上缴，于是，基层单位总是想方设法地在年底之前把钱突击用完。汤定元实实在在地带3万多元回应用物理研究所，因而没有完成研究所领导交办给他的任务。

"三反"、"五反"运动开始之后，每个人先要检查自己，也要互相检举对方。在那个不寻常的年代里，有一件事情给汤定元

1952年春山海关留影，当时摄影师缺乏胶卷，直接在印像纸上感光，以手臂摆动来计曝光时间

留下了难忘的印象。曾与汤定元一起去天津出差的一位职工突然自杀了。这位职工平时工作很好，颇有人缘，受人敬重，他的死令人费解。后来汤定元才获悉，这位职工与汤定元同行出差去天津购物时，都是由他带着大家去某家商店。采购完毕，这位职工又单独去店家收取回扣。在旧社会，采购员收受回扣是司空见惯之事，自家的老板即使心知肚明，也无法查出。新中国成立以后，发展到开展群众运动，社会各方面都在加紧核查，自然就容易查出问题。这位职工以前一直受人敬重，自尊心很强，实在难以忍受这种令人羞辱的局面，最终选择了自杀。应用物理研究所也有人去上海，审查汤定元所做的每一笔生意，自然没有发现任何问题，而且认为汤定元老老实实带回那多余下来的3万元人民币是正确的。整个"三反"、"五反"运动中，尽管学习任务十分繁忙，汤定元都跟着大家一起学习，但是，他尽可能地抽出时间来多做一些实验工作。

二、天坛圜丘上的呼喊声

在新中国成立的初期，经常有一些群众写信给中国科学院提出某些科学问题，要求专家予以解答。对北京天坛中几个建筑物的声学现象应当如何解释，就是群众提出的问题之一。

天坛是明清两代帝王祭天和祈谷之处。建于明永乐十八年（1420年），占地273万平方米。主要建筑都排列在从南向北的中轴线上。从南大门进入天坛公园，第一个建筑便是圜丘，是每年冬至祭天之处。第二个建筑是一座圆形的围墙，即回音壁。墙内有三座建筑：圆形建筑叫"皇穹宇"，里面只安置了一块祭天时所用的神牌。回音壁之后有一条宽30米，高出地面4米的大道，通向最后的祈年殿，这里是新年为民"祈谷"之处。

天坛鸟瞰，大门向南，自南向北中轴线上三个重要的建筑群：①圜丘；②皇穹宇（回音壁）；③祈年殿

天坛的建筑中，除了布局与结构的特点之外，还有奇特的声学现象，引人注目，即回音壁、三音石和圜丘之上的天心石。当时人们对这些声学现象感到迷惑不解。

中国科学院的领导就把这个为群众解答疑惑的任务交给了汤定元。这是1952年春天的事，汤定元从海外归来，到北京只有半年多的时间，他仅去天坛游览过一次，当然谈不上对这些建筑物的声学现象有什么印象。因此，当汤定元接受这一任务之后心想，作为一个科学工作者应当对这个科学问题进行研究和总结。他有一个信念：把科学成就与进步告诉普通老百姓是科学工作者应尽的责任和义务。于是汤定元就独自一人去了一趟天坛，对这里的几个建筑物进行踏勘，对其声学现象进行反复的分析。

经过初步的观察，他发现，回音壁是一座高约6米的圆形围墙，砌得整齐、光滑，是一个优质的声音反射体。一人站在回音壁前甲处，面壁轻声讲话，远在回音壁另一端乙处的人可以听得很清楚，好像声音是沿墙壁传过来的。他觉得要从科学原理上来解释回音壁的声学现象，有比较大的难度，需要回研究所之后去深入钻研一下声学原理才行。

围墙内有三座建筑，由北面圆形建筑"皇穹宇"的台阶下至围墙的大门有一条白石头铺成的路，从台阶向南数起，第三块白石头即为"三音石"，它正在围墙中心。人站在"三音石"鼓一下掌，可以听到"啪、啪、啪"三响。经过反复观察和分析研究，汤定元确认"三音石"是声音反射作用所致。

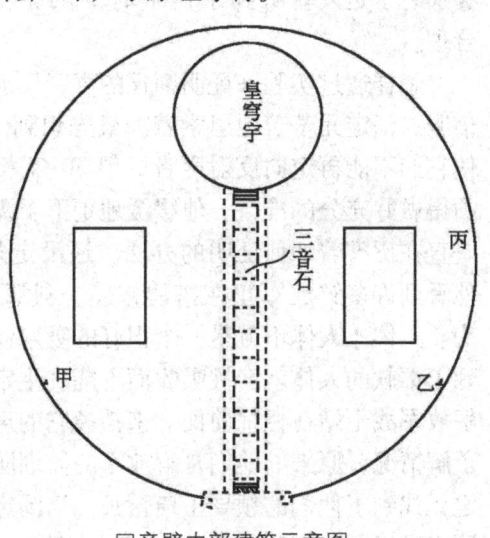

回音壁内部建筑示意图

汤定元来到圜丘。这是一个占地面积很大、由汉白玉石建筑的高约4米的圆形平台，它的结构犹如三个圆形平台的同心叠加，接近地面的平台直径约为43.5米，最高层的平台的直径仅为22.8米，从前皇帝就站在这个平台的中央"天心石"上向天祈祷。人站在天心石上发出声音，自己听到的声音比平时要洪亮得多，甚至耳朵震得有些难受。汤定元想，这个现象也许可以用声音

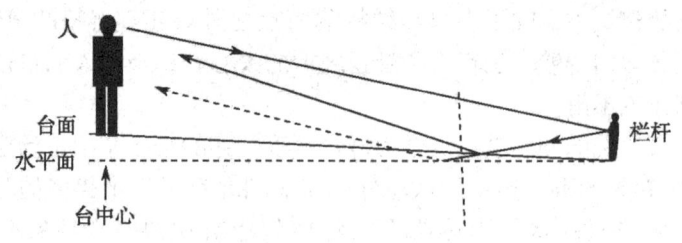

圜丘声学现象示意图

从四周栏杆反射到中心进行叠加来解释吧。

平台的四周是一圈栏杆，高达70厘米。东西南北各有一个石阶梯，除4个出入口之外，每两根石栏杆柱子之间，下部是一块汉白玉石平板，对声音的反射性能很好。汤定元经过仔细观察后发现：整个平台并不是水平面，而是中心最高，向四周有一个很小的坡度（上图）。这样的结构正好使站在天心石上的人，从口腔高度发出的声音被栏杆石反射到台面，再被台面反射到台中央，或者先经台面后再经栏杆石反射到台中央。由于栏杆石并不严格垂直于台面，从四周反射到台中央的声音正好在人耳的高度叠加，于是人就听到了比平时要洪亮得多的声音。这样的解释似乎很合理。

怎样通过实验来证明圜丘的声音反射现象呢？没有实验证明很难令人信服。汤定元苦苦地思索着。最先想到的办法是用棉被把栏杆都盖起来，使它们不能再定向反射声音，但50多米长的栏杆得用多少条棉被啊，必须得做好充分的准备。他缓缓地走下了圜丘，当他往回走的时候，脑子里一直在琢磨着如何证明的办法。还没走几步路，就在圜丘西面的树林里，他看到许多解放军正在搭建帐篷。刹那间，他的脑际闪出一个绝妙的念头：人体！人体不就是一个很好的吸声体么？平台中心发出的声音如果碰到了柔软的人体就会被吸收而不能发生定向反射作用。是否可以请几百名解放军战士站在栏杆前面，来挡掉它的声音反射作用呢？汤定元立即前去了解情况。原来，他们是解放军的体训队，正在此地搭建夏令训练营。汤定元找到了他们的领导王琦营长。当汤定元说明来意之后，豪爽的王营长同意进行这一实验，并约定了做实验的日期。天下的事真是无巧不成书，如果汤定元早一天来天坛，也许就碰不上解放军，兴许就没有了下面的实验。

汤定元回到研究所，立刻就到图书馆去查阅资料。A. B. Word 的 *A Textbook of Sound*（1946年）中就有所谓"微语廊"（whisper gallery）现象的描述。西欧国家的大剧院都是圆形大厅，其外围绕着一个漂亮的走廊。当一个人在走廊的一端面对凹面墙讲话,另一个人可以在距离相当远的另一端,即使看不见讲话人,也可以听得很清楚。解释这一问题的是Rayleigh,他的科学论文集(1912年,1920年)在汤定元所在的应用物理研究所的图书馆里正好存有,因而,汤定元在仔细研读之后,就以论文中所阐述的声学波动理论解释了"回音壁"的声学现象。

到了与王营长约定的日期,汤定元又去了天坛,他找到王营长,并由他集合了全营官兵,来到圜丘平台上。汤定元向大家说明这次实验的意义。几百名士兵沿着石栏杆一字排开,人数正好,大家能把全部栏杆遮盖住。汤定元和王营长伫立在圜丘正中。王营长大呼一声,汤定元发现这洪亮的回声比平时要小得多,由于人体的屏障作用,反射回来的声音果然打了折扣。但这还不能完全说明问题。汤定元锐利的目光向四周一扫。突然,他发现战士们穿的是短裤,这短裤以下、两小腿之间的空隙确实不小,没有把石栏杆全部遮没。他猜想这是症结之所在。于是,他向王营长耳语了几句。只见王营长一声口令"全体坐下!"几百名士兵就沿着石栏杆席地而坐了。此时,王营长再大喊一声,原本十分洪亮的回声果然全部消失了,同平常讲话完全一样。这就证明了圜丘的声学现象可以用声音的反射来解释。他欣喜地得出结论:人在平台中心发出的声音向各方扩散出去,经各栏杆反射回来的声音,走了同样的距离,正好在台中心汇集。声音从嘴发出又回到耳朵约走23米,需时0.07秒。人的耳朵不能分辨出原来声音与反射回来的回声之间的差异。所以在台中心呼叫时,听到的声音比平时要响得多,持续时间也要长一些。又因为自台中心发出的声音,无论是先经栏杆或后经栏杆的反射作用,回来的路径总是由下向上,听上去好像声音从地下发出来似的。怪不得有人误以为平台下面有一口井呢!

汤定元连声向王营长道谢。士兵们围上前来问:"为什么皇帝要听到比自己声音响得多的回声呢?"汤定元想了片刻说:"也许是为了表示皇家的威严吧!"

问题被证实了,汤定元就接着考虑如何撰写科普文章。由于他从来没有写过这类文章,又是一个做事一丝不苟的人,前后花了很长时间,终于把《天坛中几个建筑物的声学问题》一文完成了。

这篇文章发表在《科学通报》1953年2月号上,《物理通报》同时予以转载。当时国内出版的科学杂志很少,应用物理研究所的同事们大多看到了这篇文章,与汤定元熟悉的同事见到他时,都称赞这篇文章写得好。有一次,施汝为所见到汤定元时,也称赞这篇文章。为人谦虚、忠厚老实的汤定元便和盘托出,说自己在文章中关于回音壁声学现象的解释是从

中国科学院应用物理研究所（1953年建成）

声学书籍上抄来的。施所长则答道："不能这样说，要解决我们的问题，总要尽量利用已有的科研成就，不可能样样都自己去创造。"施所长的话使汤定元重新理解了科学研究中关于创造性的含义。汤定元觉得，尽管同事们当面对此称道，主要是出于礼貌与友好，但是，对他日后继续撰写科普文章倒是增添了信心，不无鼓励作用。

"文化大革命"期间，汤定元一度成为被整的对象，还有一个针对他的专案组。有一天在下班回家的路上，一位同事出于对汤定元的友好，告诉他：当天专案组向群众宣布对汤定元的调查结果。据说专案组到北京调查，没有查到什么问题，只是提到汤定元写过一篇《天坛中几个建筑物的声学问题》，很有名。汤定元听了当然很高兴，他觉得很奇怪，都已经过去十五六年了，居然还有人在如此特殊的条件下提起这篇文章。

自从那篇文章发表之后，汤定元并没有注意过别人对它有什么反应，不过，他读到两部自己颇感兴趣的著作，一部是1978年中国青年出版社出版的《中国古代科技成就》，另一部是1982年科学出版社出版的《中国科学技术史稿》，书中介绍有关天坛几个建筑物的声学现象时，完全采用了他自己的说法。

1982年10月，汤定元参加卢嘉锡院长带队的出访英、德两国的中国科学院代表团。我国驻英国大使馆的科技参赞见到汤定元时就问他，是否写过一篇关于天坛声学的文章。那位参赞说，当时他在《科学通报》编辑部工作，那篇文章是当时《科学通报》上发表的最有影响的文章之一。所以他至今仍然记得作者汤定元的姓名。

改革开放以后，国外来北京旅游的人很多，特别是华裔，他们游北京，一般是要去天坛的。天坛的声学现象自然会受到重视，因而20世纪80年代报纸杂志上经常出现有关天坛建筑物声学现象的报道或研讨文章，80年代初，陈允芳院士接待来自美国的老朋友，陪他们游览了天坛。外国客人对这几个声学问题甚感兴趣，问陈院士有没有科学解释，陈院士记得汤定元曾经写过这方面的文章，特意写信给汤定元，向他索要文章的单印本。大约在1986年，对中国古代科技很有研究的钱临照院士出席全国政协会议，与汤定元相逢，钱院士对汤定元说："最近几年读了好多篇介绍天坛声学问题的文章，还是你老汤的那篇文章写得最好，Scientific！"

从20世纪90年代开始，黑龙江大学物理系俞文光教授的科研组利用先进的科学仪器，对天坛建筑物的声学现象进行了实验研究，他们从1994年开始发表研究论文。测量结果证明：三音石的第一个回声是皇穹宇内东西配殿墙反射回来的，修正了汤定元原来的三个回声都是从回音壁反射回来的说法。汤定元的那篇文章的其他部分内容基本上都被他们证实了。这就意味着，汤定元在这篇科普文章中关于回音壁、三音石和圜丘天心石声学现象的科学解释，于1995年被这个国家自然科学基金项目详细测量所证实。另外，俞文光教授他们还新发现了一个现象——"对话石"声学现象。在中央通道从皇穹宇大殿数起第18块石头，也包括第17、19、20块石头在内，有一种现象：人站在这块石头上讲话，站在离此处30多米远的皇穹宇东配殿的东北角或西配殿的西北角的人，虽然受配殿阻隔互相看不到却可以听得很清楚，比其他地方要清楚得多。这也是回音壁定向反射声波所引起的。这一切使汤定元更加深刻地体会到："对一种事物接连不断地进行探索是至关重要的，科学的享乐是带有观赏性的，不仅要欣赏自己所获得的成就，也要学会如何从别人的成就中获得乐趣。"

俞文光教授等的科研成果于1996年5月底在天坛内做了鉴定，邀请汤定元主持这次鉴定。鉴定资料中有一份对天坛历史发展的概况做了全面的介绍，汤定元读了感到颇受教益。另一份资料全面收集了对他们发表的文章的反应，从1994年到1996年项目鉴定为止，全国报纸杂志上包括新华社、人民日报社、澳门日报社、香港天天日报社等数十家通讯社、报

社、杂志、电台、电视台分别报道了这一研究成果。前后共有50多次报道，足以证明俞文光教授等的工作做得很细致、很全面。在这50多次的报道中，绝大多数都提到了汤定元在1953年对天坛的考察工作及发表的那篇科普文章。

三、初始阶段的半导体研究

"三反"、"五反"运动结束不久，接着就是"思想改造"运动。这次运动的目标是批评"崇美恐美"思想，主要针对从旧社会过来的知识分子。运动开始以后，应用物理研究所派了两位年轻人来对汤定元进行"帮助"，就是启发他如何去检查自己的思想根源。两人先询问了汤定元回国时的一些情况，汤定元又阐述了自己归国前后的详细情况。他们认为，在抗美援朝运动刚开始汤定元就下定决心回国，谈不上有什么严重的"崇美恐美"思想，因而他就很容易地过了关，但也写了一篇思想检查，后来有人告诉汤定元，说他的那份思想检查的文章写得很好。

"思想改造"运动的末期，中国科学院领导出面邀请了当时各部委的领导来科学院作报告，介绍各部委的情况，同时提出一些希望中国科学院解决的问题。在汤定元看来，这些领导所提的都是一些比较具体的工程技术问题，因而对他的半导体研究工作并没有什么影响。

第二次世界大战促进了原子核物理学的发展，还形成了两门新兴的技术学科：微波技术和红外学科。微波技术的发展起始于1940年前后。当时美国组织了一大批科学技术专家从事雷达的研究。雷达（radar）是英文radio detection and ranging 的缩写，就是"无线电检测和测距"。第二次世界大战结束后，美国出版了27册《雷达系统工程的总结报告》，其中一本论及硅检波器。为了制造硅，美国杜邦公司发展了一套用强酸清洗制造高纯硅的办法。对硅的研究后来又引起对锗的研究，从而形成了在20世纪下半叶都非常重要的半导体科学技术。

汤定元回国时，半导体的应用前景已经很明朗，国外在这方面的研究正在兴起。1953～1954年出现锗制的晶体管的商品。硅与锗相比，前者是一种取之不竭的材料，在提纯问题彻底解决之后，研究发现硅的表面还能形成一层性能极稳定的二氧化硅天然保护层。于是，硅就成为最为重要的半导体材料，被制成各种各样的半导体器件。

汤定元在美国留学时，曾经进行过硅在超高压下的导电性能的研究，因此对当时美国关于半导体的研究情况有所了解。他深知，半导体的研究有着广阔的前景。因此,他于1951年下半年进入中国科学院应用物理研究所工作后,很自然地就选择了半导体物理作为自己的研究方向。当年在美国留学时先攻读机械、后学习物理、对无线电颇感兴趣的王守武比汤定元早半年回国,他也以半导体物理作为研究方向。汤定元与王守武一起,再加上两位新分配来的大学生,组成一个"半导体研究组",汤定元分工搞半导体的光学及光电性能的研究。

1951年年底,汤定元制订1952年年度研究计划时,计划做两项工作:一项是用"酸洗法"提纯硅材料,即把商品纯度的硅磨成很细的粉末,用各种强酸多次清洗,去除各种杂质,最后纯硅粉在真空中气相反应生成单晶颗粒的硅;另一项是从事硫化铅和氧化亚铜的光学和光电导研究,汤定元尝试对硫化铅的天然晶体(方铅矿)进行硫处理,因为当时已经知道,硫化铅是一种既可以处理成P型,又可以处理成N型的半导体,汤定元想把它处理成P-N结,研究这种结的性能。

从1952年开始,汤定元所在的研究所和全国的所有单位一样,面临着政治运动和各种政治学习。汤定元只能偶尔游离一下政治运动,抓紧点滴机会,做一些硅的酸洗工作。他始终牢记着一位名人的话:"人只有献身于社会,才能找出那实际上是短暂而有风险的生命的意义。"一直到1953年,他才正式开始从事科学研究。但是,又碰上仪器设备跟不上的矛盾,因此在这些方面的研究一时谈不上取得什么进展。

关于硅的酸洗工作,汤定元随时可做,他在取得一定量的硅粉末之后,就想把它熔成块状。最初他使用微波电炉,但是,经过抽空变成真空和微波加热后,硅粉末就在整套仪器设备中飞扬,最后,硅粉熔合的试验归于失败。

汤定元按照美国《雷达系统工程》书中所介绍的杜邦公司的方法,设计了一套石英器皿加热系统,并向民主德国定制。定制仪器有一个过程,要等整套仪器设备到货后,才能继续工作。可是好事多磨。待民主德国定制的仪器设备到货时,已是1955年年初,可惜为时已晚,汤定元他们已经改变了研究工作上的安排,因此,他们干脆把全部进口仪器设备,连同制备的纯硅粉,统统移交给冶金部有色金属研究院,因为这家研究院当时承担了这方面的任务。有色金属研究院进行的化学分析表明,经过汤定元他们酸洗后的那批纯硅粉的纯度确实很高。但是,科学的发展真是日新月异,根据汤定元的估计,有色金属研究院并不需要利用这套从民主德国进口的仪器设备和这些硅粉了,因为当时半导体材料的提纯和单晶硅制备技术又有了新的进展。

对方铅矿的 P－N 结研究也没有取得什么结果。这项研究最初由英国一位科学家提出，英国人在课题研究中碰到了一些难以逾越的困难，便放弃了这项研究。在这段时间内，汤定元看到英国《自然》杂志上一篇关于硫化铅红外探测器的文章（Sosnowski，*Nature*，vol.159，1947）。这些情况引起了汤定元莫大的兴趣，于是他也放弃了对方铅矿的 P－N 结的研制，毅然决定改弦易辙，进行硫化铅红外探测器的研制。实际上，汤定元是从 1953 年就开始研究硫化铅红外探测器的。采用的方法是真空蒸发硫化铅薄膜和高温敏化法，即在高温下产生了光敏性，而检测手段仅仅是在一定照度下，用万用表测量它的电阻改变，当时并不知道硫化铅红外探测器有什么用途，更不知道它的重要性。这一工作就这样连续进行了两年。汤定元不断地把实际中发现的问题提炼为科学上值得探索的研究课题。无可争议的是，汤定元所领导的项目组在国内最早开展了硫化铅红外探测器的研究工作，为日后我国研制 PL－2 空空导弹的红外探测器奠定了基础。

虽然谈不上在硫化铅探测器研究工作领域里取得什么轰动的成绩，但是，客观地来看，汤定元已经在红外技术领域进行了早期的、开创性的工作。

那时，汤定元作为一个从事半导体研究的科研人员，并非不知道锗硅的重要性，他和同事们很想进口一些锗硅纯材料，以加快半导体研究工作的进程。但是，西方国家那时对中国内地封锁得很紧，简直无法从国外直接进口这些材料。为了打破封锁，内地各方面都在利用香港这个口岸。中国科学院当初就在上海设有办事处，利用上海过往香港的人员，携带一些中国科学院急需的物品。汤定元他们曾通过这一途径买到过一小瓶小碎片状的"锗"，由于没有熔融成块状的技术，暂时没有动它，等到汤定元他们改变工作内容之后，将这瓶"锗"材料拿出来进行化学分析时，发现它竟然是一瓶锡。他们大呼上当，心中十分愤怒，感到受到了极大的愚弄。后来就请中国科学院上海办事处查问经手人。办事处终于传来信息：这瓶材料是从一位上海女市民那里买来的，这位妇女是街道里的积极分子，经再三的查问，她还是不肯说出货品的真正来历，于是，这件事也就不了了之。还有一次，据悉，国内另一个单位托人从日本带出一根不大的锗锭，也被日本海关没收了。直到 1954 年年底，才有人从瑞士为汤定元他们带回来一根重约 100 克的锗锭，这时，汤定元他们才有可能真正转变自己的研究课题。

四、四专家与"半导体讨论会"

到了 1954 年,国外的半导体研究有了极大发展,已经出现了商品晶体管。我国派往苏联的科学代表团也带回了同样的信息。这时,汤定元和同事们意识到,在开始做半导体工作时,由于得不到锗硅的高纯材料,他们才不得不暂时从事硫化铅与氧化亚铜的研究。这样一来,不知不觉中三年已经过去了。如果今后还是沿着老路走下去,对半导体的研究路线就有问题,就很可能贻误我国半导体事业的发展。

于是,为了紧跟国际研究的前沿,在 1954 年下半年,由黄昆领衔,王守武、洪朝生和汤定元四人,就如何发展中国的半导体事业进行了详尽而全面的研讨。黄昆和洪朝生都是 1951 年年底回国的。洪朝生是搞低温物理的,在美国曾做过锗在低温下的电学测量,1950 年提出过杂质导电带的概念;回国之后在中国科学院应用物理研究所建设低温实验室,大学院系调整后,又兼任北京大学的低温物理教研室工作。黄昆在回国后主持北京大学物理系的固体物理教研组。他们四人每周在一起讨论一个下午,汤定元忆及当时每周讨论的情景,十分感慨地说:"黄昆每次参加讨论都是骑自行车从中关村来到东皇城根应用物理研究所,由他主持讨论,提出问题,大家敞开思想,充分发表见解。黄昆记录下大家谈论的要点,他回去之后把讨论的内容进行整理,再提出下一次讨论的主题,所以,黄昆在我们四人中间是最为辛苦的一个。"这样的讨论会持续了相当长的时间。经过深入讨论后,大家采取了一些决定性的措施。

决定之一:由黄昆、汤定元等四位专家合作,在北京大学物理系固体物理专业讲授《半导体物理学》课程。决定之二:应用物理研究所把原有的半导体研究工作全部停下,改做锗的研究工作,并建立区熔提纯及拉制锗单晶的设备,由汤定元负责区熔提纯。汤定元制作锗区熔提纯炉时,先把一根石英管抽成真空,在管子外面放上线圈,由工人师傅对管子两头实施加封技术,对石英管内的锗锭进行电加热,当一部分锗锭熔化时,尚未熔化的锗锭中的杂质就移到液态的锗中去了。汤定元领导的项目组最早在国内开展了对锗材料的研究工作,为后来研制锗掺金和锗掺汞长波红外探测器,进而研制碲镉汞长波红外探测器奠定了基础。决定之三:中国物理学会召开一次全国性"半导体讨论会",并出版会议文集。决定之四:翻译出版约飞的《近代物理学中的半导体》。决定之五:举办半导体短期讲习班。后三项工作都是以中国物理学会名义进行的,当时,中国物理学会

理事长周培源要汤定元去理事会帮忙。大约从 1954 年开始，汤定元参与了每一次物理学会理事会的工作讨论，对物理学会的工作都比较知情，因此上述后三项工作的开展都由汤定元来负责。

"半导体讨论会"于 1956 年 1 月 30 日到 2 月 4 日在应用物理研究所大礼堂里举行。会议首先由洪朝生对半导体的一般性问题做了简要介绍，然后由王守武、高鼎山、黄昆、成众志、汤定元、许少鸿、徐叙瑢、洪朝生、周光地 9 人就半导体的各个重要领域的科学内容和发展概况，做了 9 个综合性报告。另外有一个下午是科研工作报告，有来自北京大学和应用物理研究所的 9 篇工作报告。更重要的是几次分组座谈会，代表们在座谈会上对如何发展我国的半导体科学技术提出建议书。这次会议的有关科学内容收编在科学出版社 1957 年出版的《半导体会议论文集》中。

"半导体短期培训班"在 1956 年暑期假借北京师范大学校舍举办。汤定元虽然没有参加讲课，但由他负责组织课程和讲课人员。

五、完成科技书籍翻译的重任

翻译半导体物理学书籍主要落实在汤定元身上。汤定元从美国回来时，带回了新出版的 Shockley 所著的 *Electrons and Holes in Semiconductors* 一书，在旅途中他断断续续地读了一些。1952 年这一年中他就认真仔细地阅读了它，总觉得这部书对半导体没有进行系统的介绍，也不像某些专题的总结性文章，文字也比较别扭，因此他没有考虑把它翻译成中文出版。

1952 年全国高等院校经历全面院系调整，经过这样的准备，1953 年便开始进入科学研究工作。那时的政策是"向苏联学习"和"一边倒"。因此，1953 年 1 月应用物理研究所就安排了一个月的俄语突击学习。据说如果采用"循环记忆法"，只要全神贯注地学习一个月，就可以阅读俄文科技书籍了。由于汤定元在 1952 年从广播里学习了一年的俄语，因此，汤定元便以辅导员的身份参与俄语突击学习班。学习班刚结束，汤定元就尝试俄文的翻译。第一篇是约飞院士撰写的《近代物理学中的半导体》，后来刊登在《科学通报》的 1953 年 5 月号上。以后，他还翻译过两篇来自苏联的介绍半导体的科普文章。

约飞院士于 1954 年出版了一部《近代物理学中的半导体》，他寄了一本给中国物理学会。汤定元他们决定把这部著作翻译成中文，由汤定元和黄昆等4人分头翻译，最后由汤定元担任总校对。这部译著于1955年12月由科学出版社出版。那时汤定元他们尚无关于版权的概念，翻译之前，并没有征求约飞院士的意见，译著出版后，汤定元便大大咧咧地邮寄了一本书给约飞院士。幸亏约飞院士对汤定元他们十分友好，根本没有对此事进行计较，要是换在现在，那岂非成了侵权？约飞院士回信告诉汤定元，他正在进行《近代物理学中的半导体》的修订和出版补充版本，并把书名改为《半导体物理学》。汤定元大喜过望，他当然希望很快地翻译出新版本的中译本，最好能与俄文版同时出版。汤定元便写信告诉约飞院士，自己有这样的愿望。因此，约飞院士自1956年8月起，每写完一部分，就邮寄给汤定元一部分，汤定元就像传递"接力棒"似的，尽快地把它翻译成中文。最终，《半导体物理学》由科学出版社在1958年6月出版，还是比俄文版原书出版推迟了半年。新版著作计483页，比第一版的328页增加了47%的篇幅。

在这期间，汤定元曾被邀请写过三篇科普文章：《半导体》刊于《科学大众》（1955年7月）；《半导体在生产技术中的应用》刊于《人民日报》（1956年1月29日）；《什么是半导体》刊于《光明日报》（1956年4月23日）。当汤定元的第一篇文章发表之后不久，电讯部门就在《人民日报》上公开征稿，将编写出版一本《半导体》科普书籍，并以汤定元的这篇文章作为样板，但是似乎没有什么人响应。后来，人民邮电出版社改出选集，从苏联科普刊物中选择了17篇文章，加上汤定元的这一篇。于1956年8月出版庄尉华等翻译的《半导体选集》，第一版就发行了23 300册。

六、向科学进军的号角

1956年是我国科学技术发展史上的关键一年。从春季起，在周恩来总理亲自领导制订"十二年科学技术发展远景规划"。规划制定了十二项重点任务，其中发展半导体学科被列为四项紧急措施之一。"十二年科学技术发展远景规划"的完成犹如吹响了向科学进军的号角。汤定元他们组织的"半导体物理讨论会"为这次规划做了很好的准备。半导体规划组还请来一位外国专家——苏联科学院通讯院士符耳作为规划顾问，详细地讨论了今后半导体学科发展计划，还特别制定几项要立即进行的措施。规划会议开了两个多月，于6月中旬结束。

半导体规划组会议结束之后，采取了一些紧急措施。

一是由北京大学、南京大学、复旦大学、厦门大学和吉林大学五所高校联合在北京大学开设半导体专业。这个联合专业后来办了两年，从1958年秋季起，这五所大学均设立了半导体教研组，1986年10月这五个教研组在北京大学召开了"我国半导体专业创办30周年纪念会议"，即以1956年作为我国半导体科技的开端。

二是加强应用物理研究所的半导体研究力量，成立半导体研究室。当时该研究室全部工作人员还不到10人。1956年暑假后，一次就分配来20位应届大学毕业生。同年秋，黄昆、洪朝生、王守武带领有几年工作经验的年轻同志共10余人去苏联科学院有关研究所进修3个月。

那20位原来没有学过半导体的应届毕业大学生，决定由汤定元一人带领留守在研究所里，这确实是一件困难之事。汤定元只能尽自己的力量去做。他想，这段时间，主要是要让毕业生们学习一些半导体的知识，至于研究工作只能等待去苏联进修的同志回来以后再说。因此汤定元采用讨论班的方式，为年轻的同志指定一些阅读材料，要求他们仔细阅读，然后向大家作报告。每星期举行一两次，这样的报告会进行得比较顺利。当时北京大学新成立的半导体专业的苏联专家桑达诺娃也带领学生前来参加。报告会一直延续到去苏联进修的同志们归来。

在这段时期内，汤定元还做了一件有意义的研究工作。在苏联科学院物理研究所送给北京应用物理研究所的半导体材料和器件中，有一锭N型锗（Ge）单晶，汤定元就利用实验室仅有的一台光学测试仪器——单色仪，找了一位助手，搭建测试系统，进行锗光电导光谱的测量。同时他对载流子的表面复合速度对光电导的影响进行理论推导，又根据不久前国外杂志上发表的锗的吸收光谱的实测数据，计算出不同表面复合速度下的锗的光电导光谱分布曲线。汤定元始料不及的是，这组理论曲线与实测曲线符合得很好。下图是一个样品的实测（用"。"代表）与理论曲线的比较。

样品经磨光后，测得的光电导光谱与理论曲线配合，得到曲线1，其表面复合速度为20 400厘米/秒。把同一样品经过腐蚀，消除表面复合中心后，再进行测量，就得到曲线2，其表面复合速度为1100厘米/秒，如果腐蚀的效果好一些，表面复合速度小于100厘米/秒，光电导光谱的本征部分基本上是平的。

下图中曲线2在约1.5微米处的突然上升，也是很容易理解的。当入射光子的能量$\dfrac{hc}{\lambda}$（λ为波长，h、c均为常数），小于禁带宽度E_g时，吸收系数将陡然下降，也就是光子被吸收的位置将分布到样品内部。光生载流子受表面复合的影响将大为降低，因而出现曲线陡然上升的现象。这一解释表明，曲线转折点所在的光子能量就是锗的禁带宽度。锗的能带结构比较复杂，这里所给出的是锗的直接跃迁禁带宽度，为 0.83 电子伏。

右图中的曲线还表明：光电导光谱的最高点的光子能量已经小于禁带宽度，不等于禁带宽度。这就纠正了之前有些作者认为光电导的最高点起源于光子能量与禁带宽度相等的共振吸收的说法。

这一项研究工作还提出了一种测量载流子表面复合速度的方法。汤定元很快就把论文《表面复合速度对锗的光电导光谱分布的影响》写好送《物理学报》发表。

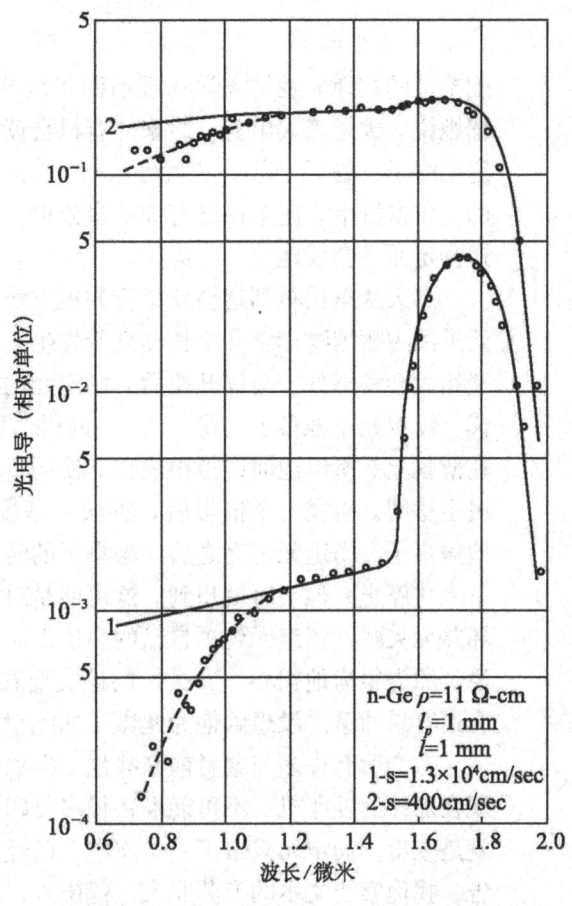

N 型锗的光电导光谱的理论与实验比较

1957 年秋，在民主德国召开的"国际固体物理与固体发光学术讨论会"上，汤定元报告了这篇论文，收到了意想不到的效果。

七、出访民主德国

1957 年去民主德国出席"国际固体物理与固体发光学术讨论会"是当时已成为学部委员的黄昆建议的，拟将汤定元在 1956 年完成的《表面复合速度对锗的光电导光谱分布的影响》一文送交大会组委会。汤定元接到中国科学院的通知后，即把论文摘要整理好，送给院外事局。汤定元送交论文摘要是在 5 月，会议要到 11 月才召开。到会议召开前夕，外事局送来了机票，汤定元按期飞抵东柏林。

到机场迎接汤定元的是一位民主德国科学院图书馆的工作人员和一位

配给他的翻译,她是大学物理系四年级的学生,负责将德文翻译成英文,据她说,她是工人出身,后来才有机会读大学,所以年龄偏大。他们陪汤定元吃了一餐饭,送汤定元到一个住处。因为会议地点在接近东西德边境的埃尔富特市,离东柏林有300多公里。第二天下午3时许,来了一辆车送汤定元去会议地点。

那天从东柏林到达会议举行的地点埃尔富特已经很迟了,翻译带汤定元见民主德国物理学会会长戈立希先生,随后,汤定元将自己的论文全文交给大会秘书处。会议开始后,汤定元的报告安排在第一天的最后一位宣读。汤定元还准备了一份15分钟的讲演稿,公式、曲线都清清楚楚地写在薄膜上,所以他演讲得很成功,使同行们听得一清二楚、一目了然。在民主德国,听完一个报告后,听众不是鼓掌,而是用手或铅笔"笃笃笃"地敲桌子。汤定元讲完之后,敲桌子的时间特别久,一直到他从讲台上走下来才停止。他当时就想到,这可能是对中国人的礼遇,与自己的报告好坏并无关联。汤定元到了自己的座位上,首先是女翻译向他表示祝贺。她说,原先很为他担心,那么长的论文要在15分钟内阐述清楚,是一件多么不容易的事。没想到他为此做了如此精心的准备,使与会者都能听懂。

散会后有许多与会者前来找他,向他索取论文的复写本。当时还没有现在那样的复印机,不可能准备很多复印本。打字并采用复写纸,最多也就是三份。汤定元只带了一份文本,已经交给大会秘书处,他只得如实相告。找他索要文本的有苏联人、德国人、法国人和波兰人,会后,汤定元与他们彼此之间还有一些联系与交往。

关于半导体内容的讨论会结束后,翻译陪同汤定元去附近的一个名胜去观光,正好遇见两位从苏联来的与会者。其中年长的一位是库基凯维奇教授,年轻的那位是苏勃切夫副博士。库基凯维奇教授从袋里取出一本学生常用的练习本来对汤定元说,他从秘书处那里借去了汤定元的论文,从头至尾地抄写了一遍。他把练习本出示给汤定元看,确实是把汤定元论文中的公式、曲线和参考文件全部抄录下来。汤定元甚感震惊,不由得心想,难道自己的论文竟然如此重要?值得这样一位年长的学者如此重视,竟然把长达14页的打字纸的论文全文抄下。这一方面让他感到颇有点得意,另一方面他也看到了前辈学者踏实的学风。眼前的一切不由得使汤定元联想起一个人来,他就是我国理论物理学界颇有成就的王竹溪教授。汤定元听自己的朋友徐亦庄说,王竹溪教授如果认为一篇文章十分有意义,他就会全文抄录下来。作为王教授的高足,徐亦庄1951年从美国留学归来时,特地购买了一台英文打字机送给王教授。不过用打字机代替手抄写,还是很费时间的,远没有现代的复印机那么方便。多少年后,汤定元一想起此事就十分感慨:科学的进步真能改变人的生活方式。

再说前面提到的那位年轻的苏勃切夫副博士。1960年,他曾作为苏联专家来北京中国科学院半导体研究所工作一个月,这期间,汤定元与他经常见面。后来汤定元看到他在《固体物理学报》(俄文版)上发表的一篇文章,就是自己的那篇论文中所提到的表面复合速度测量方法的研究之继续。

半导体讨论会之后来找汤定元的与会者中有一位东柏林市一家研究所的研究人员,他们所里的一个小组专门研究硫化镉的物理与器件。汤定元的论文中关于用表面复合的机构解释了他们发表的硫化镉光电导光谱分布曲线的形状,与他们原先的想法并不一致,所以,他们就邀请汤定元去他们的研究所,就这个问题深入地进行一次座谈讨论。于是,当参观完名胜,回到东柏林之后,汤定元便去德国人的研究所讨论了一个下午。

那次与汤定元会面的有一位法国人,姓罗多(Rodot),是搞光电物理研究的,当时因为时间仓促,只不过谈了几句,20世纪70年代,汤定元在学术期刊上看到罗多先生发表的关于碲镉汞的文章。1978年12月汤定元去法国访问,有一次罗多先生特地来看望汤定元,当汤定元问起他关于碲镉汞的研究工作时,罗多先生回答说,发表碲镉汞论文的是他的夫人。他没有明确说明他在哪个单位、从事什么工作,可能是正在从事一种需要加以保密的工作。

当年与汤定元交谈的还有两位波兰学者,其中一位姓捷立亚。回到东柏林之后,这两位波兰人几乎天天与汤定元在一起。

在20世纪80年代的一天,汤定元正在所里上班,忽然接到研究所传达室的通知,说有一位外国人来找。汤定元跑到传达室看到来访者竟然是捷立亚先生。汤定元觉得十分惊奇,捷立亚先生居然独自一人能够找到自己所在的研究所,交谈之后方才知道,捷立亚先生是犹太人,后来波兰也排犹,他被迫离开波兰,在南美洲委内瑞拉一个大学里搞科研工作。不知是什么原因,他与电子工业部第十一研究所派出国的一位科研人员建立了关系。第十一研究所邀请他来讲学,所以他来上海并找到了汤定元,自那以后,捷立亚先生还来过一次,并逗留了较长的时间。

汤定元于1956年完成的《表面复合速度对于锗的光电导光谱分布的影响》的研究成果在德国学术会议上宣读之后获得了很大的成功。当时的科学院吴有训副院长在一次与年轻人交谈关于科学方法的话题时说,最好的研究工作应当是能用比较简单的实验去说明重要的问题,他认为汤定元

第六章 京华忆旧

的这一实验以及研究成果属于这一类型。在这之后，汤定元还接到一本《固态文摘》(*Solid State Abstracts*)。这是一份别具一格的文摘。它所选取的论文不是抄录原文的摘要，而是另行详细摘录论文内容。汤定元的这篇论文被摘成一篇相当长的"摘要"，包括论文内的主要公式、曲线和论点。这是一份出版刚两年的新文摘，国内尚未见到。来信还附有一封祝贺论文入选的信。汤定元心想："这篇论文实质上是第一次由自己主导的研究工作，竟能得到这样的成果，这表明自己走研究这条道路，还是有前途、有希望的。"

汤定元的这项研究成果后来被苏联专家予以充分的发展。在黄昆、谢希德著的《半导体物理学》（1959年，科学出版社）中，这一工作的内容占了一页半篇幅。

汤定元成为我国半导体科学技术的开创人之一。

八、独特的工作方式

从1953年到1956年，研究工作开展得比较顺利。1955年虽然有"镇压反革命"运动，但对应用物理研究所影响不大。1957年情况就发生了变化，先是全国的"大鸣大放"，接着是"反右"斗争，几乎占了大半年。1958年一开始是"反保守、反浪费"运动，随后兴起了"大跃进"运动，提出"解放思想"、"敢想敢说敢干"的口号。在"大跃进"期间，应用物理研究所的同志每天晚上要工作到12时才能回家，第二天早晨6时还要到所里参加广播早操。这样的"跃进"没有维持到年底，也许过了国庆节，各实验室的工作就先后停顿，一直到第二年的大半年，全所的科研工作都处于瘫痪状态。1959年下半年，全国进行"反右倾、鼓干劲"运动，党外人士不参加，不过从运动的名称看，就可以知道运动的目的。在这一运动结束后，又掀起了一阵工作热潮，先是搞"有机半导体"的群众运动，之后是另一股"红外"风。这两股风没有吹多久，紧接着是1960～1961年的"自然灾害"。党中央开了会，提出"劳逸结合"政策，所有研究工作全部停顿了下来。1961年党中央提出"调整、巩固、充实、提高"的八字方针，随后两三年内，对"大跃进"遗留下来的问题进行逐步调整。

在1958年以后的几年中，汤定元的工作有了较大的变动。

从1958年年底开始，汤定元带领来自全国9个科研单位的18位同志，从事硫化铅红外探测器的研制。虽然当时应用物理研究所全所都处于瘫痪状态，汤定元领导这一科研小组却仍然紧张地工作了半年，研制出性能良好的硫化铅红外探测器。

这一工作结束后,汤定元又去接待一位苏联专家,前后共三个月,这位专家是前来帮助中国建立半导体温差电的测量设备的。对温差电的研究是从"大跃进"期间开始的。1958年应用物理研究所更名为物理研究所,大部分搬到中关村新建的研究所所址。物理研究所接受国防部门的建议,成立了专门研制红外探测器的第九研究室,由汤定元担任室主任。1960年9月半导体研究室从物理研究所独立出来,成立半导体研究所,所址仍在东皇城根的原应用物理研究所的所址。由中国科学院院部决定,汤定元回到了半导体研究所。当时新的半导体研究所有5个研究室和3个与室平行的独立组。第五研究室是研究半导体光电现象的,独立七组研究半导体温差电现象,五室和七组均由汤定元负责。1962年4月,汤定元又在物理研究所兼任第九研究室主任。自从那以后研究工作逐步进入正常状态。

科研工作通常以一个课题为基本单元,总的人数不多,一个"领军"人物,往往配备几名助手或研究生。对科研人员最基本的要求是掌握国际前沿的科技研究的趋势,因此,必须经常查阅所属学科领域的国内外的重要学术期刊,这一工作量很大,一般需要采取分工合作的方法,开学术交流报告会,以求实现共同掌握国际科技研究的发展前沿的目的。汤定元自国外留学归来,就进入北京市中国科学院应用物理研究所工作,以后可以说是终身从事科学研究工作,但在最初的岁月,即20世纪50年代中期,他发现国内有些情况比较特别。由于新中国成立伊始,科研人员整体比较匮乏,因此在当时北京的科研机构,往往一个"领军"人物要带领几十个工作人员,而不是通常所应当配备的三五个人。

半导体研究所的五室、七组和物理研究所的九室都是新创建的,发展得很快。到1963年,由汤定元负责的这几个研究室加在一起共有70多人,其中具有多年工作经验的科研人员只有屈指可数的几位,绝大多数是两三年内进研究所的。因此,这便形成了这样一种局面,担任组长的与一般组员对于研究工作的经验,往往是相差无几。因此,汤定元必须了解每个组里工作的详细情况,帮助组长们把工作搞好。有鉴于此,需要汤定元深入了解并给予指导的课题就比较多。如何把这么多的研究人员的工作带上去,提高他们的水平,做出成果来,这不是一件容易的事。汤定元思考了很多,也采用了一些特殊的办法,但一时还很难做出有创新的科研成果来。

当时半导体研究所第五研究室是光电现象研究室,有近30位工作人员,其中一位为高中毕业的见习员,其余都是大学毕业生,这个室分成5

个课题组。从1958年就开始工作的仅剩硅太阳电池研制组和硫化镉光电现象研究组。第一组为硅太阳电池组，研制成功的太阳电池后来被用于我国第一颗以硅太阳电池作为长寿命电源的科学实验卫星——"实践1号"，1971年3月3日升空，在空间轨道上正常运行了8年多。太阳电池能直接把太阳能转变成电能，目前已成为可持续发展的能源的重要途径之一，受到普遍重视。国内已有好几家企业能大规模生产硅太阳电池，正向全国，特别是西部地区推广使用。第二组的硫化镉单晶在早些年已经制备成功，当时主要是研究如何去除它的杂质问题。硫化镉是很好的可见光探测器材料，而且对紫外线及X射线、γ射线都有很高的灵敏度。国外的硫化镉光电导管是当时唯一能实际用做紫外线及X射线测量的半导体探测器，汤定元他们的工作是用汽相反应法制备硫化镉单晶，这是一种片状单晶。这表明不同的晶体方向，生长速率差异很大。汤定元曾经写了《关于硫化镉单晶生长速率》，来讨论这个问题，刊登在《物理学报》1962年4月号上。

第三组是红外探测器组，这组工作人员最多，约为十五六人，当时研制锑化铟（InSb）红外探测器。材料单晶是由一室即材料研究室提供的，后来又增加了热敏电阻型红外探测器，氧化物半导体材料是从电子工业部第十一所买来的，该所生产热敏电阻器件，大量制备氧化物半导体，但该研究所不准备做热敏电阻型红外探测器。1959年出现碲镉汞三元半导体的研究报告，改变其组分值就可以得到禁带宽度从约1.5电子伏一直到0电子伏的各种半导体，因而可以制成响应各种波长范围的红外探测器。汤定元他们决定试制这一材料，但合成时不幸发生了爆炸，检查原因是石英管质量没有过关，肉眼都能看到管壁厚薄不均，甚至有暗缝。由于碲镉汞合成时汞压较高，又有毒性，不得不停止这一工作。

第四组是半导体核粒子计数器研制组，这是1962年年初核物理研究部门要求汤定元他们做的项目，该部门还邀请汤定元于1962年前往苏联杜布纳联合核子研究所参加一个半导体核粒子计数器的学术交流会。汤定元了解到当时的发展情况，回来后就开始用硅单晶制造核粒子计数器。对汤定元他们来讲，制备工艺并不难，而是难在测量方面，因为他们过去并没有碰过这方面的工作。

第五组是红外光学测量组，1962年开始建组，主要是建立测试设备，研究一些测量方法。由所里提出特别申请，经周恩来总理亲自批准进口了H800红外光谱仪。可惜，这台仪器直到后来汤定元离开北京时才到货，因此它基本上没有被利用，据说，后来它也始终未发挥应有的作用。

半导体所第七组是温差电学组，1958年开始搞温差发电，由于其能量转换效率低，难以进入民用，1959年改变为温差电制冷材料及器件的研究。与机械制冷相比，温差制冷具有无制冷剂、无转动部件、无污染等优点，而且可以做成小型设备，在医疗等方面有着广泛的用途。该组由殷士端任组长，由于她已经有10年科研经验，其小组成员又绝大部分是大学毕业的，科研力量比较强，因此汤定元过问得相对比较少。该组研制成功的多种型号的半导体制冷器，从1965年起，无偿地向工厂推广生产。目前，我国生产半导体制冷材料和器件的工厂有10多家，产量居世界首位，产品远销世界各国。

1964年汤定元离开半导体所之后，只有太阳电池和温差制冷两个项目得以继续发展，并取得了很好的成果。五室第三组与第五组的工作转移到上海技术物理研究所，第四组的工作转移到核物理研究院，第二组的硫化镉的研究工作停止。从此以后，国内再也没有看到过对硫化镉的研究工作。

物理研究所第九研究室有近30位工作人员，其中大学毕业生将近20位，共有3个课题组。第一组为硫化铅红外探测器组，这是由1959年"55号"任务延续下来的，这个课题组继续在探索如何提高探测器的水平和稳定性，分析历年制作的探测器的性能水平，发现不同期制成的探测器的水平随一年四季有明显的变化，当时，他们积累了大量数据，证实每年只有在10月以后到次年3月、4月之间制做出来的探测器才具有高水平，于是，要求研究所里建立恒温实验室，但是，那时还无法解决恒温设备，连国内晶体管研制单位也还没有恒温的空调实验室，因而只能卡在这道关上。第二组是锑化铟研究组，由于半导体第五研究室已经在做锑化铟探测器，这个第二组就专门做物理研究工作，制造单晶，并做了一些参数测量研究，如锑化铟晶体的寿命和噪声的研究。在《物理学报》上发表了有关锑化铟晶体中载流子的复合过程和噪声的两篇文章。第三组是锗掺杂研制组，他们对掺金锗单晶进行研制，在红外探测技术中，最重要的是三个"大气窗口"，即1～3微米、3～5微米、8～14微米的探测器，硫化铅、锑化铟探测器是前两个窗口的最好的探测器。对于8～14微米窗口，在碲镉汞制备工艺解决之前，只有靠锗掺杂解决，锗掺金只能响应到9微米。响应到14微米的锗掺汞到1965年才见到国外报道，第三组主要是建立拉制锗掺杂单晶的设备，研究锗掺杂单晶的生长技术。1962年，当汤定元回到物理研究所第九研究室之后，着重抓了实验室的基本测试及工艺设备的建设，由于得到研究所里的重点支持，研究工作的进度比较快了，1963年年初，中国科学院工作会议期间，第九研究室作为新建实验室的典型单

位,供会议参加者前来参观。

经过一段时间的思索及实践,汤定元逐渐形成了自己的工作方式与风格。他的工作是那样的简练、扎实,又富有成效。其一,这些研究小组所开展的课题都是汤定元过去某一时期下过工夫的课题,对该课题在国际上的发展情况有一定程度的了解;其二,在时间的分配上,汤定元做到了井井有条,他轮流深入各个课题组,参加那里的研究工作,并参与讨论;其三,每隔一两周时间,就与每个组讨论一次工作,发现研究中出现的问题,就及时讨论解决的办法。采用这样的"车轮大战"式的方法,基本上能使各个课题组的工作得以进行下去。很显然,在那两年中,各个课题的研究工作都属于起步的初始阶段,因而这种工作方式还能行之有效。倘若再延续多年,工作越来越深入了,这样的工作方式也许就不那么奏效了,因为汤定元颇有自知之明,他也并不是"三头六臂",没有一个人能掌握那么庞杂的科学内容。

汤定元曾说:"在多年的研究工作中,我几乎都是课题的指导者。我始终认为,研究成绩的好与否,主要取决于科研工作者的水平,其次才是设备或其他的因素。因而努力提高科研工作者的水平是一件首要的工作。我也很乐意去做这项工作。我的做法有两条:一是遇到缺乏基础知识的研究工作人员,就对他们进行补课;二是遇到已经具备专业知识的研究工作者,就采用讨论会的形式,扩充他们的知识面,增加各课题之间的相互了解,使这些在讨论会上的报告者也获得了锻炼。我认为讨论会应当被看做研究工作中不可缺少的组成部分,这也是我从芝加哥大学学过来的一种好方法。"他是这样说的,也是这样身体力行地来实践的。

在20世纪50年代初应用物理研究所成立之后,便开展固体物理的研究。但是,当时大多数年轻的研究工作者都没有学过这一门专业课,最初开讨论会总是很困难,后来,汤定元便决定与洪朝生一起开课讲授专业知识。两人按照Frenkel的《金属物理学》一书来讲授,听众多是应用物理研究所里的年轻科研工作者。由于《金属物理学》一书是用俄文写的,因此讲授这门课还附带辅导他们学习俄文,颇有点一举两得的味道。

1959年,在完成"55号"任务的过程中,汤定元从头至尾地把"半导体物理学"向青年科研工作者讲授了一遍。

汤定元除了在半导体研究所和物理研究所任职外,还做了一些教学与辅导工作。中国科技大学是1958年创办的。当时实行5年学制,学生读完3年才分专业。校本部在北京西郊石景山,分专业之后,学生来到中关村学习。汤定元被聘为02系教授,负责筹建半导体物理教研室。02系包括含原子核物理（01系）之外的各物理分支，当时设有半导体物理和光学两个专业。

为了筹建半导体物理教研室，汤定元仔细参观了北京大学和清华大学两校的半导体教研室，并向黄昆和李志坚两位室主任请教。当时各大学都存在学生课程负担太重的问题，但又强调专业课程的重要性，一再增设课程，无法减轻负担。中国科技大学是中国科学院内部新建的大学，不受教育部管辖。汤定元心想，也许可以试一试减轻大学生课程负担的办法。在征得02系系主任的同意之后，他决定在半导体专业内只开设一门课"半导体物理学"，另外开设一门"半导体专题讲座"，对材料、器件以及一些物理问题，请有关专家作一两小时的专题报告。在这里，汤定元主讲了一次"半导体光学性质"，为此，他们撰写了25 000字的讲义。这些准备工作是在1961年完成的。

汤定元邀请半导体研究所的三位年轻研究人员合作讲授"半导体物理学"，按学校规定，教课必须先写讲义，汤定元负责审阅他们写的讲义。另外，02系四年级的"固体物理学"课程，由汤定元和李荫远、洪朝生合作讲授，汤定元讲授半导体和发光两部分。另外，在"大跃进"期间，中国科学院还办了一个物理学训练班，名称为"物理学大队"。到了1960年，中国科学院领导把这个大队算作中国科技大学的专科班，派汤定元担任"大队长"，由他负责制定课程和聘请教师，这个专科班也仅此一届，再没有后续招生。

汤定元执著地认为："每个人在一生中发展其潜力的机会应该是很多的。应当让助手们学会自己拿着钥匙去开门，让助手们自由自在地进行探索。年轻人成长要有'土壤'，如果没有'土壤'，他们很难成长；有了'土壤'还要有环境，这个环境要允许他存在，要允许他失败。只有在大批人才冒出来的情况下，其中才有可能出几个非常大的成果。这所谓的'土壤'主要是指机会，如果没有机会是不可能有大创造的，再聪明的人也没有用。"在半导体研究所五室工作的几年中，汤定元一直坚持主持专题讨论，群策群力，充分地发挥众人的聪明才智。那时第五研究室并没有一间房子能够容纳这么多的听众，于是讨论会总是在走廊里的楼梯口举行，一级级阶梯就成了听众绝好的座位，仿佛坐在一个阶梯会议室一样。有时，逢到好天气，讨论会干脆就在阳台上举行。汤定元一直认为，有着五千年文化的中国人应该自己不断创新，怎么才能创新呢？提问是创新的开始，问题问对了，就相当于一半的创新完成了。对人们的尊重绝不单单是待遇和奖励，更重要的是对各类意见的重视。正如《礼记》所云："善

待问者如撞钟，叩之以小者则小鸣，叩之以大者则大鸣。"

大家不是排排坐，而是簇拥在一起，导师和助手们进行双向的交流，不是导师一个人在讲，而是大家座谈，提问题。在汤定元的领导下。大家都把讨论会当做一件重要的事情来办，因地制宜，因陋就简，所以讨论会能长期地、一以贯之地坚持下去。这一切也正应了著名物理学家海森伯所说的："科学起源于实践，但扎根于讨论。"

第七章 军情紧急

一、第一封信

现代的红外科学技术，可以说是1940年前后在德国发展起来的。那时德国已研制成硫化铅红外探测器，制造出几种军用设备，有些已开始小批量生产。但是，没等进入使用阶段，法西斯德国就宣布无条件投降了，其红外科研成果及全部设备当然也与其他成果一起成为美国及苏联的战利品。由于红外技术主要用于军事，美国在第二次世界大战之后继续在保密条件下，开展红外科学技术的多方面研究。一直到1959年9月，美国才在《美国光学学报》（JOSA）和《无线电工程师协会会刊》（Proc. IRE）两种刊物上，以"红外物理与技术"为题，公开他们的部分科技成果。从文章内容来看，这时的红外技术已经是一门成熟的学科。

当时有两件事情给汤定元留下了深刻印象。其一是英国人写了一篇有关红外探测器的综合性文章。汤定元他们是从苏联俄文翻译本中看到的，文中说到第二次世界大战中，两门重要的新技术学科得到发展，即微波与红外技术。微波技术已经是大学里的课程，为什么"红外技术"也是新兴技术学科呢？它有些什么内容？汤定元他们在私下里议论过，但找不到任何根据。其二是1954年苏联科学院的一位副院长巴尔金院士来到应用物理研究所参观。当他走到汤定元所在的实验室时，很感兴趣，竟然坐下来，大谈红外探测器的各种用途和重要性，谈了半个多小时。可能与翻译的水平有关，汤定元当时理解得并不多。末了，汤定元以这样一句话来概括："听说它很重要，但不知它重要在哪里。"即使到1956年汤定元参与"十二年科学技术发展远景规划"时，在"半导体发展纲要"中由他起草的"半导体的光电现象和热电现象的研究"一章中，也只能笼统地写上一条：开展硫化铅等红外探测器的研究。

到了1958年"大跃进"时，不知是何原因，红外技术竟成为一个热门课题。据匡算，当时国内研制硫化铅探测器的单位至少有30家，所用的方法都与汤定元他们所采用的真空蒸发硫化铅薄膜和高温敏化的方法差

不多。但是在后来的"三年困难时期",30多家科研单位的红外研究工作因经费等原因又纷纷"落马",一时科学界众说纷纭。

1958年是"大跃进"的第一年,年初时先有一段"反保守"的学习运动。经过这股浪潮的冲击,汤定元的思想也发生了变化。在此之前,汤定元总认为自己是研究光电现象的,主要弄清楚光电过程的各种物理问题,为器件制造者提供基础。有时也要做一些器件,不过是为现象研究制作样品而已,要真正做成可供实用的器件,是产业部门的事。通过这次"反保守"学习,汤定元意识到:在国家当时的条件下,需要研究的不单单是物理机制,中国科学院也应当承担产品试制,甚至产品的生产任务。

基于这样的认识,汤定元觉得有责任为此做一点什么。汤定元在1958年上半年写了一封信给中国人民解放军总参谋部,信的大体内容是:强调红外技术对于国防建设的重要性,建议在红外研究领域注重器件研究,如红外探测器,并表明他所在的研究机构愿意承担红外探测器的研究工作。因为当时中国人民解放军国防科学技术委员会(简称国防科委)尚在组建之中,信就由研究所党的总支部委员会发给了解放军总参谋部。这封信受到了解放军领导的重视,并派人来与汤定元谈话。事后,汤定元得知,国防部门在当年组建了国防科委,国防科委确实向中国科学院提出了红外技术的研究任务,中国科学院决定由长春光学和精密机械研究所(简称长春光机所)承担这一项任务。

二、"55号"任务

朝鲜战场刚刚停战,党中央于1954年又重新进行了解放台湾的部署。1955年1月18日,我海、陆、空三军联合进行登陆作战,一举解放浙江沿海的一江山岛。美国立即对我国进行干涉,1955年1月26日、29日,美国参、众两院通过干涉中国内政的所谓《福摩萨决议案》。1958年3月17日,美国宣布成立美军驻台协防军援司令部。为了保持国民党空军在台湾海峡的空中优势,美国还向国民党军队提供了大量新式武器,包括刚下生产线、连美军自己都还没有装备部队的"响尾蛇"空空导弹。在美国严重侵犯我国主权、对我国构成现实威胁的情况下,毛泽东主席和党中央于1958年4月17日做出了加强东南沿海军事斗争的决定。

为了保障地面作战,1958年4月27日,中国人民解放军空军紧急转场进入福建,共部署17个飞行团、共计520余架米格-15和米格-17战斗机,在数量上和质量上形成优势,与国民党空军争夺福建、粤东地区的制空权。1958年8月6日，国民党当局宣布金门、马祖、台湾进入紧急战备状态。1958年8月23日17时30分，我军莲河炮群、厦门炮群的36个地炮营和6个海岸炮连共计495门火炮同时炮击大金门、小金门、大担、二担等岛屿上的国民党军队的炮兵阵地、雷达站、指挥所、营房、仓库、机场、码头等。1958年8月27日，美国艾森豪威尔总统宣布美国海军第七舰队主力、第六舰队一部向台湾海峡集结，包括航空母舰7艘、巡洋舰3艘、驱逐舰40艘、第46航空队和第1海军陆战队航空队等。

1958年9月24日，国民党空军出动143架次飞机进入福建、浙江、广东上空与我方争夺台湾海峡的制空权，并在浙江温州、瑞安、乐清等地上空向我方战机发射"响尾蛇"空空导弹。其中我方海军航空兵第2师罗列达中队驾3号飞机的飞行员王自重，在温州地区上空与国民党空军队长冷培树带队的12架装备"响尾蛇"空空导弹的F-86战斗机遭遇并进行空战。王自重在击落2架敌机之后，他的座机被"响尾蛇"导弹击中壮烈牺牲。此战在世界空战史上是第一次使用空空导弹，标志着空战从机枪机炮时代进入导弹时代。

事后查明，在此番空战中，国民党空军共发射"响尾蛇"空空导弹5枚，只有1枚命中目标。我方获得未爆炸的"响尾蛇"导弹1枚和部分残骸。这枚导弹完好无损地掉落在福建省境内，它被运到北京后，中央有关部门决定解剖分析和仿制"响尾蛇"导弹，汤定元接到了参加这一解剖分析工作的通知。1958年10月3日上午，国防部内召开会议布置了解剖分析及仿制"响尾蛇"导弹的任务，定名为"55号"任务，要求到11月25日复制出一枚响尾蛇导弹来，这是当时"大跃进"时代典型的工作方式。当时大家的工作确实抓得很紧，但似乎谁也没有重视这一期限的紧迫性。会议之后第二天就开始投入紧张的工作。于是，由于我国缴获了美制"响尾蛇"空空导弹，引出我国仿制被动热寻的空空导弹的一系列举措，此举成为我国空空导弹发展的开端。正如富兰克林所说："我们的敌人其实是我们的朋友，因为正是我们的敌人使我们的缺点暴露无遗。"

研制导弹武器当时在国内还是件新鲜事，没有任何技术基础，特别是红外制导的导弹，因而周恩来总理出面从苏联请来了一个10人专家小组，帮助中方解剖分析。在解剖分析过程中，这10位苏联专家起了主导作用，其中有一位专家介绍了导弹对红外探测器的要求。他的这次谈话给汤定元留下了深刻的印象，使他第一次懂得红外技术的重要性，以及导弹对红外探测器的要求。

1958年11月下旬，导弹的解剖分析工作结束，汤定元就退出了这项

1959年,"55号"任务结束,探测器组部分同志在离别前游十三陵水库
自左至右:严隽达、黄浩川、张光煜、吴自强、张克敏、黄敏、杨耀宇、徐世秋、汤定元

工作。其后一个多月中对"55号"任务的任何进展汤定元并不知晓。过了很多年后汤定元才知道,对"响尾蛇"导弹的解剖分析工作结束之后,苏联专家带走了一份总结报告和一些导弹实物。两年之后苏联专家将"响尾蛇"导弹仿制成功,型号为K－13,并作为米格－21战斗机的制式武器。由于我国当时科技和工业水平的限制,我国并没有仿制成功"响尾蛇"导弹,1962年,我国在引进米格－21战斗机技术的同时,作为配套武器引进了K－13空空导弹的技术,将其国产化之后,成为我空军装备的第一代空空导弹PL－2。

1958年12月30日有人来物理研究所找到汤定元,要求物理研究所承担导弹用的硫化铅探测器的试制任务,具体由汤定元负责。汤定元想,某些西方人狂妄自大惯了,看到中国的形象一天天高大起来,听到中国的声音一天天响亮起来,就会感到浑身上下不舒服,对于这种偏见我们应当予以严正回复,要依靠我们自己的实力来说话,当时汤定元就决定接受任务。来人要求第二天就开始工作,并说工作人员也会马上到位。除个别人之外,参加试制工作的人都在1958年年底和1959年1月1日之前到齐,总共12人,分别来自西安503研究所等9个单位。汤定元仅对其中的两个单位的情况略有所知,其余单位的工作性质他并不知晓。汤定元在自己的物理研究所里临时遴选了5人，包括他自己在内一共6人，其中3人是刚进研究所当见习生的复员义务兵。汤定元他们就这样开始了试制工作。

当时正是"大跃进"之后的困难时期，试制人员的住宿问题由"55号"任务委员会解决，实验室必须由物理研究所负责解决。令人遗憾的是物理研究所的硫化铅探测器的研究工作已经停顿了三年，因此没有现成的实验室，物理研究所的领导就因陋就简，在"民委楼"宿舍腾出6个房间作为实验用房。没有实验桌，便找了一些床铺铺板搁在小方凳上来代替实验桌。仓库里领不到的必需设备，就到物理研究所其他实验室去寻找借用。汤定元他们就在如此艰苦的条件下开始了工作，一边进行实验，一边逐步补充完善设施。

"55号"任务由一个委员会领导，委员会的主任是聂荣臻元帅，实际负责人是三机部部长助理钱之道，他后来调任中国科学院技术科学部副主任。整个任务分为好几摊，各摊之间没有联系，物理研究所承担的硫化铅探测器就是其中的一摊子，由所党委专职书记张雯领导，她对委员会负责，并参加委员会的各种会议。当时任务很紧，上级要求半年内做出性能良好的硫化铅探测器来。

汤定元领导的17位试制人员，有12位是大学毕业的，学的专业各不相同，只有3位是学物理的。他们是503研究所的黄浩川、杨耀宇、张克敏，804工厂的俞真煌、张光煜、248工厂的冯广渲，长春光机所的赵清义，北京工业学院的刘培森，北京航空学院的黄敏，5院3分院的周茂树，电子工业部第十一研究所的严隽达、王秀英，物理研究所的黄启圣、吴自强、王子丰、梁景虎、曹秀排。

为了便于开展工作，汤定元为他们讲授半导体物理学，每周三个晚上，每次要讲两个小时。这些试制人员学习相当勤奋，他们互相帮助，进步很快。转眼到了1959年4月，大家就学完了当时新出版的黄昆和谢希德编著的《半导体物理学》。

研制工作开始了，汤定元决定采用化学沉淀和高温敏化处理制备硫化铅红外探测器，同时用较大的人力建立检测设备，包括黑体辐射源、噪声频谱和光谱响应等，汤定元身先士卒，率领这批年轻试制人员合力攻关，年轻的试制人员积极肯干，以能参加国家任务为荣。试制工作伊始，就自发地形成每日三班工作：上午8:00～12:00，下午1:00～5:00，晚上6:00～10:00。大家回宿舍睡觉常常是夜里11时之后，连元旦和星期日也都不休息，仅在春节大年初一休息了一天。汤定元并不是单纯地让大家苦干，而是在实践中接受更多的知识。正如一位哲人所说的，"头脑不是

一个要被填满的容器，而是一把需要被燃烧的火把"，汤定元帮助助手们把潜在的创新"火把"点燃了起来，他认为这是一个科学工作者神圣的职责。就这样，他们连续干了4个月，终于建立起一套测试设备，包括黑体响应率、噪声频谱、光谱响应等。

"宝剑锋从磨砺出，梅花香自苦寒来"，只有辛勤的耕耘，才会取得丰硕的成果，没有捷径可走。经过半年的艰苦努力，汤定元他们终于研制出硫化铅红外探测器。经过正式测量，硫化铅探测器性能优良，达到了相当高水平，汤定元他们的试制工作终于告一段落，就撰写了一份约8万字的总结报告，并打印装订成册。

1959年9月，美国的《无线电工程师协会会刊》和《美国光学学报》两刊物，以专刊的形式，第一次公布了美国在高度保密条件下经过10多年发展起来的红外技术的内容。汤定元他们对红外探测器主要参数所采用的测试方法和所建立的测试设备，正好与美方所公布的不谋而合。这表明，他们的思路是正确的，他们的科研与试制工作并没有走弯路。可以毫不夸张地这样说，汤定元带领的项目组研制出性能优良的硫化铅红外探测器，在没有现成的参考资料的情况下，根据他对红外探测技术已有的认识，建立了红外探测器的性能测试方法和测试设备。这套测试系统也成为后来国内建立红外探测器实验室的样板。

在试制硫化铅探测器的过程中由试制组里的赵清义提议，汤定元还主持编译了《红外光电探测器及其材料》。由汤定元选择一些国外发表的有关文章安排有关人员分头翻译，汤定元最后仔细地进行了校阅。此举既有利于试制人员外语水平的提高，又可以借此机会出版一本翻译著作，是一件一举两得的事。汤定元先后主持出版了好几部译著。那时每本书都是用铅字排版的。印出样本之后，要经过三次校对，三次修改版面。译文的质量已经在交付出版社之前予以充分检查，这三次校对主要针对排版所出现的差错。第一次与第三次校对由出版社的编辑负责，第二次校对则由汤定元这位主编亲自负责。在负责第二次的校对时，汤定元就总是"慢工出细活"，小心谨慎，一丝不苟。出版社的朋友对汤定元说，经过老汤您第二次校对的样稿遗漏的错误很少，他们的第三校可以节省不少的时间。汤定元此举十分仔细和谨慎，从速度上看似乎是慢了一点，但最后工作效率反而因此大大地提高了。

这部书稿最终译出28万印刷字数，由科学出版社出版。令人称奇的是，该书1960年2月付印了6500册，到了第二年5月，又重印4500册。这样一本包含三种红外探测器的专业书籍，竟然有这样的销量，实在令汤定元感到有些惊奇,这说明,带有"红外"两字的出版物在当时还有一定的市场。

总结报告写成以后,钱之道来实验室视察。据张雯书记有一次参加"55号"任务会议回来说,钱之道在会议上表扬了汤定元他们的试制工作,说在整个任务中,汤定元领导的这个组的工作最出色,成绩突出。汤定元他们被表扬的消息不胫而走,引来了不少的参观者。汤定元记得有一位部队研究所的科研人员,也许他在"大跃进"中也做过硫化铅探测器,他上午来实验室参观,发现硫化铅探测器的研制竟然会有这么丰富多彩的工作,完全出乎他的意料,他在惊愕之余,便立即去火车站退掉当天下午离京的火车票,又返回汤定元他们的实验室,仔仔细细地观看了两天。

聂荣臻元帅本来也约定了日期前来参观,物理研究所为此进行了全所的大扫除,可是到了那天早晨,上面来电话说,因中央有重要会议聂帅不能前来了,以后他也没有再来。

1959年6月以后,从外单位调来的试制人员陆续回本单位去了,只剩下少数几个人,但实验室并没有撤销。完成"55号"任务虽然时间短暂,但给汤定元留下了深刻的印象。尤其是试制组中的青年人工作热情十分高涨,他们连续四个多月没有星期天,每天工作12个小时,从无人抱怨,总是想方设法积极地工作,而且相互之间协作友爱,团结一致,工作效率可圈可点。另外,行政管理工作的效率也出奇得高,令行禁止,行政主管说一不二,虽然物理研究所的单身宿舍床位十分紧张,但因建立实验室的需要,一天之内就能请6个房间的居住者搬迁出来,实属不易。

在试制工作后期,中国科学院党组书记张劲夫来实验室视察,他发现汤定元他们的实验室正好对着从大门进入物理研究所的一个通道,当即指出,研究所领导的保密观念阙如,怎么能把这样一个担当机密工作的实验室安排在大门口。于是,三天之后,汤定元他们的实验室就搬迁到后大楼,物理研究所让磁学研究组腾出一大间实验室,便解决了这个问题。

1959年秋,汤定元被调去做温差电工作,接待一位苏联专家,主要是建立一些测试设备,达三个月之久。那年冬天他又被调去搞有机半导体研究。当时"55号"任务实验室并没有撤销,还有少数几个人在那里工作,汤定元也偶尔前去关心研究工作有什么进展。

在"55号"任务试制期间,汤定元他们从南京天文仪器厂定制了一个直径30厘米的球面反射镜。球面反射镜到货以后,汤定元带领项目组利用球面反射镜和硫化铅红外探测器研制成功我国第一个红外探测演示系统。1959年年底,中国科学院举办了一个专门向中央领导汇报的成果展

第七章 军情紧急

览会。汤定元他们又利用那个球面反射镜装置了演示性的红外接收系统，来展览显示红外雷达的原理。展览的地点就在当时刚落成但尚未启用的自动化研究所大楼。它的走廊长达100多米，接收器放在走廊一端，目标在另一端，所谓目标就是有个人在那里抽香烟。换言之，这个红外接收演示系统可以探测到100米以外点燃的香烟头。据派去讲解的人员回来讲，所有中央领导及三军司令都曾参观过这个展览会。每次中央领导来都是由张劲夫亲自讲解。红外雷达是整个展览会中最吸引人们眼球的三个展品之一，另外两个令人感兴趣的展品是计算机和有机半导体。

汤定元他们还利用这套设备，与国防部有关单位进行了飞机目标辐射的测量。第一次是在北京南苑机场，在那里住了几天；第二次在天津杨村机场。这两次探测实验都获得了成功。当时已经是冬天，夜间机场温度已降到零下17℃。汤定元亲自参加了这两次实验，并取得了一些数据。这是国内首次进行目标辐射的测量。

三、第二封信

有一次，一位重要的中央领导前来参观，钱学森陪同，他介绍说，红外雷达可以预警洲际导弹来袭。中央领导问，要在多远的距离上发现洲际导弹才来得及采取对抗措施？钱学森回答说至少要800公里。那位领导接着说，那么我们就做一个800公里的红外雷达吧！这就是当时的"59号"任务，由物理研究所牵头，与电子研究所、电工研究所、长春光机所和昆明物理研究所5个所组织力量，共同承担。物理研究所具体由徐叙瑢负责，实验室就设在物理大楼的5楼，这个任务的保密工作特别严格，汤定元一开始对此并不知情。

1960年年初，物理研究所由于人力不足，准备终止红外研究工作。原来参加过"55号"任务的单位都希望物理研究所的红外探测器的研究工作继续进行下去，并纷纷将这样的意见反映给中央领导层。于是空军司令部就派人到物理研究所来提出继续搞红外探测器的要求，因此物理研究所就成立了以红外探测器为主要研究方向的第九研究室，由汤定元担任室主任。但是，当时各研究室的人力都很紧张，不可能支援一个新建立的研究室，除了原来"55号"任务中任职的5位试制人员之外，只调来两位产假刚结束就来上班的女科技人员，因为她们回不回原单位影响不大。这两名科技人员都已经工作多年，比较有经验，因此，汤定元对她们颇为欢迎。更多的科研人员就要等待以后几年新分配进研究所的大学生了。

1960年已经是"大跃进"之后的困难时期，第九研究室新建立，人力与物力都很困难，基本上开展不了什么研究工作。下半年，半导体研究室从物理研究所独立出来，成为"半导体研究所"。根据科学院领导的决断，汤定元应当属于半导体研究所。他于秋天回到半导体研究所。当时物理研究所已搬迁到中关村，而半导体研究所仍在市区，因而在汤定元离开第九研究室的一年半里，他对该室的工作情况完全不了解，直到1962年4月他又兼任物理研究所第九研究室主任时情况才发生了变化。

1959年9月，美国公开了他们在保密条件下发展起来的红外技术的部分内容。这时，红外技术已经成为一门相当成熟的学科，他的主要应用是在军事技术方面。物理研究所的成众志是1956年才从美国回国的，他一直订有 Proc. IRE 杂志。他接到9月的杂志后就送给汤定元看。汤定元以极大的兴趣从头到尾地翻阅。这使他有幸比通常只能阅读翻版杂志的同志早半年甚至一年了解到国际上红外技术的一些真实的发展情况。

由于当时全国经济困难，从1960年下半年起，研究工作的"下马风"很盛行。1958年开始的硫化铅红外探测器的研制工作也都纷纷下马。物理研究所的第九研究室自从汤定元离开之后，也是有名无实。此时，汤定元觉得自己参与过"55号"任务，又从美国专业杂志上了解到整个红外技术发展的重要性，他认为自己有责任让领导知晓这一情况。因此，他在1960年12月30日写了一封信给国防科委主任聂荣臻，他在信中极有预见性地指出：红外技术研究是大有发展前途的，不要让它中断，但不能搞"一窝蜂"，要聚散为整，集中全国的科研力量进行攻关。

不久，聂荣臻主任派国防科委光学组的参谋于甲本来找汤定元谈话。意思是说，目前正在贯彻中央"调整巩固、充实提高"的八字方针，不允许建立新机构。如果他有什么想法，可以做个计划，要一些人和经费，在原单位加强力量。汤定元当时已回到半导体研究所，根据在半导体研究所长期工作的经验，他认为半导体研究所的最大任务是研制出晶体管。这方面的压力很大，研究所领导全力以赴也抓不过来。如果把红外探测器任务放在半导体研究所，一定很难发展。物理研究所已经成立了红外研究室，加强力量发展红外探测器的研制工作比较合适，所以汤定元便与物理研究所所长施汝为讨论此事。施汝为所长似乎对此有所顾虑，因为半导体研究室独立成所时，汤定元的归属问题曾引起争议，后来是中国科学院院部决定汤定元去半导体研究所的。现在再让汤定元来物理研究所开展工作，恐怕会引起大的矛盾。汤定元了解到这一情况之后，也对施所长的顾虑表示

理解，于是这件事便搁浅了。

1961年国家科学技术委员会为制订"全国科学技术发展远景规划"作准备。经施所长的介绍，汤定元向主持科委日常工作的韩光副主任汇报了红外技术的重要性以及在国外的发展概况，在座的还有一位九局局长赵石英。他们当即要汤定元为专门向中央领导汇报情况的"内参"写一篇介绍红外技术的文章。自此以后汤定元还与这些领导接触过几次。有一次赵石英局长告诉汤定元，他已经在全国大学和研究所做了一次红外研究力量的调查，竟然没有一个副教授以上的人在做红外技术方面的工作，连讲师也没有。当时汤定元感到自己身上的责任重大，但也觉得很奇怪，"大跃进"期间有那么多单位从事硫化铅红外探测器的研究，难道都没有看到1959年9月美国的Proc. IRE或者JOSA杂志吗？看来主要还是受政治形势波动的影响。

1962年年初的广州会议本来是准备制订"全国科学技术发展远景规划"的，由于当时的知识分子意见比较多，就改成了"出气"会。周总理特别从北京飞到广州做了一次题为"知识分子政策问题"的报告，真正的科学远景规划会议是当年夏秋之交在北京召开的。1956年进行规划时，在物理学中只有半导体科学技术是独立学科组，作为重点发展，这次规划会议想争取把声学和光学都作为独立学科组。汤定元除了参加半导体学科组的讨论之外，也参加光学组讨论。光学组的成员比较少，仅十一二人而已。当时激光技术刚出现不久，不可能制订研究发展计划。在光学组讨论时，大家觉得光凭经典光学的一些应用，不可能引起中央领导的重视，因此大家同意把这一学科组改名为"光学及红外技术"。

1962年4月汤定元再次受命兼任物理研究所第九研究室主任。他决定重点进行红外探测器研制的工艺设备和测试设备的建设。1963年年初，上级领导要第九研究室恢复"59号"任务。1960年年初初定这一任务时，汤定元并没有参与，也不知情。现如今，他是第一次去物理楼5楼"59号"任务实验室接收这项工作。该实验室并没有人向汤定元办移交手续，因为原先参加这项工作的人都离开了。

汤定元走进实验室才发现，这项研究工作是准备在一部国产的微波雷达上安装一个红外探头，改成红外雷达。从当时的设备来观察，也看不出这项工作进行到什么程度，只见雷达上到处都散放着钳子、改锥之类的工具。令汤定元感到不可思议的是，当这批实验室的工作人员得知上级关于"劳逸结合"的指示后，就立即离开了实验室，他们简直连整理一下工具这样的例行工序都没有做。眼前的一切真使汤定元感慨万分。

四、调任在即

要恢复"59号"任务,当务之急是解决人员的问题。当时第九研究室是以研制探测器为目标组织人力的,因此考虑的人选都是学物理的。当时只有一位是学红外系统工程的,他刚从苏联留学归来,汤定元就让他负责这项工作。这显然不是一个人所能干得了的事,因此,汤定元就想到了原先参加"59号"任务的其余4个研究所,但当时各研究所都在调整巩固,各忙各的事,处于中关村的电子研究所与电工研究所对红外雷达不再有兴趣,都不愿意出人。汤定元就想到长春光机所,他希望长春光机所能主持这一任务,因为他们在1958年就承担了发展红外技术的任务,而汤定元当时所在的物理研究所只局限于承担红外探测器的研制工作。

1963年夏,汤定元趁自己在大连疗养的机会去了长春,这是他第一次去长春光机所。他先参观了实验室,然后谈起红外技术任务的情况。这时汤定元才了解到,长春方面已经在红外技术方面做了不少工作,特别是在红外光谱方面,除了整个系统之外,还研制了温差电型探测器、氟化钙和KRS-5透光材料,还建立了辐射定标实验室和半导体红外探测器实验室,这两个实验室的面积都相当大。为了开展半导体红外探测器的研制,他们派了一位技术人员去苏联学习,又派了一人参加"55号"任务。他们告诉汤定元,长春光机所曾组织了5位有经验的科研人员,专门调研文献。在几年的调研中,他们没有查到重要的红外技术的应用文章,倒是看到新出现的激光方面的报道,于是,一部分人就转向对激光技术的研究。激光的重要性一开始就很明显,因而光机所的科研人员越来越多地转向激光的研究,对红外任务不再有兴趣了。汤定元到长春的时候,光机所刚刚完成对红宝石激光器的鉴定。光机所的领导明确地告诉汤定元,他们不可能再派人去参加"59号"任务,他只得失望而归。

对于完成"59号"任务缺少人手的问题,汤定元与第九研究室副主任唐生金进行了讨论。唐生金建议他写封信给当时的中国科学院秘书长杜润生。于是,汤定元开门见山地写了一封信,询问杜秘书长,中国科学院是否准备发展红外技术,如果要发展,就应当加强力量。杜润生很快就回了一封只有两句话的信:一定要发展,请学部和新技术局组织一次讨论会。由于汤定元的积极倡议,1963年12月2日中国科学院数理学部和新技术局联合召开院内的"红外工作会议"。昆明物理研究所的李炽和上海技术物理研究所的匡定波等都参加了那次会议。除了学术交流外,会议还决定向中国科学院党组建议,将昆明物理研究所及上海技术物理研究所转向为红外技术研究所,将北京物理研究所和半导体研究所的红外方面的工作分别调整到这两个所。其实这正是数理学部在设想的方案,所以1964年年初,中国科学院工作会议就做出了这个决定。当时这四个所都属于数理学部,因此这一调动就由数理学部负责。这一战略性的调整是我国红外发展史上的一个重要的里程碑。

1964年,离开北京前,赵忠尧老师(右二)约三位中央大学老同学史超礼(右一)、钱骥(右三)、高联佩(后排右四)欢送汤定元(后排左一),游颐和园留念

1964年3月数理学部副主任高原正式找汤定元谈话,由他选择去昆明还是去上海。汤定元是江南人,所以同意去上海。高原副主任要汤定元到上海后使上海技术物理研究所全所工作全面转向红外技术。

上海技术物理研究所是在1958年"大跃进"的形势下建立起来的,大体上是按北京的物理研究所模式分设半导体、电介质、低温、高压、红外系统、半导体晶体管和超声波等几个研究室,工作人员200多人,大多是1958年以后大学毕业人员,因而各课题组的研究力量相对都比较薄弱。当时的所长由复旦大学物理系的谢希德教授兼任。在3月20日,北京召开了一次半导体会议,谢希德前来参加,汤定元就与她谈了中国科学院最近的决定。谢希德教授欢迎他去上海技术物理研究所,并要他先去上海看看。于是,汤定元在3月底与她一起去上海。

去上海的同志离京前在天安门前留影,前排右四为汤定元

汤定元到了上海技术物理研究所之后,先参观实验室,然后与主持研究所日常工作的一位领导详谈,告诉他中国科学院最近一段时间事态的发展情况,以及中国科学院希望上海技术物理研究所转向专搞红外技术的专业所的设想。同时,汤定元还向他宣传红外技术的重要性,阐述了自己在这方面的打算,并写了一份关于上海技术物理研究所发展红外技术的建议书。

汤定元在上海逗留了一个星期,离开的那天,那位领导来对他说:管上海技术物理研究所的"婆婆"很多,汤定元的工作问题不能全由他做主;在他正式来沪后,可以给他配备5名工作人员,与从北京调来的研究人员一起搞红外技术研究。汤定元听得此言,颇为疑惑,这与他原先想象的根本不一样了。他在心里犯起了嘀咕:究竟是眼前这位领导不愿意接受目前即将发生的改变,还是他的那许多"婆婆"都加以反对呢?在回北京

的列车上，汤定元的心头似乎有一种莫名的烦恼，是否要去上海工作成为汤定元一路上反复思考的问题。最后，他想出了一点头绪。也许是那位主持工作的领导对中国科学院院部最近的一些考虑尚不知晓，一旦他认识到红外技术的重要性，一旦他了解到做红外技术更加容易得到上级的支持时，一定会转变过来的。因此，汤定元决定还是调去上海，而且下次来上海头一桩事情就是要向这位领导多宣传红外技术的重要性。

到了北京，汤定元就正式宣布他要去上海工作。在上任之前，他主要做了两件事。首先是与半导体研究所领导协商，哪些人员跟他去上海工作。按规定，第五研究室红外技术小组的10多位科研人员都应当跟他走，但半导体研究所的领导不同意这么多人走。协商之后，最终同意走一半人，加上其他室组和物理研究所的几位，共有13位科研人员随汤定元去上海。其次，那时中国科学院计划建立一批重点实验室，汤定元便踌躇满志地为上海技术物理研究所申请了红外研究的重点实验室，为此必须写计划任务书、填写仪器订购单等，着实忙了一阵子。但是到了那年下半年才知道，由于中国科学院经费阙如，这个计划只得撤销了。

不久，上海技术物理研究所那位主持工作的领导来到北京。他对汤定元说：因为所里尚未为他在上海找到住房，希望他暂时居留北京，与准备一同去上海的科研人员们一起先做几个课题再说，等他们一旦找到住房，再通知他成行。听了这番话，汤定元心中就更加纳闷了：上海方面是否对自己的调任不太欢迎，既然如此，自己为何执意要去上海呢？他的思想开始了激烈的交锋。半导体研究所的领导以往一直劝他留在北京，他始终未考虑过这种意见，但是，现如今是否应当明确表态不去上海了呢？他又想到中国科学院领导希望自己去上海，以及把上海技术物理研究所转变为

1964年5月，汤定元（左二）离开北京时，中国科学院物理研究所领导（党委正、副书记和所长）到火车站送行

红外技术的专业研究所的期望，深感自己身上所肩负的发展红外技术的重大使命，因此不能止步不前。即使再在北京待命半年，即使再碰上一些阻力，还是应当坚持去上海。这些天，他真是思潮翻涌，饭吃不香，夜不安寝。

好在这种情况仅仅持续了三四天，随后，就有消息传来，说是高原副主任批评了那位上海技术物理研究所主持工作的领导的做法，中国科学院仍然坚持要让汤定元去上海工作，没有住房，可以先住旅馆。经过这样的一番周折，工作调任的进程反而加快了。不久，上海技术物理研究所的吴一彦前来北京为汤定元他们办理调动手续，他们一行10多人于5月28日抵达上海。汤定元全家暂住山西路南京饭店。在那里住了19天之后才搬到山阴路的寓所，至此在山阴路一住就是22年，直到1986年才搬迁到高安路居住。

在汤定元离京之前，他又去拜访了高原副主任。高原副主任除了表扬汤定元为事业着想、行动比较快捷之外，仍然关照汤定元到上海技术物理研究所之后，要使全所的工作转向红外技术。汤定元回答说：目前上海技术物理研究所的有些工作无法与红外技术挂钩。高原副主任则鼓励他尽管放心，上海方面会有办法的。

第八章　申城创业

一、上海技术物理研究所的"垂直整合"型结构

1964年5月汤定元到上海时，上海技术物理研究所的情况发生了很大的变化。新的所党委书记韩志青刚刚来研究所两周，预示着原来那位主持工作的领导要调离。不久，超声研究室调到东海研究站，做晶体管研究的第八研究室调到上海无线电5厂。其实，这些变化都是中国科学院早已计划好的。

对于如何把上海技术物理研究所发展成一个红外专业研究所的问题，那时汤定元已有想法。从美国1959年9月公布的红外技术的内容来看，红外技术已经是一门比较成熟的技术，而对中国而言，它似乎是突然出现的，要在国内发展这门技术，必须考虑到这一特点。于是，汤定元提出了"四项主张"：①红外探测器是发展红外技术的关键，根据当时的国内科研状况，红外技术发展必须重点抓好红外探测器。②红外技术发展中的专用元器件和材料研究，譬如微型制冷器和透红外材料等都要配套安排研制，鉴于当时国内研究力量比较薄弱，各研究所都有自己的主要任务，不会愿意承担在他们看来是零星的项目，这样的专用部件就势必要在上海技术物理研究所里自行进行研制。③还必须开展一些高要求、高水平的红外系统的研究，以便明确对红外元部件性能的要求，用以促进元部件性能的提高和实用化，当然更主要的是直接完成国家的任务，这样，既可以满足国防建设的急需，又可以促进红外元器件的发展。④由于红外技术在国外被特别保密，与其他学科相比，一定还有很多基础性的问题需要解决，所以，上海技术物理研究所一开始就应当重视红外技术的基础研究工作问题。

总之，汤定元的这个想法是建立在根据研制任务带动学科发展的精神，实现由此建立一个能自成系统的红外技术专业研究所的目的的基础上的。后来，这些主张既贯穿在上海技术物理研究所的发展历史中，也贯穿在昆明物理研究所和我国红外技术的发展历程之中。

汤定元把上述这些想法与党委书记韩志青进行了沟通。有一次韩书记对汤定元说：自己对科研工作有些外行，来到研究所之后，听过不少人的意见，觉得汤定元提出的发展方案最为全面、最符合国家的需要，因此他将完全采纳，并按照这一方案去做，希望与汤定元能彼此密切合作、共同努力。

于是，上海技术物理研究所按照这一指导思想进行了改组：作为学科带头人和科研组织者，根据学科发展方向、社会实际需要来调集人力和资源。实质上，这是按出成果的要求来安排上海技术物理研究所的工作的。

当时的上海技术物理研究所共有200多名员工，分成4个研究室：一室原来是半导体研究室，便改为具体做锗掺金、锑化铟晶体材料和红外探测器；二室原来就是搞红外技术应用的，承担了"503"任务，不用变动；三室原来有磁学、电介质等好几项工作，改为搞硫化铅红外探测器及热敏电阻型红外探测器，同时希望电介质小组研究电介质的热效应，发展热敏电容红外探测器，后来热释电红外探测器出现了，这个小组就从事热释电探测器的研制；四室原来是低温与高压研究室，现在低温小组增加微型制冷器的研制，高压小组改做热压透红外材料。就这样，全所的工作都围绕着红外技术的发展而组织了起来。

汤定元是赞同以研制任务来带动学科发展的，鉴于我国的具体情况，要求科研单位尽快做出一些可用的东西。红外技术能提供有用的东西，因而容易得到支持、得到发展，做出成果，人力、物力就更容易得到及时的补充，到那时就会有实力开展一些基础性研究。他认为，仅凭几十名初出茅庐的大学生，同时开展五六门学科的研究，是不可能得出有意义的成果的。因此，汤定元认为这次研究所研究方向的转变，会受到大家的欢迎，也根本不会想到会有人反对。汤定元也确实没有听到过有什么反对意见。但是，有一天，中国科学院上海分院的白副院长特地来找汤定元，对他说：上海技术物理研究所研究方向转变做得对，分院支持，希望不要介意别人的批评。汤定元此时才觉得事情有点蹊跷，不过他确实没有直接或间接地听到过别人这方面的批评意见，至此，他心想：也许批评意见都被坚决支持研究所改组的韩志青书记挡住了吧。

1964年年底，中国科学院党组书记张劲夫来上海参加一个激光会议，顺道来上海技术物理研究所视察。他看到这个研究所的研究方向转变之后的情况甚为满意，特别对当时所里用手工刻制急流制冷器的情况还说了一些勉励的话。1965年年初，韩志青书记出席了中国科学院工作会议之后回到研究所告诉汤定元，张劲夫在大会上面对坐在前排的半导体研究所的党委书记刘再生讲："汤定元到上海后做出了很大的成绩。"至此，上海技

术物理研究所转变为红外技术专业所,此举受到了充分的肯定。

汤定元当初提出改组研究所的结构,转变研究所的研究方向,完全是出于上海技术物理研究所当时的实际需要,希望今后能做出一些实用的成果来,他认为自己当时并没有什么理论的依据,也没有想到后来会听到不少赞扬。

1973年,诺贝尔物理学奖的获得者杨振宁来上海技术物理研究所参观。当他参观完毕,汤定元送他出去时,杨振宁对他说:"我相信你们的研究所一定能出成果。"汤定元认为他不过是在讲几句客套话,岂知杨振宁又接着讲:"并不是因为我们早就相识就当面说好话,我这两年在国内参观了不少研究所,最近去埃及也看了许多研究所,相比之下,确实觉得你们的研究所能够做出成果来。"

20世纪80年代初,汤定元他们邀请了一位美籍华人物理学家来上海技术物理研究所讲学,这位华人了解了上海技术物理研究所的工作之后对汤定元说:美国目前一些研究所也时兴你们这样的结构,按出成果的需要去组织全所的研究工作,这种方式被称为"vertical integration"。汤定元把它翻译成"垂直整合"型。

也是在20世纪80年代,某天,汤定元在北京友谊宾馆北工字楼食堂用餐,碰到当时中国科学院学部的执行主席严济慈。严主席正陪着一位客人,他当即把客人介绍给汤定元,并对客人说:"汤定元在上海技术物理研究所工作,他们这个所搞得很好。"

听了这些赞扬的话,汤定元心中自然很高兴,他想,作为研究所的带路人之一,自己总算没有带错路。当然,工作成果是全所的科研工作者共同创造的。

1964年年初的调整之后,中国科学院以两个研究所的力量搞红外技术,应当说对红外技术是予以足够的重视了。当时,上海是"一线",上海技术物理研究所只能有一般性的发展。中国科学院以昆明物理研究所作为红外技术的发展重点,准备拨款几千万元在滇池边上合适的地方建造一座新的研究所。自从汤定元他们搬往上海之后,昆明物理研究所的党委书记孙惠龙就催促北京物理研究所的第九研究室尽快搬迁昆明,研究所到那里才发现,昆明的研究所并没有做好必要的准备,仪器运到那里开不了箱,实验工作无法进行,浪费了很多工作时间。等到了六七月份,美军侵略越南的形势越来越紧张,昆明又变成了"一线",在昆明建立新研究所的计划也就被取消了。但是,不管怎样,中国科学院里的两个红外技术专业研究所总算建立起来了,昆明物理研究所后来划归兵器工业部,至今上海技术物理研究所和昆明物理研究所还依然是国内红外技术的重要力量。

几十年来,上海技术物理研究所就在这样一个结构中不断发展壮大。其技术力量已经相当强大,足以完成各种要求的任务。例如,全所已经形成从热敏型红外探测器到适用于三个大气窗口的光子型红外探测器;从单元到焦平面列阵的全面的红外探测器研究阵势;能根据整机的需要,设计制造出红外探测器适用的各种微型制冷器;能根据红外光学系统的需要研制出任何特殊规格的红外滤光片。在红外整机方面,几十年来,他们已经高质量、高水平地完成了国家下达的多种红外任务,如太阳同步气象卫星和地球同步气象卫星上的扫描辐射计、机载地球资源检测和海洋污染检测的遥感设备、长视场光电对抗及靶场炸点定位等军用设备,以及工业用和医用热像仪、测温测湿仪等。上海技术物理研究所能顺利完成如此多国家任务,其原因之一是主要元部件都是在技术物理研究所内研制的缘故。

二、第三封信

红外技术的最重要的波段,特别是在军用技术方面,就是1~3微米、3~5微米、8~14微米三个"大气窗口"。硫化铅红外探测器是1~3微米的最重要和最常用的探测器,这一波段的红外技术已经从1958年获得的"响尾蛇"导弹的解剖、分析和复制引入国内。谁也没有想到,3~5微米和8~14微米的两个波段的红外技术,也要用同样的方式"引进"。

1959年10月7日,国民党空军的RB-57D高空战略侦察机在对北京进行侦察时,被我方用从苏联引进的C-75导弹武器系统击落。此后27个月内,国民党空军停止了侦察飞行,1960年7月,台湾国民党从美国引进几架U-2型高空侦察机。

U-2高空战略侦察机是美国为称霸世界专门研制、生产的,是20世纪60年代最好的战略侦察手段。其特点是升限高达21 340米,速度快达每小时804公里,航程远达7000公里,机上装备B-1型762毫米的长焦距照相机,内装20厘米宽的胶片2500米,在18 000米高空的航拍照片,地面分辨率达到0.7米。美国官员得意地称:20世纪60年代美国所获得苏联战略情报中的90%来自U-2高空侦察机。为此,苏联领导人说:"U-2飞机事件是以另一种方式进行的战争。"

我们中国人同样深受U-2高空侦察机之害。前美国中央情报局驻台湾办事处主任克莱恩称:"在人造卫星的摄影足以覆盖中国大陆的目标之前,我们有关中共精良武器的情报,大多来自这些世界上最勇敢的飞行员

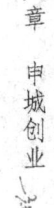

所拍摄的照片。"他所说的飞行员就是指由美国训练的国民党空军"黑猫"中队的飞行员。当时我军装备的主力战斗机米格-17，其升限为16 600米，米格-19，其升限为17 900米，均无法对U-2飞机进行拦截。

在1962年1月至1967年9月的68个月中，国民党空军使用U-2飞机对内地进行了110次侦察飞行，窃取了我核工厂、核武器试验、导弹试验基地等绝密情报。U-2高空侦察机经常对我国沿海地区和青海、甘肃、内蒙古等纵深地区进行侦察。我空军导弹部队终于逐渐摸清了他们的活动规律，利用从苏联进口的萨姆-2导弹于1962年9月9日在南昌地区第一次击落一架U-2高空战略侦察机。1963年11月1日在江西上饶地区打下第二架U-2飞机。我国自行研制的防空导弹"红旗一号"于1964年生产，1964年7月7日在漳州地区打下第三架U-2飞机。1965年1月10日，在内蒙古包头地区打下第四架U-2飞机。我国改进型的防空导弹"红旗二号"于1966年年底生产，继续打击U-2飞机，最终于1967年9月8日击落了第七架U-2飞机。也许是精准的打击，使U-2飞机在内地上空望而却步，也可能是"黑猫"中队的U-2飞机全部被解放军打光了，从此结束了U-2飞机入侵我国内地上空的历史。

1965年1月在包头地区打下的那架U-2飞机堕地之后，从它的残骸中发现，机上装备的D-2型窄视场照相机和F-2型红外线行扫描仪受损的程度小，比较完整，曾在北京公开展出。后来，有关部门把红外线行扫描仪交给南京某雷达研究所分析，上海技术物理研究所也派了5位科研人员参加。于是，解剖、分析和仿制红外线行扫描仪的研究工作开始了。此番缴获红外线行扫描仪，引出我国研制红外线行扫描仪的一系列举措，这是我国机载红外侦察设备乃至星载红外扫描成像仪发展的开端。红外线行扫描仪里使用的是锗掺汞红外探测器。上海技术物理研究所的一室原来是研制锗掺金红外探测器的小组，就立即改为对锗掺汞探测器的研制了。

南京对红外线行扫描仪的分析工作结束时，雷达研究所的领导发现红外线行扫描仪不属于他们研究所的业务范围，他看到上海技术物理研究所的5位科研人员在分析的过程中发挥了很大的作用，就主动把红外线行扫描仪的试制任务转让给上海技术物理研究所。这就是上海技术物理研究所的"651任务"。这项任务包括研究锗掺汞红外探测器、斯脱林制冷器和整机。红外线行扫描仪中还有一些零部件不属于上海技术物理研究所的工作范围，当时国内还没有生产，但必须有单位承担研制供应。当时的上海市科委很有权威，要下面的企业承担某项任务，企业就必须承担。上海技术物理研究所得到市科委的大力支持，召了10多位有关厂长来研究所开了一个会，很快就把所需零部件的试制任务全部落实了下去。

锗掺汞红外探测器的工作温度是38开尔文，最初用的制冷剂是低温组生产的液氢。1965年4月9日晚，上海技术物理研究所的连志超、洛阳612研究所的吴名权和昆明物理研究所的冯文清三人同在四楼一间实验室内工作，不料液氢发生爆炸，连志超当场死亡，吴名权受重伤，冯文清安然无恙，实验室的房子也被炸塌一间。在抢救过程中，复旦大学物理系助教、党支部书记黄心源不幸堕楼牺牲，另外，上海技术物理研究所里还有几位同事受轻伤或重伤，这是一件非常令人悲哀和震惊的大事故，曾向全国通报。事故发生后，上海技术物理研究所立即着手建立液氖生产设备，以化学性能相对稳定的液氖来替代液氢。

事故发生后，国防科委派了于甲本参谋来上海技术物理研究所吊唁慰问。于参谋在北京就与汤定元有过接触，因此，汤定元就请他顺便参观各实验室。于参谋在参观之后表示十分满意，说回到北京之后要专门向聂荣臻主任进行一次汇报。

就在上海技术物理研究所发生事故的同一天——1965年4月9日，我空军在南海上空打下一架美国F-4B"鬼怪"式战斗机。在那个年代，美军飞机经常在我国沿海附近飞行，如果看到我军没有防备，它就深入我境内进行间谍摄影，然后离开。因此每当看到美军飞机向我国飞来时，我空军飞机就立即起飞。美军飞机看到我军飞机时，就留在公海上沿我国领海线外缘飞行，我军飞机则在领海内，也沿领海线内缘飞行，两军飞机平行飞行，互不相扰。

4月9日发生的情况也大致如此，不过后来发生了变故。美军8架F-4B"鬼怪"式战斗机分两批侵犯我海南岛上空，第一批将飞出我领空时，我海空军4架歼-5飞机上去"送客"。我军的一架飞机前去追赶一架美机，第二批美机中的一架美机又跟在我方战机的后面。真所谓"螳螂捕蝉，黄雀在后"。但是奇迹终于发生。原来，我军的这架飞机的驾驶员是一位很有经验的上校飞行员，当他听到我地面站的通知，说他的后面有一架美机要当心时，他就立即来了个90°的急转弯。就在这一瞬间，后面那架美机发射了一枚导弹，正好打中了前面的那架美军战机，换言之，就是美军战机发射导弹打下了自己的飞机。据说他们当时的对外报道不好意思直说这一事实，而是说中国用秘密武器打下了他们的一架F-4B"鬼怪"式战斗机。

美机残骸就落在南海海岸附近，有关部门组织了上万群众从浅海中打捞残骸的各个部件。这架F-4B"鬼怪"式战斗机上装备了机载红外搜索

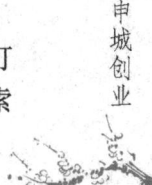

第八章　申城创业

跟踪系统（即红外雷达），还有空对空导弹和计算机。我方获得了红外系统的相关部件，为相关的研究工作提供了重要的实物参考资料。这些零部件在北京公开展出之后，被送往612研究所进行分析。

当汤定元获悉美机上有红外雷达时，他猜想这是利用3～5微米红外辐射。汤定元当时就写了一封信给聂荣臻主任，信中的大意，一是表达了红外在军事技术中的应用主要是三个红外波段，即1～3微米、3～5微米和8～14微米；二是现在依靠特殊的方式，这三个波段的红外装备全都从国外"引进"了，如果我们努力把这三个波段所需的元部件都研制出来，同时弄清楚这些装备的设计思想，我们就有可能在较短的时间内，掌握军用红外技术；最后汤定元表示上海技术物理研究所希望能承担红外雷达研制任务。当然，最后一句话也是汤定元写此信的最终目的。他言辞恳切地表明了他对红外研究的信心与决心，又一次得到了聂荣臻元帅与党中央的支持与鼓励。

不久，上海技术物理研究所接到612研究所的来信，要上海技术物理研究所派人去参加分析工作，后来汤定元也去了。七机部的一位较年长的杭同志告诉汤定元，他曾参加了5月28日在北京召开的有关F-4B飞机残骸的会议。聂荣臻主任在最后讲话中分配任务，明确说红外雷达请上海技术物理研究所承担，杭同志还责怪上海技术物理研究所迟迟不来人。其实上海技术物理研究所根本没有接到任何有关这一分析任务的通知，直到612研究所来函催促时，上海技术物理研究所才派出两位年轻同志去做一般性的参与。两人去了之后也不知道这些情况，只是写信回上海技术物理研究所，要汤定元前往洛阳。此番听了杭同志的话后，汤定元立即回到上海，组织力量去洛阳参加红外雷达的分析工作。汤定元亲自参加了F-4B"鬼怪"式战斗机机载红外搜索跟踪系统的分析、测试工作，经他确认，这次被击落的美机上所使用的红外探测器是中波锑化铟探测器。

汤定元先后在洛阳住了两个多月。当年各研究所都希望获得国家任务，一旦知道有某项任务，总是设法去抢，最后任务总是落到有声望的大研究所和老牌研究所身上。这次，试制红外雷达这样一个重要任务竟然会落到当时规模并不大的上海技术物理研究所的手上，汤定元他们真是高兴极了。汤定元猜想，由于所里的"4·9"爆炸事故，于甲本参谋来研究所吊唁慰问，他回到北京向聂荣臻主任汇报上海技术物理研究所的情况以及汤定元给他的信，可能是促成技术物理研究所能得到这一任务的原因。这一任务是在5月28日会议上决定的，所以它的代号就是"528任务"。

前两年制订光学远景规划时发现国内军用光学装备方面的缺陷，国家决定加强光学工作，由聂荣臻主任出面向中央写了报告。在当时编制控制极严的情况下，中央同意并特别拨了千余名编制给几个光学研究所。上海技术物理研究所得到150名，这批科技人员于1965年到位。这两年暑期后分派来所的大学生数目也比过去为多。到1965年年底，上海技术物理研究所的员工人数，一下子就增加到近500人。

汤定元自1951年进入科学研究机构之后，一生都是以做研究工作为职业，不管外界环境怎么变化，他一直是一位或大或小的科研团队的领军人物。作为一名科学团队的领军人物，对于如何领导团队工作汤定元有一套做法，他认为最关键的要素是掌握该课题的国际前沿研究情况，其次是要抓成果报告。

为了使研究团队的成员对国际前沿有所认识，汤定元要求自己首先要了解并熟悉有关课题国际前沿的研究内容。不管外界的环境如何复杂，他都从一开始就按自己的计划，定期去图书馆查找有关杂志，碰到重要的文章，就将其内容仔细地摘抄下来。对与自己研究直接或间接有关的文章则了解其研究内容，用卡片记录下来。至今，在汤定元的办公室里，还存放着3000多张记录卡片。那些详细摘抄的文章都与当时的研究课题直接有关，这一类问题的文章积累得多了，就会逐渐形成这个课题国际前沿水平的全貌。汤定元就此撰写一些综述性文章，供年轻的科技人员阅读。

为了让全体团队成员都能掌握国际前沿，汤定元他们采用讨论会的办法，指定某一人员查阅某一方面的文献，并在会上提出报告进行讨论。通过全体人员的努力，就能覆盖与本团队研究课题有关的国际前沿水平。

作为科研团队的领军者，汤定元认为他所重视的第二件事是抓总结报告。通常由汤定元拟定大致提纲和内容，然后由研究人员分头执笔，最后由汤定元修改统稿。早期的报告集为《硫化铅红外探测器的研究》与《锗掺汞红外探测器的研究》，都是油印本。后来承担"八五"重大基础项目——"碲镉汞材料和器件的应用基础研究"，曾先后出版三个年度总结报告论文集（1993年、1994年、1995年），都是很厚的版本。

"文化大革命"结束后，科学研究逐渐走上轨道，就开始重视公开发表的学术论文。从1979年起，由汤定元主编上海技术物理研究所年度工作报告集，收集本年度内的研究论文。汤定元的这一做法一方面是展示研究所成果，另一方面使工作人员有一种要做出成果的紧迫感。1983年半导体研究所的所长黄昆也出版了年度报告集。他碰到汤定元时说："这是我一年中做的最有意义的事。"如今研究所出版年度工作报告集的事项，已经成为研究所的常规工作。

在领导研究团队开展研究工作的过程中，汤定元撰写了不少综述性的文章。不过，早期所写的综述性文章讨论科学问题时往往不够深入，实际上只能算是高级一点的科普文章。但是，当汤定元进入碲镉汞研究领域之后，对这一材料器件与物理的研究成为他的唯一的研究了，他写的文章从此也就比较专业了。汤定元先后写过4篇有关碲镉汞研究的综述性文章：其一是1974年写的《碲镉汞三元系半导体性质》，其二是1976年写的《关于碲镉汞三元材料和器件的一些问题的讨论》。这两篇文章是碲镉汞研究工作开始阶段写的，主要是介绍性的文章，引导青年科研工作者进入碲镉汞研究这一领域。其三是1988年撰写的《碲镉汞三元半导体的研究》，其四是发表于1991年《半导体器件研究与进展》上的《窄禁带半导体红外探测器》。有人曾告诉汤定元，国内搞研究碲镉汞的人都以这篇文章为主要读本。以上这些文章，有的还是在"文化大革命"中撰写的。

三、办刊与交流

上海技术物理研究所从1974年起创办了《红外物理与技术》杂志。从20世纪80年代开始，汤定元一直想办一份学术性刊物。经过准备，上海技术物理研究所从1982年起办了两份刊物。一份是《红外》，主要介绍国外红外方面的新工作及相关信息，是月刊，至今已经办了20余年。近几年内容有些改变，还刊登国内的研究生所写的论文介绍。

另一份是学术刊物，汤定元本来想为它取名为《红外学报》，但中国光学学会的领导不同意这个名称，后只得改名为《红外研究》，是双月刊。这份杂志的外文版版权在1986年被美国纽约的 Allerton Press Inc. 买去。从1987年起，该出版社在美国出版这一杂志的英文版，由他们在国外发行，英文版杂志的名称为 *Chinese Journal of Infrared and Millimeter Waves*，不过已于1996年结束。1990年，汤定元他们又向中国科学技术协会申请，要求将《红外研究》改名为《红外与毫米波学报》，得到批准，因而从1991年起，这份杂志就称为《红外与毫米波学报》。

20世纪90年代，国内开始进行期刊评审。1992年，《红外与毫米波学报》在全科学院评审中、中华全国自然科学专门学会联合会评审中和新闻出版总署主持的全国期刊评审中，先后得到三个一等奖。1996年，这份学报在全科学院的评审中也获得一等奖。在1997年中共中央宣传部、国家科学技术委员会和新闻出版总署联合主办的第二届全国优秀科技期刊评比中,《红外与毫米波学报》又获得一等奖。全国7000多份期刊,这次评出了60个一等奖。

从20世纪70年代开始,在三个全国性科技交流会开始建立的过程中,汤定元都参加并做了部分工作。

1974年,上海技术物理研究所主办了第一届全国红外科学技术交流会。当时"文化大革命"尚未结束,学会尚未恢复工作,其他各种全国会议都不可能召开,唯有红外科技能举办一次全国性的会议,全靠各研究所的研究人员之间互相联系,这也表明国内红外科技的发展有它的特殊的一面。这个学术交流会原定每两年举办一次,由上海技术物理研究所、北京电子工业部第十一研究所、昆明物理研究所、天津8358研究所、洛阳014中心和一所大学轮流主办。2001年10月在宁波召开的交流会已是第15届。这一红外科技交流会有时还举办一些专题讨论会。20世纪80年代曾为碲镉汞红外探测器的研制召开过几次专题讨论会。

在第二届红外物理学术会议上讲话(1984年12月7日,厦门鼓浪屿)

最初,汤定元参加了上述的交流会议,但是,后来由于其他繁重的工作以及健康原因,汤定元就不再参加了。

在21世纪初,汤定元注意到在国内红外科学技术领域出现了不少令

在第十二届全国红外科学技术交流会上发言（1996年11月26日，上海）

他感兴趣的现象：

一是汤定元所关注的几份有关红外科技的杂志都有了质的提高，如《激光与红外》、《红外技术》，刊物的版本质量和文章质量都比1980年年初有了质的飞跃。文章的作者有很多来自全国，大多是一些国防科研教育和工程部门，汤定元原先并不知道这些单位的存在。这充分表明，红外技术在国防方面的应用已受到人们的高度重视与关注。在这两份杂志上还登载了很多红外技术产品的广告，这表明国内已经有许多生产制造和经营红外技术产品的公司。汤定元尽管不知道这些公司的规模大小以及它们在全国光电子产业总值中能占多大的比重，但是，他为此感到极大的振奋。

二是"第十五届全国红外科学技术交流会"与"全国光电技术学术交流会"于2001年10月在浙江宁波市联合召开。会议是由天津8358研究所主办的。汤定元会前就收到了两厚册、多达850页的论文集，包括220篇论文及摘要，其中有关红外科技的文章约占一半。这两个交流会的规模和办事效率与科技先进国家的交流会相比堪称在伯仲之间。汤定元翻阅着这两部论文集，为国内红外技术的飞速发展惊叹不已。

三是汤定元在《红外技术》的2002年第6期上看到一条消息，"第三届全国夜视技术交流会"于2002年10月在昆明举行。夜视技术，主要是红外技术，是红外技术在军事应用方面的一个重要课题。汤定元记得在20世纪80年代初，他作为夜视技术专业组的成员曾参加过第一次专业组成立会议，此后就一直未有消息，估计这一技术交流会是在90年代才得以恢复进行的，汤定元认为，只要是被事实证明了是重要的事情，就一定会受到人们的重视。

四、关于保密问题的思考

汤定元认为，凡是军事应用技术总是保密的，但是在他的经历中，似乎觉得红外技术特别的保密，这并非是从各种军用技术的保密程度的比较中得出来的，因为不可能有这种比较，而是他的一种直觉，他是从所经历的一些事实中得出的结论。

汤定元说，中国科学院长春光机所自1958年接受发展红外技术的任务后，曾指定5位有经验的科研人员负责查阅国外红外技术的应用情况。他们花了几年工夫，却并没有查阅到任何重要的红外技术在军事上应用的实例，而红外以外的军用产品，如导弹、微波雷达等，其技术参数都会公开发表。当然，这是因为国际军火商为了推销自己的产品。

汤定元还说，在1965年打下了一架美国F-4B飞机后，他参与剖析任务，发现其中有空对空导弹、计算机和红外雷达三个军用装置。在导弹和计算机上都有型号和出产厂家，可以从公开资料中查到这些装备的性能。在红外雷达上就没有看到生产厂家的铭牌，而在安置厂家铭牌的位置上留有一个明显的痕迹，表明是在设备出厂之后，特意把它拆除的。根据以上两个事例汤定元产生了一种想法和疑问，那就是红外技术为什么特别要加以保密？后来，他碰到一些从事军用技术的同志，总要向他们讨教这一问题，但是，一直得不到比较令人满意的答复。

有一次，那是在1983年9月的一天，汤定元在参观昆明物理研究所的时候，正巧碰到一位从北京来的独臂将军，汤定元又向他提出类似的问题。将军不假思索地答道："红外技术是一种用来'看'的技术，在战场上谁先看到谁是一个关键的问题，如果先看到了对方，是绝不会告诉对方的。"是啊！人们是绝不会把能先看到对方的技术与秘诀透露给对方的。汤定元觉得将军的这一番话挺有道理，就暂时作为对他那个疑问的解答了。

汤定元觉得，我们当然无法知道美国关于红外技术的保密规定，但是，有些现象会显示出，这些保密规定确实存在，这值得人们思考。

自从1945年打败法西斯德国，俘获了德国的红外技术人员及其成果后，美国继续在保密状态下发展红外技术，直到1959年9月才以学术刊物的专刊形式公布部分内容。美国有一份不公开的杂志 Proc. IRIS（Proceeding of Infrared Information Symposium）。在公开的学术期刊中，偶尔可以看到全文转载 Proc. IRIS 几年前发表的文章，但从来没有看到过这份杂志，不知它的内容范围和发行量，只知道1956年出版第一卷，后来还看到过转载的1993年该杂志的文章。心细如发的汤定元还曾经在文章里看到有一个"探测器专家组"的名称。

美国从1981年起，每年召开一次"碲镉汞及相关材料学术讨论会"，至今还继续举行，不过，已经更名为"Ⅱ-Ⅳ族化合物的物理与化学学术讨论会"，碲镉汞是红外探测器的重要材料。有一位临时在美国工作的中国科学家去参加碲镉汞的学术讨论会，看到布告栏上有一张通知：要参观某机构的与会者，请于某时某刻到某地上车。当他按时到达约定地点想上车时，有人守在车门处，用手电筒照射他的左手腕处，没有发现什么，就不让他上车。能上车的人，手腕上都有发光标志。

汤定元认为，从这两件事情可以看出：在美国的红外科学技术领域，存在着一个红外技术"地下"组织，规模可能不小，分成若干专业组，还出版专门刊物，已经出版了四五十年，同时也有一些这方面的科技交流会。在公开的与红外科学技术有关的学术交流会上，这个"地下"组织的成员照常参加这样的交流会，同时，这个"地下"组织还会有一些外人不能参加的活动，做到内外有别，对外人秘而不宣。汤定元觉得，这倒是一个很有趣的现象。

五、几次国外出访

我国实施改革开放政策后，出国访问或参加国际学术会议成为一件平常事。在这样的自然态势下，从1978年到1984年，汤定元也访问了法国、英国和德国，参加了两次国际学术交流会议。汤定元深感这几次出国考察与交流给他增添了不少新知识，使他获益匪浅，感受到国际学术交流的重要性。

1978年中，汤定元接到中国科学院打来的电话，要他在12月赴法国访问。汤定元思想上毫无准备，不敢贸然答应。经过对方详细的说明之后，汤定元才答应去。原来，这是中国科学院与法国科研中心的科技交流项目之一，要汤定元带队，另有上海技术物理研究所的两位科技人员和长

汤定元（左二）访问法国，背景为巴黎凯旋门（1978年11月摄）

春光机所的一位人员，加上一位法语翻译，人选已经预定。

汤定元一行在法国逗留了两周，大部分时间在巴黎，另外还去了两座城市。出发之前，已经与法国科研中心商定所参观的单位，由东道主安排具体的日程。

有一次参观某个单位，对方科研人员解释了自己的工作之后，汤定元提出了一些问题。对方突然说："最近我接待了好几批中国的来访者，你是第一个提问题的客人。"他的话的言下之意是你们国家的来访者都是一些外行。这时，汤定元意识到，改革开放才一年，可能有较多的行政干部出国访问，他们中不少人不怎么懂科学技术，外国的接待者是很容易看出端倪的。

汤定元一行，名义上是考察红外学科的研究，因此主要是看光学方面的工作。接待者告诉汤定元，他们有5个单位有红外科研工作，科研人员之间有一个协作组，选题也互相商量协作，仪器可以互相借用，汤定元听了这番介绍，认为这是一个不错的办法。他想，在国内，各单位低水平课题大量重复，贵重仪器购置过多、仪器使用率低，这是两个很大的毛病。如果能做到像法国同行那样相互之间良好协作就好了。

参观法国南锡（Nancy）大学物理系，哈德尼（Hadni）教授（前排左三）接待（1978年12月摄）

汤定元一行在巴黎参观的研究所大多在近郊区，研究人员大多住在市区，研究人员一般要到上午9时以后才能到研究所，但他们在所里往往一直工作到夜里10时才回家，他们这种勤奋工作和敬业的精神使汤定元十分感慨。

法国是最先提供碲镉汞红外探测器商品的国家。汤定元他们是在1967年看到法国的商品广告之后，才于1968年开始对碲镉汞材料器件的研制工作的，因而这次访问法国，碲镉汞的晶体的研究也是汤定元他们想看的重要项目。地处巴黎市郊的固体物理研究室是碲镉汞材料器件的研究中心，汤定元一行去参观了两次。法国人的研究成果已经转交给工厂生产，当然汤定元他们无法参观到他们的生产车间。汤定元回国后，曾先后邀请巴黎固体研究室的两位主要科学家来中国访问，后来昆明物理研究所也曾邀请这家法国研究单位的一位主持材料研究的科学家去昆明访问。

参观巴黎郊区固体物理研究所留影，左二为该所的负责人马凡（Marfing）（1978年11月摄）

在法国逗留期间，汤定元还在巴黎高等师范大学的固体研究室参观了一位名叫 C. Rigaux 的女科学家的碲镉汞磁光现象研究工作。她给汤定元看了已经磨薄到 0.6 微米的碲镉汞晶片，这一结果对汤定元此后的工作有着重要启示。1978 年，上海技术物理研究所第一次招收研究生，每一位研究生都要承担一个研究课题，当时，汤定元等人把碲镉汞材料器件和物理作为研究重点。碲镉汞的禁带宽度与组分和温度的关系 $E_g(X, T)$ 是最重要的基础关系。国外已经有几个经验公式，但汤定元认为国外的物理基础不能令人信服。他想最好是直接测量晶体的吸收光谱，找出其进入本征吸收区的转折点，才算是物理意义上的禁带宽度。汤定元将这一课题交给研究生褚君浩去做，但是，汤定元对能否将晶片磨到所需要的厚度没有把握。因此，汤定元事先对褚君浩申明，先做一段时间再说，实在不行，就换题目。

汤定元在法国参观的时候看到的 0.6 微米厚的碲镉汞晶片，对着光线看已经是暗深红色，表明可以做本征吸收区的透射光谱。回国之后，汤定元将这一事实告诉了褚君浩，激起了他把这一课题坚持做下去的决心。

1978 年在法国访问一个光谱研究所时，该所所长在介绍一位女科学家的工作时，看到她桌上的一台计算机，他特别向参观者强调使用计算机的重要性，并且说，他想为所里的 16 位研究人员每人配备一台计算机，但是这样一来，他所里的经费就所剩无几了。他说那位女科学家的计算机还是她自己花钱买的。这番话给汤定元留下了深刻的印象，一是这家研究所的科研经费并不宽裕；二是所长的讲话突显了计算机对研究工作的重要性。

1982 年，汤定元成为中国科学院访问英国、联邦德国科学代表团成员之一。这是一次规格比较高的科学代表团访问，是应英国皇家学会和德国马普学会的邀请前往访问的。由卢嘉锡院长带队，中国科学院秘书长胡永畅负责组织工作，另外地学部和生物学部各一人，汤定元作为技术科学部派出的团员，是其中资历最低的。出访前，各位代表团成员都提出一份希望访问的大学或科研机构的名单，代表团一行在英国和德国各逗留了两周。第一天到达英国或德国时，接待方都拿出一份参观访问的日程，详细列出被访问的单位、陪同者的姓名、接待者的姓名，把出发、回程的时间准确到几点几分。除综合日程之外，每位团员还另有一份日程表，都是根据汤定元他们事先提出的要求而制订的。在汤定元原先要求参观的研究单位名单中，除了一两个是属于对方国防部门没有同意他参观的之外，其余的他都如愿以偿了。在这次出访中，他除了许多物理研究的前沿知识有所增加外，一些所见所闻也给他留下了深刻的印象。

在英国剑桥大学牛顿像前与时任中国科学院秘书长胡永畅(右)留念
(1982年10月24日摄)

汤定元一行抵达伦敦的第一天晚餐后,接待方邀请他们去法拉第学会听取学术报告。汤定元第一次得知听报告还要买票,而且票价不菲。报告内容并不是特别重要,报告结束之后就是大家喝咖啡,自由交谈,成年学者多把自己上中学或大学的子女带来,这实质上是一次社交活动,一直到午夜12时才结束。

汤定元在牛津大学物理系参观时,见到一位搞理论物理的华裔高级讲师。他就向那位高级讲师请教,如何把理论研究和实验工作结合起来。那位讲师回答说,那很简单,于是就讲了一大通。可是,在汤定元听来仍然是云里雾里,感到能理解的甚少。汤定元就这一问题已经请教过好几位专家,因为当时他正在考虑半导体的输运问题。霍耳系数和电导率的测量只能提供两个数据,不能解决载流子浓度和迁移率的四个数据。有人在两个磁场下测量,不过求解四个参数也很麻烦。汤定元总认为应当有理论可以解决这个问题,所以他后来把专攻理论的一位研究生派到输运研究组,希望这位研究生能结合实验钻研这个问题。不过她在这一输运研究组工作了不到一年就毕业了,离开了输运组。直到1990年前后,国外才出现"迁移率谱"的理论,解决了输运研究中的这个大问题。

1978年在法国访问的时候，汤定元并没有看到有几台计算机。四年之后他来到英国和德国访问，计算机在研究所里已随处可见。计算机已经成为科学研究人员的必不可少的工具。从德国回来以后，正好上海技术物理研究所的器材处负责人向汤定元汇报工作时说，当时所里已经买了几台计算机，希望制定一个办法，不要重复太多。这位处长是把计算机看做一般仪器，重复太多了就是一种浪费。汤定元告诉他，计算机是一种工具，就像实验用的老虎钳和改锥，应当多配备一些。因而在1983年研究所购进了很多计算机。当年年底中国科学院技术科学部来上海技术物理研究所评审时，对所里各实验室都有计算机表示赞赏，认为可以作为光学研究系统的6个研究所的楷模，并于1984年办了一个计算机讲习班，在6个研究所内推广计算机的应用。其实，那时全所只有60多台计算机，不像现在，上海技术物理研究所的每一位研究人员差不多都配备有一台计算机。

代表团参观剑桥大学之后，汤定元独自一人留在剑桥旅馆里，第二天艾塞克斯大学的金米特（Kimmit）教授与在那里读博士学位的龚雅谦一起接汤定元去艾塞克斯大学参观，金米特教授亲自驾车在高速公路上花了一个半小时才到达。那天晚上，汤定元就住在金米特教授的家里，金米特

1982年参加中国科学院访英代表团，专访艾塞克斯大学，与英国同行金米特教授（右）在其住宅前合影

汤定元（左一）在德国马普学会的欢迎会上，与德国科学家闲谈，中为当时在德国工作的中国科学院安徽分院院长（1982年11月8日摄）

教授在郊区有一座漂亮的房子，据说是他夫人带过来的财产。第二天早晨，金米特教授又送汤定元回伦敦，与代表团会合。汤定元对来回途中所看到的情况很惊奇，沿途的乡间全是草地，在那10月底接近冬天的气候里，草地还是绿油油的，据说这类草地像常绿树一样，整个冬季都能保持着绿色。

在英国访问时，有一位英籍华裔女士陪同汤定元一行。当知道大家访问的下一站是德国时，她对汤定元说，与德国相比，英国只能算是乡下，而德国到处建设得都很漂亮。汤定元他们进入德国后，访问地点北到汉堡，南到慕尼黑，几乎穿过整个德国。路过之处有平原、有丘陵、有江河，处处都建设得很美，而在英国汤定元只看到了平原。不过不论是德国还是英国，乡村的建设都是很好的。

在德国，汤定元也逗留了两周，有两位会讲中国话的年轻人陪同汤定元一行。到德国的第一天，他们就看到德国人的工作效率高，这很让汤定元钦佩。马普学会来机场迎接汤定元一行的人请他们去机场的咖啡馆喝咖啡，同时他的助手拿走他们的行李托运票。等汤定元等人喝完咖啡，步出机场大厅时，就看到有几辆出租汽车载着他们的行李已经在等候了，大家对德国东道主如此高的工作效率感慨不已。

在斯图加特参观马普固体物理所之后，用过午餐，接待人员把大家送去近郊参观布希公司的汽车用电器研制中心。这个研究中心的规模之大，完全出乎汤定元的意料。仅仅是研究几个汽车上用的电器，竟然如此"大动干戈"，搞了如此大规模的一个研究所，真是令人感到不可思议。汤定元等人参观的项目全部是按照他们事先的要求安排的，唯有这一项参观是东道主主动安排的。大家参观之后有些疑问，东道主为何要安排这个与汤定元他们的专业都不相关的参观项目呢？议论的结果是：也许东道主要让中国人学一学德国人对科学技术精益求精的精神吧！

参观在慕尼黑近郊的夫琅禾费学会下一个半导体器件研究所时，汤定元来到了他们的实验室，便询问德国的科研人员有关科研项目选题与科研经费方面的问题。东道主是这样回答的：这里大部分的研究课题是生产企业提出来的，在确定一个课题之后，双方要签订合同，而且必须有几位第三方人员参与合同的制订，第三方大多是大学里的同行专家，将来可能受益的企业方并不提供科研经费，研究所的科研经费全部由政府拨给。他们的理由是，企业赚了钱要向政府纳税，由政府分配科研经费可以更合理一些。汤定元认为，东道主的这套管理制度也许可以避免合同双方讨价还价的麻烦，也可以在评审合同是否完成上有一个公正、合理的标准。

20 世纪 80 年代初，汤定元作为《红外研究》——后来改为《红外与毫米波学报》——的主编，曾致函国际上的 *Infrared Physics*——现名 *J. Infrared Physics and Technology*——的主编、苏黎世大学克诺伊比尔教授，建立交换刊物的联系。克诺伊比尔教授当时正在负责筹备

在德国参观实验室，右二为中国科学院院长卢嘉锡，
右三为汤定元（1982 年 11 月 8 日摄）

1984年7月在苏黎世举办的第三届红外物理国际会议。他来信邀请汤定元到大会上做了45分钟的特邀报告，建议题目为"中国红外物理研究"。会议期间，由会议举办方提供食宿，汤定元答应了。他自知英语的水平还不够地道，只有加倍努力才行，于是写了一篇长达10页的演讲文章，一段一段地加以背诵，直到背熟为止。作报告那天，汤定元完全没有看稿子，背完稿子正好45分钟

1984年7月23日，在瑞士苏黎世"第二届国际红外物理会议"上进行题为"中国红外物理研究"的特邀报告

铃响。会上有不少提问者，这表明大家听懂了他的英语报告。最后有一位来自苏联的年轻人，他一连向汤定元询问了几个问题。那天大会的执行主席金米特教授宣布会议结束后，对汤定元开玩笑说："我怕又要发生'中苏争论'，所以宣布会议结束。"汤定元觉得很奇怪，他怎么会知道发生在60年代初的"中苏争论"的，但彼此没有深谈下去。那次会议的论文集在1985年的 *Infrared Physics* 第1期出版时，汤定元的文章被排在"引言"之后的第一篇。

在苏黎世会议上，汤定元认识了一位日本科学家。1984年的"第九届国际红外与毫米波学术交流会"将在11月于日本大阪举行，这位日本科学家是这次国际学术会议的负责人之一。他盛情邀请汤定元去作特邀报告，并把汤定元的姓名列入国际组织委员会的名单之中。会议期间的食宿费用也是由日方提供。会议之

在"第九届国际红外与毫米波学术交流会"上进行特邀报告（1984年10月23日，日本宝塚）

前，汤定元与中山大学的林贻堃教授取得联系，由两人合作来完成特邀报告。由汤定元介绍上海技术物理研究所的科研工作，林教授做国内毫米波研究情况的报告。汤定元担心自己的报告牵涉保密问题，并没有向大会提交报告文稿。因此，会议的论文集中只收有林贻堃教授的文章。

　　在日本大阪会议期间，汤定元又认识了一位意大利科学家。1986年的"第十一届国际红外与毫米波学术交流会"将于1986年10月在意大利比萨举行，这位意大利科学家是会议的主办者之一。1986年初他来信邀请汤定元去会议上作报告，同时希望汤定元作为中国意大利科学交流项目之一，去意大利几个城市的大学和科研机构参观访问。汤定元考虑到国内第七届红外科学技术交流会要由上海技术物理研究所主办，时间也正好是10月，届时将分身乏术，同时也考虑到自己年龄太大了，要准备几个报告，也过于吃力，因此，就以健康理由婉言谢绝了。后来，由糜正瑜和龚雅谦去出席比萨会议，并做了远红外与毫米波在中国的研究报告。会议仍把汤定元的姓名列入国际顾问委员会名单。自那以后，汤定元再也没有参与过国际学术交流会。

第九章 心血结晶

一、"窥天地之奥而达造化之极"

在汤定元80岁生日时,中国科学院院长、中国科学院学部主席团主席路甬祥为汤定元题词"贡献毕生精力,创新红外科技",这是对作为我国半导体光电器件的开拓者和红外技术的创建人的汤定元一生的真实写照。

汤定元从1958年年初起就决定研制一些有用的半导体器件,曾先后开创、指导和参与多种器件的研制,如硅太阳电池、温差电制冷器、多种波段的红外探测器、硫化镉可见紫外探测器和硅高能粒子计数器。1964年,汤定元调来上海技术物理研究所,除将红外探测器的研制都带到上海外,高能粒子计数器也转移到原子能研究所(20世纪80年代改名为"原子能研究院"),硫化镉探测器和材料的研制不久就停止了,只有太阳电池与温差电制冷器两项课题继续研制,并取得重要成果。[1]

硅太阳电池的课题组从1958年开始就准备研制,由于硅单晶材料的供应出现了问题,实际上是从1960年9月半导体研究所成立之后才正式开始的,到1965年年底,P/N型硅太阳电池(10毫米×10毫米)样品的转换效率最高已达到15%,一般稳定在12%～13%。为了满足卫星上的电源的要求,从1966年起他们先后解决了硅太阳电池研制过程中的一系列问题:一是抗辐照问题,他们改用10微米磷-硅制成N/P型硅太阳电池;二是研制成功反射膜工艺,使光谱响应更适合外层空间的太阳光谱;三是(10毫米×20毫米)硅太阳电池的批量生产问题;四是太阳能电池板的组装问题,设计了独特的阶梯状铝合金托板;五是设计了防护盖板;六是进行了防止老化、防震等环境模拟试验等。

---

[1] 见周增圻《卫星上的硅太阳能电池》及陈廷杰《我国半导体制冷工业的诞生》两篇文章。夏建白,陈辰嘉,何春藩. 自主创新之路——纪念中国半导体事业五十周年. 北京:科学出版社, 2006: 150, 145.

硅太阳电池应用于1971年3月升空的"实践1号"科学试验卫星。这颗卫星在空间轨道上运行了8年多,于1979年陨落于北美洲。长期以来的遥测数据表明,"实践1号"的硅太阳电池板工作稳定,使卫星上的各种仪器能长期正常地工作,证明这套空间用硅太阳电池组的方案设计合理、工艺可靠、性能稳定,为我国此后设计更大规模的卫星用太阳能电池板提供了一手资料。这个项目在1978年全国科学大会上荣获重大成果奖。

近年来,能源问题引起了人们的特别关注,作为太阳能利用的硅太阳电池是可再生能源的重要方式之一,受到了多方面的重视,国内已有多家太阳能电池的研制和生产厂家,关键问题是研究如何进一步降低太阳能电池的生产成本。在20世纪60年代初,汤定元选编了外国学术刊物上登载的有关太阳能电池的论文,把这些论文一一分派给初出茅庐的青年科技工作者,让他们翻译成中文,最后由他校订、编辑出版了《半导体太阳电池》译文集,1964年8月由科学出版社出版。全书共收入译文22篇,附有1954~1963年国外学术刊物上登载的有关太阳能电池的论文目录213篇。

温差电发电机和制冷机是汤定元参与并研制成功的第二种半导体器件。

物理学中有三个温差电现象:其一是1822~1823年发现的"塞贝克效应",当两种不同的导体组成闭合电路时,若两个接头处于不同温度时,导体中就有电流流过,表明这一效应大小的是1℃的温差所能产生的两个接头之间的电动势,称为"温差电动势率",用α代表,单位伏/度。其二是1834年珀耳帖发现上述现象的逆现象,当电流J通过上述两种不同导体的接头时,接头处有热量放出或吸收热量,依赖电流的方向而定,放出或吸收的热量Q与流过的电流J成正比:$Q=\pi J$;比例系数π称为珀耳帖系数,与α有如下关系:$\pi=\alpha T$,T为接头上的绝对温度。其三是汤姆逊效应,在上述两现象被发现之后,经过30年热力学兴起,W.汤姆逊用热力学分析了上述两种现象:在均匀导体中存在温度陡度时,如有电流J流过时,将放出或吸收热量Q。该电量与温度陡度和电流成正比。其值比珀耳帖热要小得多。

温差电现象直接把热量转变成电量,或把电量转变成热量,自然会引起人们的注意,但是,19世纪所研究的都是金属的温差电现象,效应很低,不可能考虑发电机或制冷机之类的动力上的应用,金属的温差电偶早就被用来测量温度。20世纪半导体出现之后,很多半导体的温差电动势率比金属的要高好几个数量级,温差发电机和温差制冷机就被提了出来。

在这个领域做出最大贡献的就是苏联的约飞院士。他从20世纪40年代开始就做了大量的研究工作，他写的《半导体物理学》中对温差电现象有比较详细的介绍，1956年他还出版了《温差电制冷》一书，中译本由高煜、傅维潭翻译，于1959年1月由科学出版社出版。由于有了这些详细的资料以及当时的中苏友好关系，人们对温差电现象特别感兴趣。1958年"大跃进"中就开始了温差发电机的研制。1960年9月半导体研究所成立时，就设立了与研究室并立的第七研究组，专门从事半导体温差电的研究。1958年"大跃进"时期就开始研制温差发电机，目标是1000瓦，但是最终并没有成功。

温差发电的优点是在发电过程中无磨损、无噪声、无介质泄露、体积小、重量轻、移动方便、使用寿命长等，最大的缺点是发电效率太低，在20世纪40年代发电效率只有1.5%～2.0%。根据2004年的报道，温差发电效率已发展到处于6%～11%的水平。因此，只有在一些特殊情况下才使用这类发电机。例如，远程空间飞行器中用放射性同位素作为热源的温差发电机，特种军用的温差发电机。将来温差发电也可能在利用废热发电方面起到重要作用。

考虑到温差发电的能量转换效率实在太低，难以进入民用，因此，从1959年起就转入温差电制冷材料与器件的研究。在第二年春天，上海技术物理研究所还请来一位苏联专家帮助建立室温热导率K和温差电偶的最大温差的测试设备。1963年研究了Bi_2Te_3系列材料及温差电的特性，并制成50升的半导体冰箱，两者均获得国家科委三等奖。

温差制冷器的材料以Bi_2Te_3-Bi_2Se_3固溶体为N型材料。Bi_2Te_3-Sb_2Te_3固溶体为P型材料。1965年在研究中，汤定元领导的第七研究组获得了最大的温差达81℃，并写成了一篇总结材料。同年，他们把半导体冰箱的制造技术无偿地移交给天津的街道小厂来生产，这家小厂原来的生产形状像现代烘箱的"茂福炉"，经过几年的努力之后，到20世纪70年代，这家小厂已经发展成为中国第一家生产半导体制冷器的专业大厂，并改名为"天津制冷厂"，产品远销国内外。

自那以后，第七研究组的制冷器技术推广转让给更多的厂家。目前我国生产半导体制冷材料及器件的工厂有10余家，产量居世界之首位，产品远销德国、加拿大、美国、日本等国。制冷器技术的创新成果于1978年获得中国科学院重大科技成果奖。

汤定元领导研制的第三种半导体器件为热敏电阻型红外探测器。

电子工业部第十一研究所是由苏联援建的电阻、电容专业生产厂的附设研究所，20世纪50年代末，这家研究所开始研制硫化铅红外探测器。该研究所生产一种热敏电阻，所用的材料是氧化锰、氧化镍和氧化钴的混合物。60年代初，汤定元与电子工业部第十一研究所工作上常有来往，他便建议这家研究所试制热敏型红外探测器，但是，他们囿于苏联专家的规定，认为不适宜做这类研究工作。相互之间几经讨论协商，他们终于同意把已经混合完毕的进入热敏电阻制作前的原材料出售给汤定元所在的半导体研究所，由汤定元他们来试制热敏电阻型红外探测器。半导体研究所第五研究室是从1963年下半年开始这项研制工作的。1964年，汤定元调往上海技术物理研究所工作，这项研制工作便在该所的第三研究室继续进行。

1965年9月空间研究院成立，1966年年初向上海技术物理研究所提出研制控制卫星飞行姿态的仪器——红外地平仪的任务。这一"红外地平仪"上所用的红外探测器就是热敏电阻型探测器。1970年4月24日升空的"东方红一号"卫星上所用的就是上海技术物理研究所研制成功的红外地平仪。此后陆续发射的尖兵系列卫星、灯塔系列卫星、长空系列卫星等众多卫星都使用了上海技术物理研究所提供的、采用热敏电阻型探测器的红外地平仪。有一次，某个卫星发射失败、爆炸堕地，只拣到地平仪的探头。他们经过测试分析，残留的热敏电阻型红外探测器的性能仍然十分完好，事实证明了上海技术物理研究所研制的这一探测器的高度可靠性。

热敏电阻型红外探测器的第二大用途是"火车轴温检测"。火车在运行中，质量较差的轮轴因摩擦而温度升高，当温度升到一定的程度，就会"折轴"，引起火车倾覆的重大事故。过去人们经常可以在火车站台上看到这样一种情景：火车一到站，就有许多工人拿着榔头敲打一个又一个的火车轮子。有经验的工人可以听出轴温是否偏高。即使采用这一方法，在东北地区严寒的冬季，仍有漏检的可能性。

早在1958年就有一位铁道部的同志找汤定元谈过这个问题，但是，那个时候还没有条件考虑这一问题。1967年上海铁路局主持"火车轮轴检测仪"的研制工作，上海技术物理研究所负责其中的热敏电阻型红外探测器的研制。采用红外技术之后，在火车站前一二公里处的铁轨两侧，安装两个红外轴温探测仪，对准轮轴，可以记录下每个轮轴的温度，传输到车站的监视室，如果发现某个轮轴的轴温有问题，到站后立即予以处理。1977年由铁道部主持通过了这一课题的成果鉴定，开始推广生产"火车轮轴检测仪"。

热敏电阻型红外探测器最广泛的用途是各种非接触条件下的温度测

量。1975年上海技术物理研究所筹备热敏电阻型红外探测器的中间生产车间，1978～1998年累计销售额达到1679万元，到后来年销售额达120万元。另一个重要的热敏型红外探测器（第四种器件）是热释电红外探测器。汤定元领导的课题组从1968年开始研究工作，在第二年的7月1日研制成功国内第一个TGS红外探测器。此后，又研制出多种材料的热释电探测器，并进行批量生产，这些产品的性能达到了国际先进水平，因此远销国外。20世纪90年代后期平均年销售额达到30万元以上。

除了热敏型红外探测器之外，还有光电型红外探测器，半导体材料有4种光电效应，用于制作红外探测器的主要有两种。其一是光电导效应，其样品在吸收光子后，增加载流子，因而增加电导率，增加的部分称为光电导。其二是光生伏特效应，光所激发的电子和空穴被样品中的P－N结的电场分离，因而P－N结的两端之间产生一种电动势。

在半导体的光电效应中，吸收光子能量的是电子系统，不像热敏探测器那样需要有敏感元的升温过程。因此，光电探测器的响应时间都比较短。其次，为了能使电子从价带激发到导带，或从杂质能级激发到能带，光子必须具有足够的能量。因此，对一定的半导体材料，只有一定的响应光谱，有一定的长波限，即所谓有选择性的探测器。当然，这并不能认为是光电探测器的缺点，在实际应用中还是一个不小的优点呢！光电探测器的探测率要比热敏探测器的探测率高几个数量级，响应时间也要快几个数量级。红外技术在20世纪中得到极其迅速的发展，在很大程度上是由于光电探测器的发展而促成的。

红外辐射包括从0.7微米直到1000微米的范围，其中对实际应用最重要的是不被大气吸收的三个波段，即所谓大气窗口1～3微米、3～5微米、8～14微米，特别是军事上的应用，必须解决好这几个波段的探测技术。对于其他波长范围，主要是科学研究方面的应用。

光电探测器包括硫化铅红外探测器（第五种器件）和锑化铟红外探测器（第六种器件）。硫化铅红外探测器是对付1～3微米波段重要的探测器。上海技术物理研究所1962年开始研制硫化铅红外探测器，并应用于一些军工任务，1974年2月硫化铅红外探测的研制工作在该所正式停止。

锑化铟由于其单晶的制备相对容易，20世纪50年代半导体科学兴起，锑化铟是最早出现的Ⅲ－Ⅴ族化合物，很快就用做红外探测器，在室温工作的长波限$\lambda_c=7$微米，77开尔文的$\lambda_c=5.5$微米，是对付3～5微米大气窗口的重要探测器。60年代初，汤定元在北京半导体研究所第五研究室曾制作过锑化铟红外探测器，所需材料由第一研究室制备。物理研究所的第九研究室制备锑化铟单晶,没有研制探测器,仅仅做了一些物理研究。1964年上海技术物理研究所一开始就安排锑化铟晶体材料和探测器的研究。1966年即研制出性能优良的锑化铟单晶。1967～1976年,单晶质量有所提高,主要解决工艺的稳定性、规范性,提高生长的成品率,10年间共制备了数十千克的优质锑化铟单晶,提供给本所以及国内友邻单位使用。

锑化铟红外探测器有光导型和光伏型两种形式,光导型锑化铟探测器用于室温工作,或加一个温差制冷器,温度约为-30～-20℃。上海技术物理研究所从1964年就开始研制室温工作的锑化铟光导型探测器,有非浸没型和浸没型两种。

室温光导型锑化铟探测器被广泛地用于气体分析、测温探火、火车轴温探测仪。1974～1975年上海技术物理研究所为有关单位培训技术人才,转让技术。从1978年起,上海技术物理研究所停止了锑化铟光导探测器的研制。锑化铟光伏型探测器在液氮温度(77开尔文)下工作,长波限 $\lambda_c=5.5$ 微米。上海技术物理研究所从1964年就开始研制,并提供给所内承担的多种航空、航天用探测装备中的使用,同时还为国内许多科研机构、大专院校、生产单位提供大量的锑化铟光伏型红外探测器。

第七种器件是锗掺汞红外探测器。硫化铅、锑化铟红外探测器解决了1～3微米、3～5微米两个大气窗口的探测器,在20世纪50年代,锑化铟晶体是禁带宽度最小的半导体,要对付8～14微米的大气窗口的探测只得采用半导体的杂质能级。60年代初,北京物理研究所第九研究室开始锗掺杂单晶的研究,当时计划掺金,但波长限只到9微米,并不能解决8～14微米波段的问题,主要是为了掌握掺杂制单晶的技术。汤定元到上海技术物理研究所之后,即在第一研究室安排了同样的研究工作。

1965年1月10日,中国人民解放军空军导弹部队在内蒙古包头地区打下一架美制U-2飞机,机上有一架红外相机,用的是锗掺汞红外探测器,上海技术物理研究所第一研究室原来准备做锗掺金的工作,立即改为锗掺汞的研制。经过不到一年的努力,就研制成功性能与美国元件水平相当的锗掺汞红外探测器。1966年10月,该探测器应用在上海技术物理研究所研制的红外相机上,试飞时,国产的红外相机应用获得了成功。后来,还研制成功锗掺汞的四象限方阵、多元镶嵌式100元列阵探测器。锗掺汞探测器的工作温度在36开尔文以下,使用不方便。20世纪80年代初被同样波段的、工作于77开尔文的碲镉汞探测器所取代。

第八种器件是碲镉汞红外探测器。

1959年，英国人报道了对碲镉汞的研制，其化合物的禁带宽度随组分变化，可以制造各种波段的红外探测器。这一发现立即受到广泛的重视，但是该成果的作者自从发表论文之后再也没有从事这方面的工作。1963年，汤定元他们在北京半导体研究所曾经尝试研制碲镉汞材料，但是在合成的过程中不幸发生了爆炸，检查其原因是当时国产石英管的质量没有过关，连肉眼都能看到石英管壁的厚薄不均匀，甚至有暗缝，当时在国内市场上也买不到质量优良的石英管，由于 $Hg_{1-x}Cd_xTe$ 合成时汞压比较高，又有毒性，只得把碲镉汞材料的研制工作停下来。

1967年法国刊登了碲镉汞红外探测器的商品广告，汤定元他们意识到碲镉汞材料对红外技术发展之重要。在北京的实验当时没有成功，现在汤定元看到了法国的商品广告，觉得焉有不去攻关的道理，许多人都赞同汤定元的观点。于是，汤定元在1967年夏做了一个专门的报告。那时正值"文化大革命"之际，还没有形成课题的开题报告制度，于是，汤定元的报告便成为口头上的开题报告了。1967年10月正式立题，属于第一研究室140组的项目，但是，时隔不久，"清理阶级队伍"运动便开始了，汤定元很快就"靠边站"。这项工作实质上是沈杰他们在1967年年底开始的，第二年的春天，生长出了第一根碲镉汞单晶。汤定元直到1974年年初才获准参加碲镉汞的研制工作。他的大好时光都被白白地耽误了。

1970年国庆节前夕，第一研究室以碲镉汞为研究重点，科研人员扩充到20余人。1972年，研制成功8～12微米的光导红外探测器，以后又研制成功了3～5微米的光导红外探测器。

"文化大革命"终于结束了，沧桑巨变，涛走云飞，汤定元矢志不移，凭着对祖国的赤诚之心，凭着对科学事业的执著，开始了对红外技术新的探索，他不由得踌躇满志，真是"好风凭借力，送我上青云"。

从1978年起，碲镉汞逐步成为上海技术物理研究所的最主要的项目和课题，集中了一大批科研人员，从事材料、器件和物理的系统研究。上海技术物理研究所所承担的气象卫星上使用的扫描辐射计，原计划用热敏电阻型探测器，后来决定改用碲镉汞探测器。发展到今天的FY－3气象卫星上使用了从1.3～12.5微米中不同波段的12个碲镉汞红外探测器。1982年，上海技术物理研究所成立了"红外物理研究室"，主要研究方向有两个：一是碲镉汞晶体的全面研究；二是新型红外光电材料器件物理的研究。

值得一提的是，电荷耦合器件是第九种半导体器件，汤定元尽管没有参与其中的具体工作，却是竭力倡导电荷耦合器件的研制的。有一段时期，上海技术物理研究所里很多人有一种倾向，认为只有波段为 14 微米的探测器最为重要，其他波段的探测器都是次要的，所以不愿意耗费人力去做。汤定元却并不这么认为，他觉得关于硅探测器的研究工作具有重要的意义，上海技术物理研究所应当开展这方面的研究，他也为此做了不少宣传。1970 年，国外公布了 CCD（电荷耦合器件）的新成果，尽管汤定元至 1972 年才注意到这个情况，但是他马上意识到这一个新发展至关重要，上海技术物理研究所应当紧跟上去。汤定元特地为此做了一次介绍报告。研究所里的许多科技人员听了报告之后，都觉得这一器件发展的重要性。后来由于我国气象卫星任务中急需硅探测器，但一时找不到承担研制它的单位，上海技术物理研究所便于 1974 年开展了硅的研究工作，并于 1975 年下半年开展了 CCD 的研制工作。

第十种器件是焦平面列阵红外探测器。

在汤定元的倡导下，1975 年上海技术物理研究所开始了锑化铟光伏型探测器列阵器件的研制，先后研制成功 10 元、32 元、64 元线列探测器，最近几年做成更大规模的焦平面列阵的探测器。

各种波段的单元探测器取得成功之后，自然要向多元列阵发展。列阵主要有两类，扫描式和凝视式，前者多为一条或少量几条线列，后者多为面阵。上海技术物理研究所从 20 世纪 80 年代后期开始研制硅、锑化铟和碲镉汞多元列阵探测器。

最近 20 年来，红外探测器的主要发展是：研制成多元列阵红外探测器，元数多达 $10^3 \sim 10^6$，把它与处理电路结合在一起，使用时一般放在光学系统的焦平面上，形成所谓的"红外焦平面列阵"（FPA），这是红外成像的核心部件。近年来，国外已经做成功几种"红外焦平面列阵"，可以进入生产，接下来的问题是如何降低成本。"红外焦平面列阵"的大量生产，将会引起红外成像技术的广泛应用。

汤定元认为，我国的红外技术起步比发达国家迟，投入相比较而言也不够充分。多元列阵的研制起步不久，与世界发达国家之间尚有一段差距。因此应当先增加这方面的投入，加快"红外焦平面列阵"的研制速度。在完成"红外焦平面列阵"的研制、生产过程中，应用技术自然会扩大，而且，应当特别重视对非制冷红外多元列阵产品的研制。50 多年的红外探测器的研究导致红外焦平面列阵探测器的出现。它的广泛应用必将使红外技术的水平达到一个新的高度，而且完成这样的高度需要相当长的一个过程。在此之后的进一步发展，需要有性能更高的新型红外探测器出现，因而新型器件的探索，从现在起就要予以重视。

二、红外研究的"三部曲"

汤定元善于把握事物的发展方向,在红外技术研究领域具有强烈的超前意识。他认为,科学工作者应当有这样三部曲:第一是实践,从实践接触研究对象的本质;第二是理论总结,阅读文献,借鉴他人的经验,丰富自己的理论;第三是孕育新的知识,促使新成果的产生。

1978年,汤定元预计到碲镉汞红外探测器在今后红外技术发展中的重要性,就把人力逐步集中到碲镉汞材料器件的研制上来。同时,组建物理研究室,其主要研究内容之一是碲镉汞的物理研究,解决碲镉汞红外探测器发展过程中所遇到的问题;其次是固体光学性质与光电过程的研究,为红外技术的新发展开辟道路。

几十年来,对碲镉汞的研究在国外的确有了极大的发展,成为红外技术发展中最重要的红外探测器材料,犹如微电子技术中硅所处的地位。这一切足以证明几十年前汤定元的思维是完全正确的。多年来汤定元在上海技术物理研究所带领一个科研群体对碲镉汞材料、器件和物理本质进行了全面的研究,在国内外发表了100余篇论文,涉及碲镉汞半导体的能带参数、光学常数、杂质缺陷、材料物理和器件物理等方面。

汤定元认为,在重视应用的同时也要关注基础理论问题,特别是具有普遍性并对应用有重要意义的理论问题,抓住了就不能放松,尽力揭示其普遍规律。像碲镉汞晶体的禁带宽度随组分 X 和温度 T 而变,因而禁带宽度 E_g 与组分 X 和温度 T 的关系 $E_g(X, T)$ 是研究工作经常要用到的关系式,是首先要解决的问题。

20世纪70年代初期,国际上已有两个适合范围不太大的 $E_g(X, T)$ 经验公式,不过他们或者用光电导或光伏效应的光谱响应曲线中响应下降到峰值的一半,即所谓光谱响应的"长波限λ_c"作为禁带宽度 E_g,或者把他们在吸收光谱中所能测量到的最高吸收系数(约300/厘米)所在波长作为禁带宽度。显然,这两个实验所确定的禁带宽度是不准确的,最多只能说是近似值,其近似程度尚不得而知。汤定元认为,如果能把样品磨得很薄,薄到连本征吸收带内的吸收系数都能测到,那就能看到吸收边吸收系数是真正物理意义上的禁带宽度 E_g。样品能否磨得足够薄,并保持不破碎是关键问题。由于 $E_g(X, T)$ 公式的重要性,汤定元认为值得搏一下,作为研究 HgCdTe 三元晶体物理性能的第一个课题。

1978年,材料组已能制造出 HgCdTe 的优质单晶,光学测量设备也比较齐全，汤定元就把这个课题交给新招收进来的研究生褚君浩。1978年年底，汤定元去法国参观访问，看到法国同行磨薄到 0.6 微米的 HgCdTe 样品，肉眼能看到透过来的红色光，对完成这一课题就更有信心。

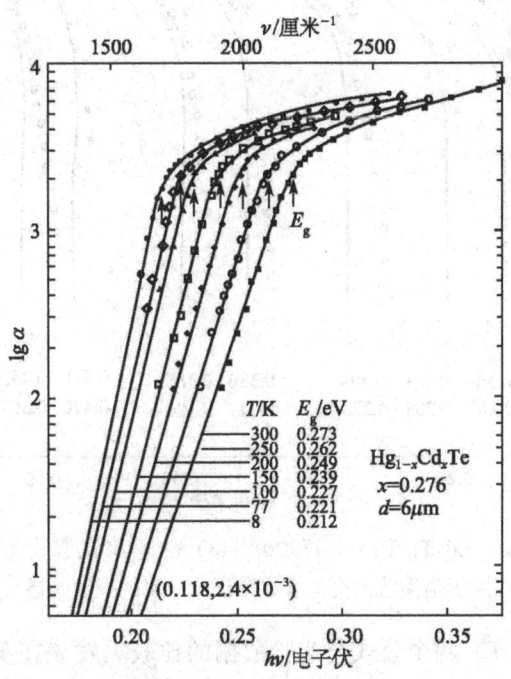

$Hg_{1-x}Cd_xTe$ ($x=0.276$，$d=6\mu m$) 的吸收光谱

褚君浩经过坚持不懈的努力，克服了实验中的一个又一个困难，终于能把样品磨到足够薄，测量出不同组分的样品在不同温度下的大量吸收曲线，整理出一组一组看上去颇为美观的吸收光谱。上图是一个 $x=0.276$ 的 $Hg_{1-x}Cd_xTe$ 在不同温度下的吸收光谱。下图是在 300 开尔文温度下，组分 x 在 0.170～0.443 之间的 8 个样品的吸收光谱。从图中可以看到曲线都有一个转折点，它所在波长的光子能量就是真正的禁带宽度。

经过大量的数据分析，总结出一个适合于组分 0.165～0.37，温度 4.2～300 开尔文的 $E_g(X, T)$ 经验公式。初步研究报告发表在 1982 年 5 月的《科学通报》上，不久就看到美国《应用科学学报》(IAP) 上 Hanson 等 (HSC) 提出的一个新 $E_g(X, T)$ 经验公式。他们是分析了学术期刊上不同作者发表的 E_g 数据，以及他们的实验室所积累的 E_g 数据提出的这一公式，大部分数据仍来自 20 世纪 70 年代的几个老公式。汤定元他们看到之后，立即写了一篇正式论文，包括汤定元他们的 $E_g(X, T)$ 和

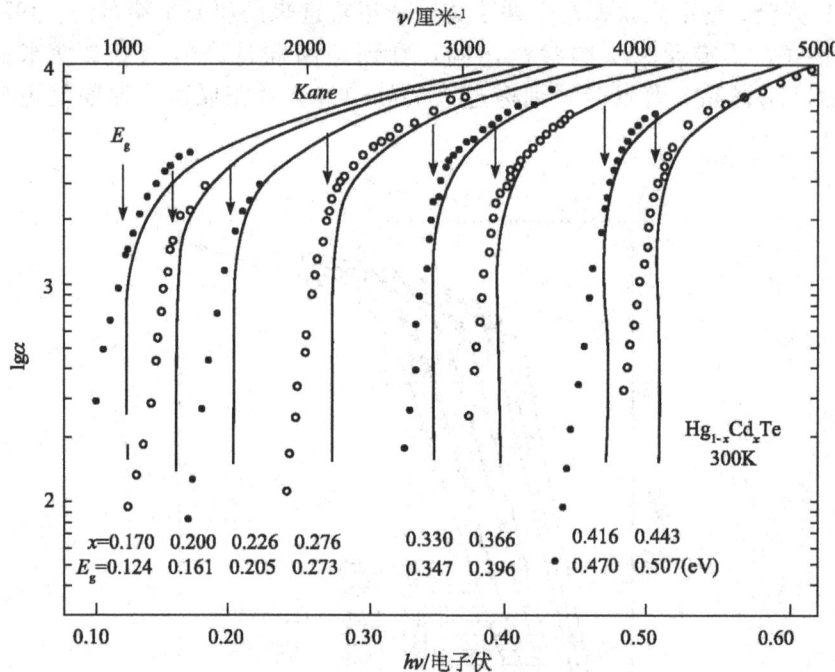

$Hg_{1-x}Cd_xTe$（$x=0.170\sim0.443$）在 300K 的吸收光谱
点圈是实验数据，实线是理论计算的吸收光谱

HSC 的 $E_g(X,T)$ 两个公式与实验数据的比较，发表在美国《应用科学信件》（APL）1983 年 11 月号上。从此汤定元他们的重要成果为世界上同行所知晓，被称为 CXT 公式，这是三位作者褚君浩、徐世秋、汤定元的姓的拼音的第一个字母。

1981～1985 年，国际上还另外出现了三个 $E_g(X,T)$ 经验公式，国际窄禁带半导体物理会议主席、美国著名学者 Seiler 先生在 1990 年的综述评论文章中对这 5 个经验公式进行了比较，表明褚君浩他们的 $E_g(X,T)$ 公式所根据的样品组分范围和测量温度范围都已大大地超过其他 4 个公式，而且与实验数据的符合程度比那 4 个公式都更好。

褚君浩在此基础上又对碲镉汞晶体的能带参数、光学常数、杂质缺陷、材料物理与器件物理进行了广泛系统和深入的研究，成为国际上研究碲镉汞晶体的主要科学家。2000 年美国计划出版一套微器件丛书。其主编之一、美国碲镉汞物理与化学会议主席 A. Sher 先生推荐褚君浩为这套丛书撰写一本《窄禁带半导体物理学》。他写的推荐信上有这样一段话："他们过去很少发表文章，现在他们不仅已经赶上世界，而且在一些领域走在前面。"褚君浩著的中文版《窄禁带半导体物理学》已于2005年4月由科学出版社出版，是一本印刷字数达114万字的大厚册。英文版属于"Microdevices：Physics and Fabrication Technologies"丛书。A. Sher 是该丛书的主编。Sher 对褚君浩的原稿进行了一些补充和调整，并列为作者之一，分成两册，书名为 Physics and Properties of Narrow Gap Semiconductors 和 Device Physics of Narrow Gap Semiconductors，已分别于2008年3月和2009年10月由 Springer 出版社出版。

汤定元是我国窄禁带半导体学科的杰出带头人。他在国际红外物理会议上和国际红外与毫米波会议上做特邀报告，介绍中国红外研究的概况。由于汤定元的开创与领导，红外物理国家重点实验室在窄禁带半导体物理性质研究方面取得了多项国际创新的结果，被国际上广泛引用，并被写进多本科学手册和专著。1993年汤定元领导的"窄禁带半导体的光学和电学性质研究"获得国家自然科学奖三等奖。

三、军事需求与技术推进有机结合的典范

1958年12月，汤定元领导了一个来自9个单位的18人小组，开始了国内红外探测器、相关基础理论和应用前沿的研究工作。近半个世纪以来，汤定元在红外技术领域早期的开创性工作，现在都取得了丰硕的成果。

靠什么才能获胜或取得成功呢？汤定元认为，要获胜或取得成功，必须有两个要素：一是取胜的目标；二是有工作的集体。还有，那就是要记住一位哲人说过的话：今天比过去任何时候都使人感到能否理解明天会发生什么，将决定事业的成败。

中国人民解放军及其各大部门都认识到红外技术的重要性，红外技术已经成为我国战略性的高技术之一，在陆、海、空、天、二炮等军事领域，以及气象卫星、航天、航空遥感等高技术领域得到广泛的应用；从事红外技术研究的大学、研究所、工厂、公司遍布全国，据袁继俊和董培芝主编、长城出版社2004年10月出版的《中国红外产品与应用》一书所说，红外技术已经成为一个拥有数十亿产业规模的新兴行业；汤定元早期领导的两个研究室现在已经分别发展成上海技术物理研究所和昆明物理研究所，都是中国最重要的红外技术专业研究所，汤定元所带的队伍和培养的人才后来都成为中国红外技术的骨干力量；国内最重要的红外专业研究所的结构都是按照汤定元提出的"四项主张"建设的，实践证明是成功

的；硫化铅、锑化铟红外探测器已经应用于 PL－2、PL－5、PL－6、PL－7、PL－9、TY－9 等空空导弹，HN 系列、QW 系列便携式地空导弹，我国最先进的空空格斗导弹等许多武器。

汤定元在红外技术领域早期开创性的工作，在当代中国国防科技事业中，是军事需求与技术推动有机结合的一个典范。汤定元在新中国与美国和台湾国民党军队激烈军事对抗的历史背景中、在西方对新中国的严密封锁下，依靠自己的力量，克服种种困难，开创了我国红外技术事业。如今，汤定元的学生们已经接过导师的"接力棒"，正在有条不紊地把红外技术运用于天基预警的探索之中。他们以卫星为平台，探测来袭弹道导弹、远程轰炸机、巡航导弹、空间作战武器、空间飞行器等空间危险目标的时间、空间与辐射的分布特性，给出危险目标的发生和发展信息，换言之，就是提供早期预警信息，这是天基预警的主要任务。这已成为人类在和平年代的共同需求，也是在未来可能发生的战争中把战争灾难降到最低的有效手段。

正是汤定元开创了我国红外事业，才使我国的红外技术从基础研究发展到空间应用等广阔的领域，使我国的气象卫星从第一代发展到现在。以卫星为平台，通过探测大气的时间、空间与辐射的分布特性，给出未来的天气信息，进行卫星天气预报是人类不可或缺的。气象卫星在天气预报、气候预测、自然灾害和地球环境监测以及海洋、航空和农业、渔业等方面都有着极其广泛的应用。目前，我国的极轨和静止两种气象卫星的发展已经取得了长足的进步，成为继美国、俄罗斯（苏联）、欧洲太空局和日本之后，第五个自行研制和发射静止气象卫星的国家；也是继美国和俄罗斯（苏联）之后，第三个自行研制和发射极轨气象卫星的国家。我国新一代极轨气象卫星使用的卫星扫描辐射计、红外分光计和中分辨率成像光谱仪和我国新一代静止气象卫星使用的卫星成像扫描辐射计、垂直探测仪等主要遥感仪器所用红外探测器已经达到了相当的水准，从而使我国在国际气象卫星系列中占据重要地位，也使我国的多光谱通道探测技术从红外拓宽到甚长波、甚短波和紫外光等光谱波段。

汤定元，是中国红外事业的当之无愧的开创者与奠基人。

汤定元认为，从事科学探索应着眼于"宏观世界"和"微观世界"的问题。两者都是剖析客观事物的方式。不从宏观去认识事物的全貌，就不知道事物究竟是什么，及至认识了事物全貌之后，就会提出认识事物微观世界的要求，否则就不了解这种事物能表达各种各样性能的物质基础。重要的是宏观与微观研究要很好地、有机地结合，才能彻底认识事物的整体和本质。在红外物理和红外技术的研究也是如此,既要从全局出发,也要从实际着手。譬如,红外探测器是红外技术的核心,红外技术的先导。每一个新型的红外探测器的诞生,都会引发大量新的技术应用。

　　红外技术最初是由军事装备的需要而发展起来的。半个多世纪以来,它的应用仍以军事为主,也逐渐转向民用。军用红外装备要求灵敏度越高越好,常常必须用制冷型的红外探测器。对于民用红外装备,则要求既使用方便,又成本低廉,技术复杂的制冷设备必须避免,因而非制冷型的红外探测器受到重视,它将是一种量大面广的产品。

　　汤定元认为,对于科学事业的发展,始终应当持孜孜以求的态度,不能有丝毫的懈怠。

　　"遥感地球村寨,高天细测谁家?科技创新任竞佳。"如今,年已九旬的汤定元院士,还在努力著书立说,还在继续关注着红外物理与技术研究的方向,为祖国的科学技术事业做出贡献。

第十章 辛勤笔耕

一、有件事他至今疑惑不解

2001年10月6日,汤定元去无锡参加母校无锡师范学校90周年校庆。可惜的是,除了与汤定元同往无锡的华东师范大学钱谷融教授之外,再没有遇上别的同班同学。汤定元与钱谷融谈起当年在无锡师范学校的旧事,感慨万分。汤定元至今仍对一件事疑惑不解。

汤定元在无锡师范学校上学的时候作文成绩很差,老师给予他作文的评级总是"丙"、"丙下"者居多,难得有"丙上"的评级。当时的国文老师阮真在发还作文时,经常有几位同学的作文被评为"甲中传观"、"甲上传观",希望班上的同学观摩研学他们的范文。汤定元现在仍然清楚地记得,达到这一水准的同学当时有4位,他们是周钟灵、姚金侨、卢侠鹏和钱骥。那时每周要写一篇作文,大多数是由老师出题目,偶尔也有自由拟题的。汤定元的作文水平自叹不如,便灵机一动,在自由拟题写作文时,把钱骥在前几次自由拟题时所写的文章,抄上一遍交了上去。但是,发回来的作文评级也不过是"丙上"而已,最好的一次,汤定元得了个"乙下",所谓"乙下",也就是汤定元在无锡师范学校学习两年多所获得的最佳作文成绩。

这里最值得一提的是钱骥。汤定元与他同于1935年秋考入无锡师范学校,钱骥从小就聪明过人,在无锡师范学校,就是班上的高材生。他博览群书,记忆力又强,因而知识面广,大家都称他是"万宝全书",他的文章更是经常得到老师的"传观"评语。说来有缘,两人分头逃难,却又在宜昌不期而遇,又一起来到四川中学师范部。后来,汤定元又和钱骥一起考进中央大学,汤定元读理学院物理系,而钱骥读师范学院理化系,他多花一年时间,既读物理,又读化学,学科基础更为宽广。两人毕业后又同在中央大学任助教。新中国成立后,汤定元到中国科学院应用物理研究所工作,而钱骥却正巧在中国科学院气象研究所工作。这两位老同学在北京相遇更是喜之不尽。在学校读书和任职的12年,两人几乎天天在一起,在北京的10多年里,虽然不在一起工作,但是每年总有几次与几位老朋友聚集在一起谈论往事,常常是一整天。1964年汤定元调到上海之后,凡出差去京城,总是尽可能去看他。

钱骥于1952年加入中国共产党,后来又以科班出身,担任了气象研究所的行政领导,这在当时是极其不易的。钱骥后来担任了航天工业部五院副院长和卫星总体设计部主任,为祖国的航天事业的发展立下了汗马功劳。他积劳成疾,于1983年患癌症不幸谢世。1999年9月18日,中央召开"表彰为研制'两弹一星'做出突出贡献的科技专家大会",会上追授钱骥"两弹一星"功臣勋章。每忆及此,汤定元总是唏嘘不已。

再说1938年汤定元考进了中央大学,一年级的时候中文也是必修课,往往要写几篇作文。每次老师布置作文时,汤定元都请中文系的周钟灵代笔。从这个意义上来说,自从师范毕业之后,他自认写作水平不高,在很长一段时间里几乎没有动笔写过文章。

如今回想起来,就是在这样低水平的写作基础上,他在近50年内却写了不少文章,如果印成32开的书,竟然达到3000多页。他始终都不敢相信这是一个事实。

汤定元自己进行过分析,他认为一生中做了三方面的工作:一是科学研究,现代科学研究都是集体智慧的结晶;二是在20世纪50~70年代为我国的红外技术的发展做了一些奠基性的工作,那是从国内外的大势出发而做的;三是写了不少文章。汤定元觉得,别人往往是依据前两项工作来对自己进行评价的,这只不过是机遇而已,而写作倒是汤定元个人的事。他认为,自己在写作上的成绩与前两者相比堪称最大,所得的回报也最高,他指的回报并不是讲稿费有多少,而是指精神上的回报。当汤定元听到别人对他的文章的赞许时,就觉得是对自己莫大的鼓励。尤其是当别人在汤定元面前评论他的文章之种种好处,却并不知道站在他眼前的人就是作者,汤定元此刻会在心中升起一种莫名的快感。正是因为他不间断地得到这些鼓励,便产生了使他不停地接受写作任务的动力。

二、把科学成就告诉普通老百姓

汤定元始终实践着这样一个信念:把科学成就告诉普通老百姓是科学家应尽的责任。前面已经讲过,汤定元的《天坛中几个建筑物的声学问题》一文是他的第一篇科普文章。汤定元当时接这项任务时,对自己的写作能力是心知肚明的,他深知,必须尽最大的努力把它写好。汤定元首先

读了几本《怎样写文章》、《语法结构》与《修辞》之类的书，经过再三地研读，然后才开始动笔。文章写成之后，又反复进行修改。每用一个比较生僻的字或词，他都要搞清楚它的确切含义，然后才敢把它写进文章。汤定元花了很大的精力，经反复推敲，用了半年时间，才写完这篇文章。公开发表之后，竟产生了意想不到的轰动效应。

汤定元的第二篇文章是在《物理通报》1953年8月号刊登的《近代物理学中的半导体》，这是从俄文翻译过来的。作者是 A.Ф. 约飞，苏联科学界的领袖人物。当时半导体刚开始显示出它的应用前景，这篇文章正好满足了当时物理学界希望了解半导体内容的人们的欲望。

上述两篇文章发表之后，科学出版社就邀请汤定元担任《物理通报》的编辑委员。新中国成立之后，当时强调向苏联学习，大学基础课使用的课本都是从俄文翻译过来的。例如，当时普遍采用的《普通物理学》就是从苏联弗利希写的俄文课本翻译过来的。翻译者按照当时很多哲学著作的典型译法，严格按照俄文的语法结构行文，虽然十分忠于原著，但中国人阅读起来总觉得很别扭。而汤定元翻译的《近代物理学中的半导体》一文问世之后，有些读者觉得俄文翻译也可以译得自由通畅一些，并非一定得拘泥于语法结构，只要忠于原著的科学内容即可。因此《物理通报》编辑部的同事们要汤定元翻译一篇布基诺夫撰写的《普通物理学》的绪论。

这是专论哲学与物理学关系的一个长篇大论。当时人们特别强调哲学的重要性，而弗利希先生的《普通物理学》的绪论中对这一问题则讲得很少。译出布基诺夫的《普通物理学》绪论可供大学师生参考。汤定元把它译出之后，这篇长达21 000字的文章刊登在《物理通报》1954年7月号上。此后的一天，汤定元去清华大学看望徐亦庄教授，他家中正好有一位来客，是在另一所大学里教普通物理学的教授。经过一番寒暄之后，徐教授便询问客人，最近《物理通报》上刊载的那篇布基诺夫撰写的《普通物理学》绪论读过没有。客人答道：读过了，这篇文章译得很好，流畅自如。他着实把译文夸奖了一番。待客人讲完，徐亦庄才告诉他：汤定元就在眼前，他就是绪论的译者。

在1956年1月29日的《人民日报》上，汤定元应邀撰写了文章《半导体在生产技术中的应用》，在当时"向科学进军"的号召下，这类文章广受读者注意。有好几位物理学界的前辈碰到汤定元时都说，这篇文章写得简洁明了。这篇文章确实很短，因为编辑部限定字数为2000字。

由于要保密的缘故，汤定元在出版红外技术的几部专著和撰写几篇关于红外技术的科普文章时都是用的笔名。凡是熟悉汤定元的人都知道是他写的。1960年的一天，在研究所的政治学习小组会上，一位叫张志三的同事说：那天他在书店里看到一本《红外探测器及其材料》，他看完编者写的序言，就认为此人水平很高。他说，可见在国防科研单位里也有高水平的人才。这本书是汤定元在1959年完成"55号"任务时编译的，主编署名为"万欣"，所以张志三是不知道"万欣"就是汤定元的。当然，后来他还是知晓了。又有一次，汤定元应邀在1963年6月4日的《光明日报》上写过一篇《红外光及其应用》，用的也是笔名。不久，汤定元因外出开会，与北京师范大学的郑华炽教授同住一室。郑教授也是从事光学的。他见到汤定元时，劈头就问："最近《光明日报》上的那篇文章是你写的罢，我猜想在国内这个领域能写出那样水平的文章非你莫属。"汤定元只得承认了这一事实，并向他解释了使用笔名的原委。

汤定元写的科普文章并不算多，从20世纪50年代起，连翻译文章算在内不过10篇。60年代以后，他写了不少专业方面的文章，基本上不再撰写科普文章。然而他的科普文章的影响却很大。1976年，汤定元与研究所的同事一起去山东烟台出席"全国第二届红外科技交流会议"之后，转车到青岛，想乘轮船回上海。大家候船暂时住在一所学校里。当时，汤定元正好外出归来，同事张小平正在那里接待一位亲戚，张小平便向亲戚介绍汤定元。那位亲戚立即问道："是否是三点水的'汤'，一定的'定'?"张小平予以肯定后，那位客人马上对汤定元说："当年你写的文章我几乎每篇都看，想不到你还那样年轻。"汤定元说，自己已经56岁了，怎么能说年轻呢？但那位客人却说："当时写文章时你汤定元才30多岁呢！"他似乎对汤定元那么年轻即写出科普文章感到十分诧异。

1980年，汤定元在全国政协大会期间碰到了一位名叫陈难先的同行，陈先生于1997年当选为中国科学院院士。陈先生谈起，早在读大学的时候就拜读过汤定元撰写的文章。他认为在20世纪80年代初发表这类介绍性的文章很有必要，可惜当时很少有人写这样的文章。

三、建言献策天下事

汤定元还撰写与发表了一些建言献策类的文章，综论天下大事。

他在1981年2月发表于《九三上海社讯》的文章中这样写道："我觉得就目前我们科技界的情况来看，要完成这样艰巨的任务需要作更大的努力。首先，我们缺少一个真正全面规划。我参加过好多次规划工作，搞的时候花了很多时间，但由于脱离实际，不能实现，所以过后就不再提起，

只成了一大堆文件。其次是科学管理的问题,现在算是比较重视了,但我觉得也还有脱离实际,脱离具体工作的情况。如何加强科学管理,不光是一些行政领导同志听听报告所能解决的。还有一个就是协作制度问题,现在所与所、室与室、组与组,甚至人与人之间的协作就很少,这个问题怎么来改革,是很重要的。另外,对科研工作的评价问题和对科技人员的培养使用问题,都有待于改进。"汤定元敢于直言,勇于针砭时弊,受到了人们的尊敬。

1982年1月29日,汤定元在《上海科技报》上发表了《科学研究必须讲科学道德》一文。他在文章中指出"研究所的根本任务是出成果、出人才","要求有良好的组织管理,把这些积极因素最高限度地发挥出来。而发挥积极因素的关键是要求共事者之间必须通力合作,发扬各自的特长。要做到这些,就需要一套能防止或解决共事者之间的矛盾的行为规范,即所谓科学道德规范"。他说:"通过宣传科学道德,使每个科学工作者认识到,树立正确的科学态度的重要性,乐意遵守科学道德规范,有助于防止和消除不利于科学发展的各种现象。"他还指出,科学工作者"能够做到正确对待自己,尊重别人劳动,就能与别人搞好协作,互相取长补短。那就能做出更多的成果,对国家有利,对个人也有利。每个科学工作者还必须对自己所在集体的工作目标、内容和技术线路等有所了解,才能建立明确的集体观念,自觉顾全大局,使自己的工作从属于集体目标的需要。这样就能使自己的工作具有更重要的意义,更容易获得重大的科研成果"。这篇关于"科学研究必须讲科学道德"的呼吁与呐喊在社会上引起很大的反响,《辽宁科技报》也予以全文转载。

以"一个最重要的成就"为题,汤定元在1983年第7期《上海政协会讯》上发表文章,阐述了这样一个观点:"'我们在全国范围内实现和发展了安定团结的政治局面,加强了社会主义民主和法制建设',这是'一个最重要的成就'。"他说:"教育与科学研究工作尤其需要安定团结的政治局面。回忆一下建国以来的情况,每次运动,大学生投身到运动中去,站在革命的最前列,课程学习当然是停止了。因此从建国开始到'四人帮'倒台为止的近三十年内,没有一届大学生能够顺利地连续读完四年大学课程。只有在打倒'四人帮'之后,经过拨乱反正,大学教育才走上了正轨。到今年暑假,我们就有了三届大学毕业生,他们都是连续不断地读完了四年大学课程的。这个事实可以说是'实现了安定团结的政治局面'的最有力的证据。"

"政治局面不安定对科学研究的影响更为明显。过去每次政治运动,开始时只是占用部分科研时间,很快就会发展到科研工作全部停止。科研工作不是随时拿得起放得下的工作,断断续续的工作时间不可能做出什么研究成果。运动结束后,形势变了,原来的课题不合适了,又得重新选择科研方向与课题,重新建设实验室。这样随着政治运动的一次一次出现,研究方向与课题一再改变,造成了大量人力和物力的浪费。"

他指出,我们深信已经实现的安定团结局面是不可逆转的。只要我们上下一致,发奋图强,努力工作,彻底纠正轻视知识和歧视知识分子的错误倾向,对教育和科研的体制进行必要的改革,使知识分子的潜力充分发挥出来,我们的教育和科学事业定能得到快速的发展。一个知识分子的良知驱使他开宗明义地反对所谓的政治运动,他渴求安定团结的政治局面,并且热情地为已经到来的"不可逆转"的安定团结的政治局面热情地鼓与呼。

1986年12月27日,汤定元写了一封信给自然科学基金会的负责人。信中阐述了对"基础研究"等问题的看法。他指出:"在自然科学研究中,有一类是前沿课题,做基础研究工作的人都感到我们目前的研究课题比较陈旧,要尽快赶到前沿行列。""首先,领导同志(中央的、地方的,特别是管财政分配的)要真正了解科学与工农业生产的关系,了解基础研究的作用,把科研经费放在受适当重视的地位。""设立'自然科学基金'是发展我国基础研究的好办法,它能指导科学发展方向,也能拾遗补缺,使整个科学健康发展,但不能,也不宜代替科学研究实体。""对科学研究的评价问题就相当于经济学中的分配问题,其一是目前的成果鉴定搞得太滥,样样成果都要鉴定,大多数趋于形式,劳民伤财,应当立个法规,哪些成果必须鉴定,不一定都要鉴定,搞鉴定也必须独立于出成果的单位。"

在上海市红外与遥感学会成立十周年(1989年),汤定元撰写了一篇名为《回顾与展望》的文章,他在文中激情洋溢地指出:"再过十年就接近二十一世纪,到了二十一世纪,我国的科学技术总应该能达到:主要依赖自己的力量解决国家建设各方面的需要这样一个状态。因此,今后的十年将是关键的十年,我们希望学会的会员们能振奋精神,艰苦奋斗,深化改革,使上海市的红外与遥感工作做得更有成绩,为二十一世纪我国的红外与遥感技术与国际水平并驾齐驱,做出我们应有的贡献。"

1998年10月,汤定元做了一次题为"我国红外技术发展的回顾"的特邀报告,该报告的主要内容曾发表于同年5月出版的《激光与红外》杂志上。他在报告结束时指出:我国红外技术的发展走过了一条不寻常的道路,与国内其他学科的发展道路很不相同。改革开放以来,国内出现了前

所未有的、有利于科学研究的局面。如何尽快赶上科学先进国家的科研水平，是每门学科的科技工作者都在严肃考虑的问题。对于红外技术这一学科，如何赶上世界先进水平，则是一个更复杂的问题。因为根据历史，红外技术在国外比其他学科的保密程度要严得多。红外技术的最新最高成就一般不会公开发表，赶上世界水平是一个什么含义，需要有关各方共同讨论得出结论。国内各研究单位之间也存在严格的保密。没有充分的交流和合作，对我们全国来讲事倍功半。为了处理好交流合作与保密之间的关系，必须有一个真正能了解和协调全国红外技术力量和能公正处理各种关系的领导中心。希望国防科工委能多做一点工作，担负起这一领导中心责任。

汤定元对于科技政策的关注，对于科研形势的精湛分析，昭示了他那满腔的爱国热情与拳拳报国之心。

四、无心插柳柳成荫

到目前为止，汤定元一共编撰出版了 10 本著作、300 余万字。他的这 10 本著作大致分三类：第一类书籍是为提倡半导体和红外技术而准备的三本教学参考书，主要是翻译著作《近代物理中的半导体》、《半导体物理学》和《红外技术的物理基础》；第二类著作是为了帮助研究工作者而编纂的，如《红外探测器及其材料》，还有《半导体太阳电池》，它是出版社提出来请汤定元编纂的。

《红外技术在气象卫星中的应用》是汤定元在"文化大革命"时期的 1972～1973 年完成的，那时上级把研制气象卫星的任务交给了上海技术物理研究所。由于"四人帮"的倒行逆施，汤定元被迫"靠边站"，在图书馆里上班，他离开了技术领导的岗位，便自己选文章、自己翻译、自己校稿，前后只花了 18 个月的工夫，他就完成了这本 52 万字的译著，其中只有一篇关于苏联气象卫星概况的文章是由俞福棠从俄文杂志上翻译过来的。在这部书里，汤定元还写了一篇介绍美国气象卫星发展的概况，编在书稿的最前面，他还写了一篇关于辐射制冷器设计计算的方法作为该书的附录。

瓦维洛夫的《眼睛和太阳》是汤定元独自一人翻译完成的一本著作。这本著作的俄文版在苏联获得了斯大林奖。汤定元读完之后觉得它确实是一本很好的科普著作，于是就决定把它翻译出来，介绍给中国读者。该书中的许多诗句，带有很强的文艺性质，汤定元对自己的译文有点把握不准，于是请教了清华大学的一位俄语教师，请其进行审阅。这本著作出版了 13 000 册，遗憾的是，汤定元作为译者竟然连一本都没有留下。1970年，出版社准备再版这本书，并与瓦维洛夫的另一本科普著作《冷和热》合编在一起。汤定元把第一版的内容做了文字上的修改，并请俞福棠翻译《冷和热》，交给了出版社。其后，"文化大革命"达到了"高潮"。该书竟被打入"冷宫"，不出版了。询问是何原因，出版社也一直无可奉告。汤定元只得向出版社要回了编辑样书稿，把这部书稿保留至今。

20 世纪 70 年代之后，汤定元不再搞翻译了，他主要是自己进行编撰，这就是他的第三类著作。在"四人帮"快要倒台的时候，上海技术物理研究所当时的领导"工人毛泽东思想宣传队"要求研究所组织人力写一本宣传红外技术的科普书籍。这件事情拖了一年多，最后汤定元才答应由他主持编写，找了 5 位同志分头编写一部分，最后由汤定元统稿，这本书出版了 48 700 本，但汤定元找遍了上海的各大书店，都没有找到这本书的踪影。

在 1986 年，湖北出版社要出版一套《传感器大全》，其中有一本《光传感器》邀请汤定元当主编。尽管汤定元从来未参加过他们的编务讨论，对参与这本书编写工作的几位作者还不认识，但是他还是答应了下来。经过一段时间的写作，当稿件都汇总到汤定元手中时，出版情况却发生了大变化，出版书籍需要作者自己掏钱，或者包销其中的 5000 册之类。最终，湖北出版社取消了这套书的出版计划。汤定元阅读了各位作者的稿件，感觉很不错，觉得出版这本书还是很有价值的。如果任它半途而废，未免太可惜了。汤定元决定自己设法出版。他请上海科学技术文献出版社代印了 3000 册，由上海技术物理研究所花了 20 000 元买回 2000 册书。这些钱都是由所里和几个课题组出资的。这 2000 册书除了书店代售，卖出 400 多册和大量赠送之外，还剩下好几百册躺在办公室里。

《红外辐射加热技术》是由汤定元独自撰写的。红外辐射加热技术是一种新的节能技术。国际上是在 20 世纪 60 年代的石油危机之后，才对红外辐射加热技术予以重视的。我国在 70 年代中期由中国科学院上海硅酸盐研究所首先研究并推广到上海几家工厂应用，取得了明显的节能效果，于是国家经济委员会于 1978 年在上海召开现场会议，向全国推广这一节能技术，受到人们的普遍重视，各省市都有一部分人对此技术感兴趣。1981 年在上海举办的红外加热技术交流会上，有人提议组织"省市协作红外加热技术交流会"轮流在各参与协作的省市举办，每两年一次，第一届是 1983 年在郑州，第二届是 1985 年在广州，这个交流会最近还在按时举办。不过交流范围已经扩大,不再限于红外加热,会议也改名为"省市协作红外技术交流会"。

红外辐射加热技术在国内的推广应用过程中,曾经遇到过一些波折,但是,汤定元和这一领域的一些科技工作者在困难中不灰心丧气,不临阵脱逃,凭着他们的事业心和奉献精神,自动地组织起来,成立"全国红外加热技术发展研讨会"。该研讨会1986年成立,从1987年开始每两年在选定的地点召开一次研讨会,第一届是在九江市召开的,第二届是1989年在锦州市。这个研讨会最近还在按计划进行,但扩大了研讨范围,改名为"全国红外加热暨红外医学发展研讨会"。这个研讨会曾在1987~1989年出版了10辑《应用红外与光电子学》不定期刊物。

在红外加热技术发展研讨会上发言（1987年10月16日,江西九江）

为了进一步使红外辐射加热技术成为一门真正的技术学科,大家决定组织编写一套技术丛书,以全面介绍红外辐射加热的各个方面的问题,包括一些规程。作者也进行了预约。汤定元接受任务,撰写一本引论性的科普著作。但是,后来由于我国出版业的改革,图书出版有了新的要求,该丛书的出版计划又搁浅了。

红外辐射加热技术发源于上海,到20世纪90年代,上海在这一领域的研究似乎已经衰退,而东北地区在这方面的工作却发展很快。红外辐射加热技术研讨会的重心终于往东北转移了。考虑到自己将脱离这方面的工作，已经准备就绪的写书的资料弃之可惜，因此不管出版书籍是否有困难，汤定元还是执著地把《红外辐射加热技术》这本书写了出来。

汤定元先后担任过《应用科学学报》副主编、《物理学进展》副主编、《中国科学》与《科学通报》编委、《半导体学报》编委。此外，他还担任过《职业卫生百科全书》编审委、《大百科全书·电子学卷》编委兼红外技术部主编、《高技术百科辞典》副总编及红外分册的主编，这几部百科全书的编辑工作倒是花了汤定元不少的精力。

真所谓"有意栽花花不发，无心插柳柳成荫"，由于青年时代的汤定元对中文写作并不感兴趣，他做梦也不曾想到日后他会涉足科技创作、科普创作与科普翻译的领域，几乎经常与文字工作打交道。

汤定元坚定地认为：科学上的任何成功，最重要的是对它的热爱和长期坚忍不拔地进行探索，"千里之行，始于足下"，"只要工夫深，铁杵磨成针"。正是汤定元的执著和勤勉，使他不断地从科学的必然王国走向自由王国。汤定元始终牢记着科学前辈们所一贯倡导的思想："科学家不是依赖于个人的思想，而是综合了几千人的智慧。""极端重要的是，不仅仅要依靠少数科学家的才能，而且要不断吸收相当数量的年轻人，让他们熟悉科学研究的结果与方法。只有这样，才能在最大程度上不断地提出新的问题，更重要的是，通过青年人自己的贡献，新鲜血液和新的思想就不断涌入科研工作。"这也是汤定元始终如一地倡导科普、为科普呐喊、为科技著作出版事业的繁荣贡献自己的力量的原因了。

第十一章 淡泊生活

一、对音乐，他曾很痴迷

中央大学里有各种业余爱好组织，汤定元读四年级时，经常去参加音乐欣赏活动，听听唱片，对于经典交响乐之类的"阳春白雪"，实质上他完全听不懂，用他自己的话来调侃，"不过是附庸风雅而已"。有时听到有人唱歌，觉得很好听，就把歌曲借来，抄录下来，接着自己进行练唱，但是，等他自己学会了，又觉得自己唱得太难听，于是，就对这首歌曲不感兴趣了。以后又碰到一支新歌，于是，他又把它抄录下来，如此周而复始，他沉浸在抄录—学唱—失去兴趣这样一个怪圈之中。

汤定元抄写歌曲一贯十分认真，当时传抄的歌曲一般写得比较乱，错误百出。他在无锡师范学校上过音乐原理的课。根据他所学的知识把传抄中的曲谱谬误加以改正，工工整整地抄录在习题簿上。于是，日积月累的，他先后抄录了两大本。后来，汤定元把这两本"歌曲集"带到美国明尼苏达大学。那里的中国留学生不少，他们看到这些歌曲都很感兴趣，你也抄，我也抄，一时间，这两本"歌曲集"竟成了"抢手货"，大家就这样辗转传抄，待到汤定元要离开明尼苏达大学时，这两本"歌曲集"竟然遍找无着，不知去向了，汤定元也只好作罢。

1948年秋，汤定元转学到芝加哥大学时，与他往来最密切的是学理论物理的徐亦庄，他喜欢拉小提琴，汤定元听他拉小提琴也很感兴趣。当时，美国唱片业正面临着一场竞争。众所周知，老唱片是每分钟78转的，每面只能录制4～5分钟的音乐曲，当时，汤定元听闻美国的两大唱片公司，RCA（Radio Corporation of America）和哥伦比亚公司都在搞密纹唱片，但是究竟采用哪一种转速，则互相保密。大约到了1949年，这两家公司才把产品推向市场。哥伦比亚公司采用的是每分钟 $33\frac{1}{3}$ 转（12吋[①]

[①] 英美制长度单位，一吋为一英尺的1/12。

盘），每面可录制 20 多分钟的音乐曲，RCA 采用每分钟 45 转，而且只生产较小尺寸的唱片，于是 RCA 生产的唱片很快就被淘汰，市场最终接纳了哥伦比亚公司生产的每分钟 $33\frac{1}{3}$ 转的唱片。

汤定元经常与徐亦庄在一起，听他拉小提琴，一同放唱片听音乐。此时，汤定元对一些经典音乐已经能欣赏一二了。于是汤定元也购买了一台简易唱机，自己动手安装了扬声器。一有空闲，他就在自己的房间里欣赏音乐。当年 12 吋的唱片每张约 5 美元，如果到一家熟悉一点的店铺里购买，只需花 3 美元就能买一张唱片。汤定元所购的都是经典音乐的唱片，他从来不买流行歌曲唱片，待他回国时，总共收集了 30 多张，光经典交响乐就有 11 张，其中贝多芬的第三、五、六、九交响乐就是 4 张唱片。回国时，汤定元特意买了一个 12 吋的喇叭带回国。他对经典音乐的痴迷由此可见一斑。

回到北京之后，汤定元在虎坊桥一带找到了一位有名的乐器制造工匠，尽管汤定元月薪才 72 元，但还是在工匠那里花了 80 元，定制了一个大喇叭箱。偶尔，他也购买一些从苏联进口的唱片。1956 年，洪朝生去苏联出差，带回来《茶花女》全曲三大张唱片赠送给汤定元。

到上海工作后，汤定元搬迁到高安路的住宅，离中国唱片公司很近，他便在这家公司购买了一套唱机及扬声器，科研工作之余，难得空闲，便听听音乐，不过，随着年龄的增长，他的耳朵失聪越来越严重，身体也较前弱了，因此，听音乐的次数越来越少了。

几十年里，汤定元总共收藏了 50 张唱片，都是经典音乐，由名家指挥、著名乐队录制而成，汤定元认为这是一笔宝贵的财富。2002 年，他把这些唱片全部捐赠给上海音乐学院图书馆，作为档案资料保存。

二、钟情文史、地理与考古

汤定元平时喜欢阅读，除小说之外，各种书籍都涉猎，兴趣甚广。1985 年之后，他不再担任行政领导，这方面的压力有所减轻，就想看看专业之外的书籍。一开始读历史书籍，后来又转向考古学，感觉兴趣越来越浓。如果在书店里看到考古方面的书籍，他总是喜欢买回来翻阅一遍，或者挑选其中的某些内容看一看，但是并没有时间去通读。如果碰到一些合适的机会，他总会设法去参观一些考古发掘的遗址，如陕西半坡村、余姚的河姆渡、杭州附近的良渚文化遗址。当他在报章上看到有

关考古的报道,总是要把它们剪下来,在不知不觉中已经收藏了一大包。

他曾经为此求教于一位从事考古研究的老熟人,这位学者向汤定元推荐了几本外文版的介绍考古技术的书籍。但是,结果汤定元并没有去阅读这些书。此时,汤定元才发觉自己并非是对考古学情有独钟,他真正的兴趣还是在于历史学。

2000年汤定元八十寿辰时,他的一位20世纪80年代的研究生后来当了某企业的老板,得知老师对历史有兴趣,便特意购买了一套22厚册的《中国通史》作为寿礼赠送给汤定元。这一来,汤定元每逢观赏历史电视剧时,总要把《中国通史》拿出来翻一翻,读一读相应的那段历史。汤定元还兴之所至,把《中国通史》中各个时代有关科技的描述,都通读了一遍。

汤定元对中国地理也很感兴趣,记得在北京时,他一直订阅一份《旅行家》杂志。他每到一个旅游胜地,总喜欢买一些介绍这些胜景的书籍,这方面的书籍他也已收集了不少。他说自己对中国历史地理感兴趣,可能与中学时代历史与地理老师的教诲有关,正是因为他们上课深入浅出、妙趣横生,所以引发了学生的兴趣。

与上海技术物理研究所同事在洛阳参加"528任务",
游洛阳龙门石窟(1965年7月5日摄)

黄山迎客松下
(1982年8月摄)

与上海技术物理研究所的同事俞福堂（右）一起登泰山
(1986年6月6日摄)

三、文理相通与"艺术细胞"

20世纪90年代，国内有不少著名人士倡导文理结合，认为对科学思维和文艺感情的表达是由人脑的不同部位来完成的，这两类创新是不矛盾的，在科学上做出创新成果的人，在文艺方面同样可以有骄人的成就。90年代以来，有不少这方面的论述。汤定元也阅读了不少类似的文章，但是对照自己，总觉得有些缺憾，认为自己缺少"艺术细胞"。有两件事使汤定元记忆犹新。

汤定元在中央大学攻读物理学光学部分时，就想着将来有一架照相机该多好。到了美国芝加哥大学之后，他看到徐亦庄有一架德国蔡斯公司生产的罗莱克斯照相机。当时，这种罗莱克斯照相机售价为1000多美元。汤定元决意也买一架，不过，他花了两个月的生活费最终购买了这个照相

机的副牌 Rolleicord 的二手货,用它来学习照相技术。

回国之后,他每到一个新地方总要照几张照片留作纪念。但是,当他看到洗出来之后的照片时总觉得不尽满意,拿在手上横看竖看,仿佛缺点毛病越看越多。于是,他就去买了几本照相书籍来阅读,读了之后,摄影技术好像也没有什么明显的长进。这时,他才领悟到这样一个事实:摄影技术的好坏是需要有艺术感觉来把握的,自己缺乏艺术"细胞",因此以后就再也不自己用相机摄影了。

1985年以后,除了阅读历史书籍之外,汤定元还开始练写毛笔字。他总是憧憬着自己能写一手漂亮的楷书。他这样的愿望可以追溯到20世纪50年代,但是当时科研任务很繁忙,因此他一直到1985年才决心开始练习书法。他觉得宋徽宗的瘦金体很

游桂林漓江公园 (1984年9月摄)

好看,就买了一本法帖,每天写上一张大字,一张仅16个字。到了1992年后,由于经常患病住医院,练习书法就自然而然地停止了。从1992年至1995年这几年中,汤定元有三分之一时间住在医院里,到了1996年健康情况才有所改观,于是,当年10月,他便又开始练习书法。久而久之,汤定元又发现了问题。那就是自己如果依样画葫芦,临摹几遍,总可以写出一两个很像字帖中的字,看上去还比较满意。但是,如果他不看字帖,写出来的大字,就连一丁点儿的瘦金体的味道也没有了。这时,汤定元才

恍然大悟：他体会到，自己还是缺乏艺术"细胞"，再加上年事已高，早就错过了铸造艺术"细胞"的年龄。于是，他就做出决定：再也不练习书法了。

四、关键要有一个好心绪

汤定元以前身体底子一直比较差，加上自然灾害困难时期营养不良，气管炎的老毛病经常犯，以致后来气管变得很脆弱，动辄会破裂出血。有时挤公共汽车，被人在后面推搡一下，气管受了压迫，回去都得吐血。他决心努力去改变体质差的现状，从1960年开始学打太极拳，那时他在北京工作，家离景山公园不远。他想，太极拳也许是适合自己身体状况的一种锻炼方式。他经常到风景如画、空气清新的景山公园走一走，那里有一个太极拳委员会之类的组织，他开始跟一位太极拳老师学拳。当时学费很低廉，三个月学费只需交6元人民币。三个月后则不需再交学费了，只要天天跟着老师打拳就是了。有时他困乏了，打一套拳，就觉得来了精神。天长日久，他坚持不懈。即使在20世纪90年代初，因哮喘性气管炎住了几次医院，但是只要情况许可，他在病房里仍然坚持练拳。这太极拳一练就是40多年。

"老年人总会有病痛，这是自然规律。我患有高血压、高血脂、气管炎等症，脑的记忆力也有所衰退。有了病不可怕，要对症治疗，要适当地、坚持用药物控制疾病，再辅之以一定的体育锻炼。"汤定元始终坚信这一条。2005年9月，汤定元因患急性胆囊炎被送进华东医院。如果不及时手术，可能会影响胰腺。作为一位已经85岁的老人，手术是有一定风险的，但是汤定元处之泰然，他不主张保守疗法。手术完毕缝了很长的伤口，仅住了24天就出院。回家后，他就开始打太极拳，先是打半套拳，接着是四分之三套，如今又能打全套了。他说，也许是神奇的太极拳，使他有了一个能抗住突发病症的体质，即使患病时也能在逐渐缓解疾病的症状、缩短病程方面起一点作用。

"我这个人有一个特点，就是睡眠好，每天晚上只要头挨着枕头，过不了几分钟，就呼噜开了。睡眠质量挺好，第二天早上头脑往往很清醒。年轻时当然不用说了，即便是现在，依然能保持7个小时的睡眠，不过要多几次起夜。至今，我仍保持清晨时躺在床上思考科学问题或一些自己感兴趣的问题的习惯。"这个习惯令汤定元感到十分满意和自在。

汤定元的饮食并不十分讲究，他说，老年人还是要保持吃清淡的食

物。当然,他作为江南水乡人氏,常年喜好鱼虾那是并不足怪的。他说现在吃虾少一些了,"食有鱼"是一定的。肉吃得比较少,平时以蔬菜为主。

"关键是要有一个好的心绪。"他说:"人的一生中总会有些磕磕碰碰的事。我也不例外。不过,我对名利看得很淡。我相信'水到渠成、瓜熟蒂落'这样的老话。该有的总会有的,一切顺其自然,人心就不会浮躁。这是有益于身心健康的。"

五、"心随朗月高,志与秋霜洁"

汤定元如今的寓所坐落在上海徐汇区高安路上,高安路是上海西区一条闹中取静的马路,高大的法国梧桐树竖立在道路两旁,真所谓浓荫蔽日。这是四楼的小三室一厅,陈设朴素,却窗明几净,一尘不染。他的客厅与书房里陈列着几个大玻璃橱,透过玻璃窗,可以看到里面一排排的书籍、资料,还有那一个个奖牌和奖品。耄耋之年的汤定元,一头银发,腰板挺直,精神矍铄,说话做事笃笃悠悠,有条不紊。他半眯缝着眼睛,显示出凡事要追根究底的神情,略微迟缓的动作使人感到他作为一个科学家的雍容的气度。倘若有人与他谈到什么学术或工作问题,他就会准确无误地从书柜里取出书或资料向人们展示。这与一般人想象中的科学家在生活上不拘小节的刻板印象迥然不同,看得出,汤定元是个认真仔细、遇事谨慎、生活周密的人。

前不久,汤定元被授予何梁何利基金"科学与技术进步奖",获得了20万港元的奖金。汤定元拿到了这笔奖金后,立即把它捐赠给自己的母校——金坛市华罗庚中学,设立奖学金。

他没有把这笔钱留给自己和他的家人,尽管他的儿子买房仍需要贷款,他想到的却是发展中国的教育事业,想到中国优秀青少年的培养,想到那些虽然一心求知向上,但家境贫寒的学生。

汤定元捐款的事也得到了家人的支持,妻子徐世秋与他情深意笃,半个多世纪以来风风雨雨,但他们相濡以沫,互敬互爱,对丈夫的抉择她当然是慨然支持,儿子也对此十分通情达理。

捐款的事他并没有告诉别人,但是消息还是不胫而走,大家无不为之感动,汤先生并不是第一次为教育事业捐款,他曾多次为"希望工程"捐款,还为西部地区捐赠了一个"希望书库"。谈起这些,汤先生显得很平静,他说:"自己出身贫寒,读书很不容易,现在把这20万元用在最需要的地方,是最合适的。"至于生活,汤先生笑着说:"现在我的生活已经够好了。"

汤定元曾经语重心长地对青少年朋友们说:"现在假设,当年我留在美国,仍然从事科研工作,也许能做出一些成果,发表多篇论文。但其效果肯定不会有现在这样显著。根据我过去的经历,我认为,在科学相对比较落后的国家,派留学生到先进国家去学习,是一件很重要而且很有必要的事。在那里可以较快地学到科学研究方法,也可以较早地接触到前沿课题,抓住机遇。最好是选择一所名牌大学。学习结束,开始工作时,最好的选择是回祖国工作。因为那里是生你育你的土地,也是最需要像你这样的人才,做出的成果也容易显示出来。特别是我们现在的中国,经济蒸蒸日上,正在实施科教兴国战略,急需各类人才。从事科教工作本身就会受到人们的尊敬。做出的成果容易受到人们的重视,从而引发积极的影响。"

是啊!汤定元的学术思想与成就的取得,在于他多年的艰苦磨砺和一丝不苟的敬业精神,在于他勇于实践、勇于创新、善于作前瞻性的思维,还在于他甘于寂寞,安于平凡。他默默无闻地工作了半个多世纪,他从不追求名声,在一段时间里,熟知他的研究能力的外国学者曾一度认为他已经"从地平线上消失了",岂料,他却在红外物理技术应用的"园地"里辛勤地耕耘着,他甘愿做一名"无名英雄"。中国"上天入地"的尖端技术有着属于他的一份艰辛与成功。

如今,汤定元老而弥坚,"心随朗月高,志与秋霜洁","莫道桑榆晚,微霞尚满天"。他认为,"行百里者半于九十",从事科学研究不能有丝毫的懈怠。他觉得自己不断地观察到了一些新的现象,获得了一些新的信息,也进行了一些新的探索,但还需要进行精湛的研究。科学事业犹如波澜壮阔的大江,后浪推前浪,一往无前,个人只是沧海之一粟,人最宝贵的是生命,每个人的生命只有一次,每个人都需要认真考虑有限的生命应该怎样度过。在真理的长河之中,在历史的长河之中,他将老骥伏枥,继续勇往直前。长风破浪会有时,直挂云帆济沧海。

第十一章 淡泊生活

第十二章 桃李天下

一、钟情于教育事业

汤定元一生都在研究所工作，但他对教学的邀请从不推辞。他虽然是师范毕业，但除了在附属小学进行教学实习外，没有当过小学老师，但他兼任过中学和大学老师。1946年他在中央大学附属中学教过高三物理学，1955年春与黄昆、洪朝生、王守武等在北京大学物理系固体专业合作讲授国内第一次开设的"半导体物理学"，1962年与洪朝生、李荫远等在中国科技大学02系合作讲授"固体物理学"。1992年他曾在上海技术物理研究所为研究生开过"红外探测器"一课，准备了详细讲稿，计划写一本专著，但后来身体上出现了健康方面的问题，最终不得不放弃。

在研究所里，由于国内社会条件，有时会同时出现相当多的年轻人，他们对将要从事的研究工作缺乏必要的准备，汤定元认为在这种情况下，采用讲课的方式帮助他们尽快进入研究领域最合适，而且也乐于担当讲课的任务。20世纪50年代初期，汤定元在北京中国科学院应用物理研究所工作，当时研究所的研究方向是固态物理，而那时来所的大学生在大学里都没有学过这方面的内容，于是他决定采用苏联出版的一本《金属物理学》的书作为课本，由洪朝生与他两人合作讲授。采用俄文教本，也有着提高年轻人俄文水平的意图。

汤定元于1964年到上海工作后，上海技术物理研究所接受了汤定元的"四点主张"，也因此转变了研究方向，但是，相当多的研究工作者对红外技术尚不太了解。作为"领军人物"，汤定元与被领导的青年科研工作者之间的年龄一般要相差20岁左右，在科学研究上实际上是差了一辈，讨论科研问题时当然是不对称的，这是一个很现实的问题。于是，汤定元决定为大家讲授"红外技术的物理基础课"，每周一次，连续讲授了半年多。

"文化大革命"期间，大批工农兵大学生分配到上海技术物理研究所,由于这些学员的基础知识比较差,他们在科研工作中很难发挥作用。汤定元觉得,这并不是他们的过错,他们也是"文化大革命"的受害者,作为老一辈的科学工作者,自己应当帮助他们弥补这一历史造成的缺憾。因此,汤定元便制订计划,为这些工农兵大学生开设四门大学里的物理基础课程和一门半导体专业课程。不过,这次汤定元并没有亲自授课,而是负责物色教师,以及与教师共同讨论如何来制订授课内容。这一教学计划按部就班地进行。但是,任何事情都可能会出现某种负面效应。过了一段时间,据说竟有人跑到当时所党委的一位负责人那里去"告状",说什么实验室里没有人干活了,都跑去听课了。因此那位负责人便提出要清理一番听课的人员及相关情况,实质上那位负责人也是反对开这些课程的。但是,由于当时中国科学院上海分院的教育处坚决支持这一开课计划,授课就按原计划继续执行,汤定元他们只是奉命整理了一下听课人员的人数,向那位负责人做出报告,便算是敷衍过去了。大约花了三年时间,这些课程按计划讲完。虽然在这三年中,实验室里动手做事的人手少了一些,但是,此后,大家的基础知识比较扎实了,这些听课者的素质大为提高。他们在实验室里工作的效率也提高了,对弥补三年之内因人手阙如所造成的损失,那是远远不止的。更何况,汤定元在教与学的互动之中,又在这些年轻的学员中发现了一些可造之才。汤定元他们的这一做法,受到了上海的友邻科研单位中工农兵大学生的交口称赞。

1978年之后,研究所工作逐渐步入正轨,开始招收研究生。至今,汤定元已经培养了26名博士及10多名硕士。除了一部分人去国外工作之外,留在国内的大多是学校、研究院所和企业等各单位的领导和主要骨干,已有两位成为中国科学院和中国工程院院士。自1999年起,教育部每年在全国遴选100篇优秀博士论文。汤定元已两次获得"教育部全国优秀博士论文导师奖"(1999年、2004年),并4次获得"中国科学院优秀研究生导师奖"(1996年、2000年、2002年、2004年)。

优秀教师奖状

二、褚君浩眼里的汤定元

在汤定元的学生褚君浩眼里，他的导师是桃李满天下的一代宗师。

"当我还在读中学的时候，就阅读了苏联瓦维洛夫撰写的《眼睛与太阳》一书，这部书是由汤定元先生翻译的，翻译得很生动。这也使我初次从书本上结识了汤先生。这部书给我留下了深刻的印象。于是，我对光谱、光的波动性、光的粒子性、光的量子特性以及光源，有了初步的兴趣。"中国科学院院士褚君浩如是说。

1978年，褚君浩由严东生先生推荐，报考上海技术物理研究所汤定元先生的研究生。褚君浩的半导体物理考试成绩为90分，获得了第二名，经过其他考试之后，他终于从100多名考生中脱颖而出，主攻凝聚态物理，由汤定元先生指导。三年后，他获得了硕士学位；之后，他又继续攻读博士学位，仍然由汤定元先生指导。

给褚君浩留下深刻印象的是汤先生给研究生上课注重讨论的形式。汤先生让学生们系统地研讨《固体物理学》，这是美国基特尔的著作，以此为范本，进行启发式教学，并由学生逐章主讲。汤先生对大家说："你们是研究生了，与大学生不一样，更应当有学习的主动性。"

每位研究生轮着讲一个章节，学生们特别认真，要想讲好这一章节，首先自己得把基本理论理解清楚，然后在学生主讲的基础上展开讨论，不仅研究生参与讨论，而且研究所里的科研骨干也可以在讨论会上一起发表意见。8个研究生加上一些科研骨干，讨论会的气氛十分热烈，大家齐心协力，共同搞清楚固体物理的理论问题。在这个过程中，汤定元善于在每一章节提出关键性的问题，启发众人的思路，引导大家进行讨论，所产生的效果极佳。

褚君浩主讲的内容把窄禁带与半导体结合起来，他为此足足准备了三个月，他还深入研究了美国凯恩先生有关"窄禁带的能带理论"的文章，认真推导了一遍该文中所提到的公式，连矩阵元都计算了一遍。他演算了厚厚一大叠的草稿，还把公式的推导用大字抄写在白报纸上，可以挂在黑板上一张张地演示。工夫不负有心人，在汤先生的指导下，由于褚君浩精心的准备，他主讲的章节获得了圆满成功。他先后在研究所里做了两次报告，每次两小时，研究所里可容纳近百人的会议室里挤满了听众。褚君浩把凯恩的理论演绎得很清晰。汤定元特别注意到凯恩的理论，他认为褚君浩很好地完成了研究和演讲的任务。

汤定元在指导研究生的时候既注重打好基础，又抓住了科研的重点。1976年，窄禁带半导体理论在美国刚刚得到完善，成为国际红外技术的前沿，汤定元就瞄准了这个前沿，打好研究基础，积极培养这方面的人才。汤定元的工作做得十分扎实，他让自己的研究生基本上都选择了窄禁带半导体的研究方向，不过每个人的研究角度不同罢了。除了褚君浩外，还有龚雅谦、林和、方浩、冷静、杨永年、傅柔丽、王忠发等。

褚君浩最初的硕士研究论文是关于拉曼散射问题研究，实验设备都是自己搭建的，后来出了点问题，汤定元就指导褚君浩转向碲镉汞的吸收光谱研究。汤先生十分敏锐地看到，碲镉汞的吸收光谱，国际上尚未测量到转弯点，也就是高吸收系数尚未测到，还没有测量到完整的碲镉汞吸收光谱。褚君浩开始了这一测量。他在汤定元的指导下，制备了极薄的碲镉汞样品，终于解决了高吸收测量问题。褚君浩为找到突破点，测量完整的碲镉汞吸收光谱，做了卓有成效的工作。

围绕着禁带宽度公式、能带参数、本征载流子浓度、吸收系数、折射率公式、截导波长公式、杂质缺陷、晶格振动、二维电子气等，用所发现的规律建立起多项材料器件评估方法等系统，促进碲镉汞的材料器件研究，汤定元领导褚君浩做了这一切。

汤定元还直接参与了碲镉汞材料的生长研究。他和光伏器件、光导器件的研究人员一起商量如何提高器件性能，改进工艺，经过认真的讨论，提出新的方案。

1981年，褚君浩获得了硕士学位。他本来有机会去美国继续攻读博士学位，正当举棋不定之际，汤定元劝他不要去美国，他对褚君浩说："你做我的硕士生是做得很好的，你如果继续跟着我攻读博士生，你的研究工作因为有了连续性容易出研究成果，否则，你中断了这项研究，是很可惜的。"他的爱生之情油然而生。事后，褚君浩又去征求匡定波先生的意见，匡定波说，关键是要建立自己的工作。他与汤定元的观点不谋而合。于是，褚君浩坚定了信心，在汤定元的指导下，迈好这人生的重要一步。当初，汤定元曾经向褚君浩承诺：待你完成博士学业，可以送你去国外工作。他是个信守诺言的人。1984年褚君浩获得了博士学位，第二年可以申请出国工作，汤定元主动帮他推荐德国的科亨教授。因为科亨教授在碲镉汞二维电子气研究方面比较出名，褚君浩如果跟着他搞研究工作，不会偏离碲镉汞的研究方向。科亨教授曾经来访过上海技术物理研究所，又可以申请德国洪堡基金会的资助，该基金会每年在中国招收7～8人不同专业的研究人员。于是，褚君浩把自己的博士论文翻译成英文，并与科

亨教授商定了研究计划，便于1986年2月成行了。

临行前，汤定元勉励自己的学生：此番德国之行，一是要多为自己的国家做出贡献；二是出国的目的是为了更深入地做好研究方向的工作。他说，任何人的成长和事业的成功，都是同他的祖国联系在一起的。让自己的祖国在世界上更为强大，发出更灿烂的光辉，是我们这些科学工作者梦寐以求的愿望。他指出，今天这个世界上，虽然有着无比的辉煌，有着无比的勇气，有着无比的成就，但也有着诸多的挑战，有着诸多的困惑，有着诸多的艰辛和失意，作为一个有志向的科学工作者，可以百折不挠，九死而无悔。民族之振兴、社会之发展、科学之进步，是需要理想的，人类社会上许多惊天动地的事情，往往是一个人或者一群人坚忍不拔地坚持理想的结果，拥有理想对个人的人品与情操是一种最好的磨砺，为了实现理想，越是敢于在磨石上磨砺的人，他的生命就越会放出异彩，生命的异彩不在于哪一天突然博得了全世界的喝彩，而在于与交往的每一个普通人都会出自内心地说：这是一个真正的人。

汤定元的谆谆教诲，褚君浩时刻铭记在心。在德国两年十个月的学习期间，师生之间鸿雁传书，不断进行学术上的交流。从1978年开始，褚君浩就研究碲镉汞直到现在；从1996年开始，他自己又开拓了铁电方向的研究。

褚君浩从德国归来之后，汤定元在他的工作方面又给予大力的支持。20世纪90年代末，褚君浩开始撰写《窄禁带半导体物理》一书，前后共写了六七年。汤定元得知自己的学生在写这部100多万字的巨著，一直鼓励他，询问著述的进展情况。他把自己多年积累的有关窄禁带半导体物理方面的资料和书籍送给褚君浩作为参考，初稿写成之后，汤定元还逐章逐节地予以阅读，他亲自为褚君浩的这部著作撰写序言。当褚君浩问道，汤先生年事已高，是否需要先写个序言的初稿供先生参考时，他婉言谢绝，最终自己动手写完了序言。

他在序言中这样写道：

"20世纪50年代出现一门半导体学科，从Ⅳ族元素半导体到Ⅲ-Ⅴ族二元化合物半导体都有不同程度的研究。其中禁带最窄的半导体是InSb（室温下禁带宽度为0.18eV）。由于红外探测技术的需要，1959年出现了以Ⅱ-Ⅵ族二元化合物HgTe和CdTe为基础的三元化合物$Hg_{1-x}Cd_xTe$，可以得到禁带更窄的半导体。改变x之值，有可能解决几个重要红外波段探测器的需要。同时禁带的变窄，出现一些有趣的物理特性。因而立即引起广泛的研究兴趣。1967年即出现有关这一材料的国际性的专业讨论会。

1976年首次出现'窄禁带半导体'的国际讨论会。自那以后有关'II-VI族半导体'或'窄禁带半导体'的专业讨论会，有国际的，有大西洋公约组织的，有各个国家的，真是层出不穷。每次会议规模都相当大，从而形成一个半导体物理学的重要分支——窄禁带半导体。在这迅速发展过程中，出版过不少有关这一半导体的论文专集。但作为全面综述窄禁带半导体有关研究成果的《窄禁带半导体物理学》，据本人所知，这还是国际上的第一本专著。"

"本书的编著者褚君浩教授曾在HgCdTe半导体的研究发展过程中做出过多方面的贡献，被认为是《窄禁带半导体物理学》一书最合适的编著者。1999年国际著名的《Landolt-Boerstein科学与技术中的数据和函数》出新版本时，就邀请他撰写有关HgCdTe的章节。2000年美国Kluwer Academic/Plenum出版社计划出版《微器件丛书》（*Micro Science Series*）时，主编之一A. Sher（曾任美国II-VI族材料物理与化学讨论会的主席）推荐褚君浩教授撰写《窄禁带半导体物理学》一书，现在这本书就是它的中文版。"

"本人有幸首先对这本《窄禁带半导体物理学》从头至尾通读一遍，真是受益匪浅。这本书对窄禁带半导体，主要是HgCdTe的各个方面，从晶体学的基本性质和制备方法，各个物理现象的基本原理、测试方法，还有从早期到最近的研究成果以及器件的原理和制备技术等，都有系统的清晰的论述。"

字里行间洋溢着汤定元为学生有这样的成绩而自豪的情感。

1985年，汤定元开始向中国科学院申请成立开放研究实验室。他决心要在自己的祖国建立起具有国际水准的实验室，使她在世界的现代化科学殿堂里也能占应有的一席之地。这是一个非常诱人的理想，他在人生的道路上曾为实现这个理想孜孜追求不已。他终于如愿以偿，实验室成立了，1988年它升格为"红外物理国家重点实验室"，并且成立了红外物理国家实验室学术委员会，谢希德、闵乃本等都应聘担任该学术委员会委员，由汤定元担任学术委员会主任。褚君浩从德国归来之后，先是担任红外物理国家实验室的副主任，后来于1993年担任主任，直到2003年卸任。红外物理国家实验室从1985年成立伊始，就贯彻了中国科学院"开放、滚动、联合、竞争"的八字方针，在红外物理研究方面不断取得颇有特色的科研成果，四次被评为A级。1993年，"碲镉汞半导体材料的光学和电学性质的研究"获得国家自然科学奖三等奖；2005年，"碲镉汞的光电跃迁和红外焦平面材料器件研究"获得国家自然科学奖二等奖；1995

年美国《科学》杂志出版"中国科学"特辑,把红外物理国家实验室列为中国11个一流实验室之一。

在实验室讨论工作,汤定元等四人合作的科研成果"碲镉汞半导体材料的光学和电学性质的研究"获国家自然科学奖三等奖

三、他创造了有利于人才发展的环境

汤定元十分重视基础研究,1984年他在上海技术物理研究所所长任上,就在建立一室、材料器件室、薄膜光学室的基础上,成立了物理研究室,围绕所里高技术的发展,进行支撑性的基础研究,当时的指导思想是"养"一点科学家,营造一个宽松的环境,不急于求成,让他们围绕着自己所里的科研重点进行基础理论方面的探索与技术储备。汤定元提出,要时刻关注学科前沿的发展,适时调整自己的研究方向,现代学科越来越有共通性,无论何种专业,都需要了解其他领域的发展,学科不是单独进行,而是互相依赖的,必须看到重大科研成果大多是靠从事不同专业研究的人协作才取得成功的。科学的发现最终必然导致新技术的创新,新生产力的出现。要创新,必须有适合新事物成长的肥沃土壤。

汤定元经常勉励大家,要埋头苦干,不为近利动心,以愚公移山的精神,舍得花几十年,甚至一辈子的精力,去攻克一个又一个堡垒,实现既定的奋斗目标。他说,坚定信念,顽强奋斗,努力工作,都是在一个集体中倍受称赞的品质，再加上想象力，那就是锦上添花了。这一切意味着，面临今天的挑战，我们已不能单纯靠传统的研究方法，我们必须改变已习惯的一些东西，这是不容易的，但是它是迎接新挑战所必须付出的代价，孤立地在象牙塔内进行研究已完全不能适应新形势的需要了。

汤定元在这里创造了一种环境，使一些即使经历过挫折与失败的人也能不感到压力，而有勇气继续奋进，形成一种自由探讨的浓厚的学术气氛。

让自由的空气托起科学工作者想象的翅膀。大家都应像罗丹所塑造的"沉思者"那样勤于思考，为未来作准备。

今天比过去任何时候都使人感到"能否理解明天会发生什么，将决定事业的成败"。

靠什么获胜或成功呢？汤定元认为，要获胜必须有两个要素：一是取胜的目标；二是有工作的集体。

汤定元的贡献不仅在红外物理，还在于他创造了一个和谐的、有利于人才发展、有利于创新的环境。除了褚君浩，他对其他研究生也是如此，促使他们向碲镉汞材料物理与器件方向的研究。

汤定元八十华诞之际，原先从北京物理研究所调到昆明物理所的老同事宋炳文、姜烈汉等向他发来贺电："早在60年代初期，我们有幸从不同的学校、不同的专业聚集到您这位我国红外科学技术创始专家的周围，在您的悉心指导下学习和工作，备受您的教诲。您严谨的治学风范，锲而不舍的科研精神，认真负责的工作态度，对学生们的平易近人，给我们留下了不可磨灭的记忆，也为我们树立了榜样，您的这些优良品德一直激励我们不忘学习，认真工作，为我国红外事业的发展做我们应做的工作。"

来自海外的贺电同样是那样的激动人心。汤定元的学生、在美国公司任技术部主任的方浩博士[①]这样说："作为文化大革命后汤先生的第一届研究生，我特别要感谢汤先生对我的培养以及汤先生给了我继续深造的机会，在上海技术物理研究所的学习和工作的几年时间里，汤先生渊博的知识和深厚的教育经验使我和大家一样打下了扎实的基础，同时也学到了很多实验技术。这些训练使我能在美国逐步得到发挥，以至在美国这样一个竞争的环境中，取得了成功。"

在美国德州仪器公司从事半导体数字信号及数字光学处理器的制造及发展工作的林和博士[②]这样说："在上海技术物理研究所学习和工作近十年的日子里，汤先生对我的谆谆教诲和精心培养，使我永生难忘；他严谨的

---

①② 方浩与林和两位博士分别于 2004 年、2005 年归国，现为国内两知名信息器材生产企业领导。

上海技术物理研究所庆祝汤定元八十华诞

治学态度和高深的学术水平,使我受益匪浅;他的勇于创新和忘我的精神至今仍激励着我——勇攀科学巅峰。"

在美国西北太平洋国家实验室下属分子科学实验室从事表面物理研究的梁勇博士这样说:"感谢导师汤先生对我的教育和培养。汤先生爱国奉献的高尚品质、严谨求实的治学态度、淡泊名利的高风亮节永远激励我奋斗在科学研究的第一线。"

老当益壮,宁知白首之心!

30多年来,汤定元在上海技术物理所带领一个科研群体,对碲镉汞材料、器件及物理机制做了全面系统的研究,在国内外发表了100多篇学术论文,涉及碲镉汞半导体的能带参数、光学常数、杂质缺陷、材料物理和器件物理等方面。他和同事们先后开创研制了硅太阳能电池、温差电制冷器、硅PIN结粒子计数器、硫化铅红外探测器、热敏电阻红外探测器、锑化铟、锗掺汞和碲镉汞红外探测器以及焦平面列阵红外探测器。这些器件先后用于各种军用和工业装备、科研设备,以及航天遥感系统。我国的红外技术从无到有,科研技术队伍日益壮大,汤定元对此贡献卓著,起到了开拓的作用。汤定元主持撰写和编译出版了10本科技专著和科普书籍,他本人撰写了110多万字,翻译了近120万字。近年来他培养了26名博士和多名硕士,活跃在红外物理和技术研究的许多领域。他还担任过《科学通报》、《中国科学》、《半导体学报》、《红外与毫米学报》等 12 种科学期刊丛书的编委、副主编、主编。1999 年，庆祝新中国成立 50 周年前夕，汤定元应邀参加在北京举行的"表彰为研制'两弹一星'做出突出贡献的科技专家大会"，受到中央领导的接见。

科研成果获奖证书与勋章

这一切使他更加崇尚科学的精神。

汤定元说："一切都要追求优质，这应是我们科学工作者一切工作的出发点，也是我们的奋斗目标。美籍华人杨振宁先生能够做到——他以一生最大的成就向世界证明，外国人能做到的，中国人也能做到——那么，我们同样是华夏儿女，又怎能做不到呢？"

他的语句铿锵有力、掷地有声，引起人们的深远思考。

21 世纪的钟声已经敲响，当我们回首往事时，经典红外物理大厦已经屹立了半个多世纪。现在它依然宏伟壮观，更加金碧辉煌。

附录A 汤定元院士活动年表

1920年5月12日 出生于江苏省金坛县小坵村
1925年2月至1927年7月 读私塾
1927年8月 就读于小坵村小学二年级
1930年8月 就读于金坛城读书院小学五年级
1931年8月至1933年1月 失学在家
1933年2月至1935年7月 就读于金坛县立初级中学，毕业
1935年8月 就读于江苏省立无锡师范学校
1937年7月7日 抗日战争开始。11月11日无锡师范学校遭受日机轰炸，学校解散
1937年11月28日 离家向后方逃难，经武汉、宜昌到重庆
1938年4月1日 进入国立第二中学师范部（北碚镇），7月毕业
1938年8～12月 任重庆市民众教育委员会下属民众补习夜校教师
1938年12月至1942年7月 就读于中央大学物理系，毕业
1942年7～9月 在兵工署弹道研究所任研究助理
1942年10月至1948年1月 任中央大学物理系助教
1948年3月 赴美留学，先入明尼苏达大学物理系，同年秋转入芝加哥大学物理系
1948年10月 兼任芝加哥大学金属研究所研究助理
1950年6月 获得物理学硕士学位
1951年5月10日 登上海轮离开美国，6月2日到达广州
1951年11月 进入中国科学院应用物理研究所（1958年改名为物理研究所）任助理研究员
1954～1958年 任应用物理研究所副研究员
1955～1986年 任《物理通报》、《物理》编委
1957年11月 赴民主德国参加"固体物理与固体发光学术讨论会"宣读论文
1958～1960年 任物理研究所副研究员

1960年9月至1964年5月　任中国科学院半导体研究所副研究员、研究员

1960年起　负责筹建中国科学技术大学半导体教研室

1962年　聘任中国科学技术大学02系教授，兼任半导体教研室主任

1962年　任中国科学院半导体研究所学术委员会委员

1962年　任国家科学技术委员会半导体学科组组员及应用光学与红外技术学科组组员

1963年　任电子工业部第十一研究所技术委员会特邀委员

1963～1966年　任《科学通报》常务编委

1964～1978年　任中国科学院上海技术物理研究所研究员

1974年　创刊《红外物理与技术》内部双月刊杂志，1982年改成公开发行《红外研究》双月刊

1977年　被评为上海市科技先进工作者

1978～1982年　任上海技术物理研究所副所长

1978～1983年　任第五届全国政协委员

1978年　任国家科学技术委员会半导体学科组组员、应用光学与红外技术学科组组员、材料科学学科组组员

1978～1988年　任《中国科学》、《科学通报》编委

1978年　被全国科学大会授予"在我国科学技术工作中做出重大贡献的先进工作者"奖状

1978年　兼任上海科技大学教授和技术物理系主任

1978年12月　率5人代表团访问法国，考察红外学科研究情况

1979～1987年　任中国科学院上海技术物理研究所学术委员会第一、第二届主任

1979年　任科学出版社《近代物理丛书》和《物理实验丛书》编委

1979～1983年　任中国光学学会第一届副理事长、红外与光电器件专业委员会主任委员

1979～1994年　任上海市红外与遥感学会副理事长

1979年　任中国物理学会名词审定委员会委员

1980年　任国家科学技术委员会夜视技术专业组组员

1980年　任中国科学院空间科学技术委员会委员

1980～1984年　任《物理学进展》副主编

1980～2001年　任《半导体学报》编委

1981年　兼任华中工学院光学系教授

1982年　中国科学院技术科学部学术委员会半导体分组组员

1982~1998年　任《红外研究》（1992年改名为《红外与毫米波学报》）主编

1982~1985年　任中国科学院上海技术物理研究所所长

1982年11月　参加中国科学代表团，应英国皇家学会和德国马普学会邀请，访问英国和联邦德国科研机构

1983~1993年　任第六、第七届全国政协常委

1983~2005年　任《应用科学学报》副主编

1983~1993年　任九三学社第七、第八届中央委员会委员

1983~1988年　任上海物理学会副理事长

1984~1989年　任中国光学学会第二届常务理事、红外与光电器件专业委员会主任委员

1984年　任《中国大百科全书》（电子学与计算机）编委

1984年7月　在苏黎世举办的第三届红外物理国际会议上作题为"中国红外物理研究"的特邀报告

1984年11月　在日本大阪举行的"第九届国际红外与毫米波学术交流会"上作特邀报告

1985~1993年　任中国科学院红外物理国家重点实验室学术委员会第一、第二届主任委员

1985年　任中国科学院技术物理研究所学位委员会主席，物理学科博士后流动站负责人

1985~1993年　任中国电子学会第三、第四届量子电子学与光电子学学会副主任委员

1986~1990年　任国家自然科学基金委员会光学学科评审组第一、第二届评审员

1986年　任《职业卫生与安全百科全书》编审委员

1988年　获国防科学技术工业委员会"献身国防科技事业"荣誉证章

1989年　任《上海青少年科技报》（1994年更名为《青少年科技报》）科学顾问

1989年　任中国光学电子行业协会红外分会顾问

1989年　获国家科技进步奖三等奖一项

1991年2月　被中国电子学会选为会士

1991年　获政府特殊津贴证书

1991年11月　被选为中国科学院数理学部院士
1992～2000年　任上海市学位委员会第一、第二届委员
1992年　获国家科技进步奖二等奖一项
1993年　获国家自然科学奖三等奖一项
1993～1998年　任第八届全国政协委员
1994年　获全国侨联"爱国奉献"奖牌
1994年　任《高科技百科全书》副主编
1995年　获光华科技基金一等奖
1996年　获中国科学院"优秀教师"奖
1999年　获上海市徐汇区"徐光启科技荣誉奖章"
1999年　国庆50周年前夕,应邀参加在北京举行的"表彰为研制'两弹一星'做出突出贡献的科技专家代表大会"
1999年　获教育部全国百篇优秀博士论文导师奖
2000年　获中国科学院"宝洁奖教金"
2000年12月　被聘为常州工学院名誉教授
2002年　获中国科学院优秀研究生导师奖
2002年　获何梁何利基金"科学与技术进步奖"
2004年　获教育部全国百篇优秀博士论文导师奖
2004年　获中国科学院宝洁优秀研究生导师奖
2008年　被中国科学院研究生院授予其"杰出贡献教师"荣誉称号

附录 B 汤定元院士主要著作目录

Tang D Y, Lawson A W. 1949. Concerning the high pressave allotropic modification of cerium. Phys. Rev., 76: 301

Tang D Y. 1958. The Ceffect of Surface Recombination on the spectral Respons of Photoconductivity of N-type Germanium. Scientia Sinica, I: 165~178

Tang D Y, Chu J H, Xu S Q. 1983. On the Energy Gap Versus Allog Composition and Tempernatuve in $Hg_{1-x}Cd_x TE$ Appl. Phys. Lett., 43: 1064

Tang D Y. 1985. Research on IR Physics in China Ingrared Physics, 25: 3~12

汤定元. 1953. 天坛中几个建筑物的声学问题. 科学通报, 2: 50~55

汤定元. 2001. 世纪之交话光电子技术与产业. 激光与红外, 2: 67

汤定元. 1964. 半导体太阳电池（国外文献选译）. 北京：科学出版社

汤定元. 1979. 红外技术基础与应用（科普书）. 北京：科学出版社

后　　记

　　将科学前辈汤定元先生以学报国、以德昭众的事迹与形象向社会展示，这是我多年来的愿望。如今，这一重任落在吾辈身上，真是不胜感慨。

　　从20世纪80年代开始，我就有幸结识了汤先生。20多年来，我无数次地造访并聆听汤先生讲述他的精彩人生，分享他的成就与喜悦。我曾经写了不少有关汤先生的专访稿，并陆续见诸报端，因此，我也随着汤先生的生活而很快乐。日积月累，我更加深入地了解了汤先生对事业的追求以及他达观的人生和开朗的个性。汤定元先生虽然是一位大科学家，但十分平易近人。我曾经向他提出过一个小小的请求，希望他在百忙之中担任《上海青少年科技报》的科学顾问，他一听这与青少年的成长相关，便慨然应允，并且一当就是20多年。

　　汤定元先生是学界泰斗，是一位深受大家敬重的学者、长者和师者，他博学厚德、敬业乐群、严谨求实、真诚淡定的大师风范和勇于探索、不断开拓创新的治学态度成为我们学习的楷模。

　　《汤定元传》终于顺利完稿付梓，这仅仅是汤定元先生精彩人生的一个缩影。我首先要感谢汤定元先生和他的夫人徐世秋。他们对我无微不至的关心和帮助我始终铭记在心。每次造访，我都深受汤先生夫妇的感染。有关两人的婚恋及日常生活我并未在书中涉及，因为汤先生曾经以朴实的话语告诉我："我们两个平平常常的，没有什么可值得写的。"但我甚是以此为憾，为自己早先的粗略而颇感自责。

　　在写作的过程中，汤先生自然为我提供了不少资料。90高龄的汤先生记忆力相当惊人，无论往事还是今日事，他都能娓娓道来。每当我向他提出问题，需要引证资料时，他总能很快地走到书房里，不一会就取出资料，并迅速地向我展示，丝毫不差。他走起路来十分稳健，挺胸迈步，令人难以想象这是一位年已九旬的老人。

　　我也十分感谢汤先生的家人，他的大女儿为本书扫描图片，并制作了光盘，他的儿子和小女儿也对我提供了很多帮助。

汤先生的学生褚君浩曾撰写过一篇很重要的有关汤先生的文章，发表在《中国科学技术专家传略》（物理卷）上，这成为我写作的重要参考资料。正是褚君浩院士，鼓励我把汤先生的传记写出来。

匡定波院士在百忙之中为本书写序，在此深表谢忱。

本书的出版离不开中国科学院院士工作局的大力支持，离不开学部的鼎力相助，中国科学院上海技术物理研究所也为此提供了不少帮助，科学出版社及其编辑同志为本书的出版花费了不少心血，在此一并感谢。

当然，我也要感谢妻子徐崇榆，本书的大部分内容需要在家中完成，她的理解和支持显得如此重要。

由于本人的水平和视野所限，走笔行文，恐难以尽述严谨纯正的汤定元院士的大师风采，疏漏不妥之处，敬请广大读者不吝指正。

宓正明

2010 年 8 月 15 日